中國學術思想 研究輯刊

十四編

林慶彰 主編

第 1 冊

《十四編》總目

編 輯 部 編

《周易》爻變思想研究

李 鴻 儒 著

花木蘭文化出版社

國家圖書館出版品預行編目資料

《周易》爻變思想研究／李鴻儒 著 — 初版 — 新北市：花木蘭
文化出版社，2012〔民 101〕

目 2+206 面：19×26 公分

（中國學術思想研究輯刊 十四編：第 1 冊）

ISBN：978-986-322-011-4（精裝）

1. 易經　2. 研究考訂

030.8　　　　　　　　　　　　　　　101015181

ISBN-978-986-322-011-4

9 789863 220114

中國學術思想研究輯刊

十四編　第 一 冊　　　　　　ISBN：978-986-322-011-4

《周易》爻變思想研究

作　　　者　李鴻儒
主　　　編　林慶彰
總 編 輯　杜潔祥
出　　　版　花木蘭文化出版社
發 行 所　花木蘭文化出版社
發 行 人　高小娟
聯 絡 地 址　新北市永和區中正路五九五號七樓
　　　　　　電話：02-2923-1455／傳真：02-2923-1452
網　　　址　http://www.huamulan.tw 信箱 sut81518@gmail.com
印　　　刷　普羅文化出版廣告事業
封面設計　劉開工作室
初　　　版　2012 年 9 月
定　　　價　十四編 34 冊（精裝）新台幣 56,000 元

《十四編》總目

編輯部　編

《中國學術思想研究輯刊》十四編　書目

《中國學術思想研究輯刊》十四編
各書作者簡介・提要・目次

第一冊　《周易》爻變思想研究

作者簡介

　　李鴻儒，一九六四年生，臺灣嘉義人；現爲東吳大學中文系博士生及兼任講師。主要研究領域爲《周易》理論與應用、道家思想；已發表之論文有〈論《易》學的全型發展〉、〈論《周易》的「感應」與「共性」思維〉、〈黃宗炎《周易象辭》初探〉、〈論文化道統對社會功能的實踐 以《周易》爲例〉、〈論《周易》爻辭的結構向度與道德涵義〉、〈論《老》、《莊》的陰陽觀──兼述「道」與「太極」的關係〉、〈老子思想與《易》相通論〉等篇。

提　要

　　《周易》──中國古代哲學思想的源頭，其所以能夠延數千年而不衰者，在於所具備的行爲指導功能（占筮）與哲學理論架構（義理）；而此「行爲指導功能」與「哲學理論架構」，無疑皆發端於所擁有的「變動」特質──來自《易》卦六爻的陰陽變化與剛柔相推。因此，本文在論述上主要從四大部分進行。

　　第一部分──《周易》爻變思想的萌起與開展。首先從周人的「天命靡常」概念與「卜筮」觀入手，並分析《左傳》、《國語》中所載爻變筮例；接著逐步探討以闡釋《易》道變動精神爲內涵的先秦著作──《彖傳》，以及京房、荀

爽、虞翻等漢魏《易》學家的「爻變觀」。

第二部分——《周易》爻位變化的基本原理。經由對《周易》經、傳的分析、比對與歸納，以檢視《易》卦六爻在陰陽變化與剛柔相推的過程中，所具有的「規律性」、「統合性」及「結構性」。

第三部分——《周易》爻位變化的玄妙義蘊。透過對「爻位變化」內部結構的認知，吾人可進一步探討以陰陽為主體的《易》道變動精神，其所涵藏的「整體」、「感應」與「共性」思維，而實現《說卦傳》所說的「窮理盡性」。

第四部分——《周易》爻變思想的終極關懷。藉由對《周易》經、傳的分析與探究，可以確實掌握到「爻變」思想具有審視吉凶變化、施行人倫教化與澄明國家政治等社會功能；而其所蘊涵的憂患意識與生生思想，不僅是對生命的高度尊重與積極關懷，更能打破世俗所謂「人定勝天」的迷思，而促使人類與天地萬物和諧共處，達到天人合德的境界。

目　次

第二冊 《詩經》教本考論

作者簡介

　　張蕊，1971 年生於山東濟南。分別於 1994 年、2002 年、2005 年在北京師範大學獲得教育學學士、碩士、博士學位。現爲中國傳媒大學高等教育研究所副教授，從事教育歷史與文化研究和高等教育研究。鍾情於中國古代教育史研究，碩士論文《論科舉考試中的詩賦取士》，博士論文《〈詩經〉教本考論》。

提　要

　　《詩經》是我國最早的詩歌總集，從先秦到清末，一直作爲教化修身的教本被世人諷誦涵泳，形成了古代教育史上特有的「《詩》教」傳統。本文以《詩經》的產生作爲研究的邏輯起點，探討《詩經》教本的歷史發展演變過程，力圖揭示《詩經》兩千多年歷史適應性的背後動因，藉以對當前經典誦讀熱中正確地理解傳統文化提供一個解讀視角。

　　《詩》是周代「采詩觀風」制度的成果，從成書開始即爲大師教瞽矇的詩樂教本，繼而被選作大司樂教國子的成才教本，孔子整理後作爲「六藝」之一傳授弟子，上博簡《孔子詩論》是當時的教本。《詩》三百在漢代地位上升，被稱爲《詩經》，立於太學學官並由博士傳授弟子，形成了《魯詩》、《齊詩》、《韓詩》、《毛詩》四家傳授系統，各家均以本派經師的《詩經》學著作爲教本，謹守師法家法。從唐代開始，經學教育與科舉考試緊密相聯，相互作用。在科舉考試統一標準的要求下，唐太宗時期由孔穎達主持編訂《毛詩正義》，成爲全國統一的《詩經》教本。宋代熙甯興學中，王安石改革科舉考試制度，編撰《詩經新義》作爲評判士子《詩經》經義的標準。隨著理學成爲我國古代社會後期的主流意識形態，朱熹的《詩集傳》在元代被官方指定爲科舉考試的標準用書，明清兩代均沿用此制。到明成祖時，在《詩集傳》的基礎上，朝廷組織編撰《詩經大全》作爲科舉考試的教材。明清時期，出現了大量指向科舉考試的《詩經》學習參考書。

　　從先秦到清末，《詩經》教本經歷三次大的歷史轉變：從原典教本到注釋教本，從多家教本到統一教本，從學術著作到應舉專書。同時《詩經》在各歷史時期體現了不同的教育價值：先秦時期具有全面修養的教育價值，漢唐時期具有政治教化價值，宋代以後則以倫理教化價值最爲突出。隨著明清時期科舉

考試的程式化，其教育價值出現了異化，成爲「場屋之資」。但《詩經》中蘊
涵的禮樂教化精神是貫穿始終的，並塑造了中華民族「溫柔敦厚」的文化性格，
這正是《詩經》的現代教育價值所在。

目　次

第三冊　顧炎武《左傳杜解補正》研究

作者簡介

　　張博成，1971 年 8 月生，台灣宜蘭縣人。東吳大學中國文學研究所碩士、博士。曾任中央研究院中國文哲研究所研究助理、蘭陽技術學院通識中心兼任講師、東吳大學中國文學系兼任講師，現任東吳大學中國文學系兼任助理教授。在學期間，師從林慶彰教授，專研經學、《春秋》學，以及《左傳》。主要著作有「姚際恆《春秋通論》研究」、「顧炎武《左傳杜解補正》研究」，以及〈童書業及其《左傳》研究〉等。另於《國文天地》評介姜廣輝教授主編的《中國經學思想史》，撰有〈一部嶄新的中國經學史——姜廣輝主編《中國經學思想史》評介〉一文。

提　要

　　在中國學術史上，顧炎武是極為重要的人物；而在《春秋》學史而言，其所撰作的《左傳杜解補正》亦佔有一席之地。雖然，顧氏而後的清儒乃至於近世學者如劉師培等，咸認為《左傳杜解補正》為有清一代研治《左傳》之濫觴，而給予明晰的定位，但是卻沒有更進一步的說明。而今人的研究，亦多從其《春秋》學的整體面向討論，少有單就《左傳杜解補正》一書作全面的闡述。

　　本文試圖從顧炎武撰作《左傳杜解補正》的動機，即顧氏的主觀想法——科舉制度對於經典詮釋的破壞，進而導致整體學術不彰，甚至亡國的角度切入，解釋其撰作此書的真正目的與想法——其所謂的救亡圖存、經世濟民的根本之道，乃在於從閱讀經典的基礎之學而起。

　　再者，由於顧氏居於學術史的樞紐位置，掌握著《春秋》宋學轉向而為《春秋》漢學的關鍵，因此在討論《左傳杜解補正》的詮釋內容而外，更著重其所扮演的「承其緒而衍其流」的歷史角色，即上承明代邵寶、陸粲、傅遜三位學者的解釋，下開清儒治理《左傳》之局，並使之（《左傳》）居於《春秋》研究的領導地位；以區區三卷的卷帙，而引導《春秋》學史之流變，對於此書再予定位，此則本論文之寫作宗旨。

目　次

第四冊　世變中的經學：王闓運《春秋》學思想研究

作者簡介

　　魏綵瑩，原名怡昱，台灣台中人。中國文化大學史學研究所碩士。目前為台灣師範大學歷史研究所博士候選人。研究與關注領域為晚清經學、近代學術與思想文化史。

提　要

　　清末民初是中國思想界的大變局，一向懷抱「通經致用」的知識份子，不能自外於如此的局勢，而起回應。經學與政治是王闓運生命的關懷，他是一個傳統的知識份子，他堅定的相信傳統的經學可以淑世，經典的理想可以重新安排社會秩序。在衰亂之世，他於五經之中選擇了《春秋》作爲撥亂的基點。這種理念，當然在相當程度上是受到清代《公羊》學的影響，王闓運對《春秋》的闡發，也以《公羊》學的思想爲主。其實傳統的經學能否因應現實，在今天來看，這個答案已經不言可喻了，但是對當時一些傳統知識分子來講，他們不能相信古聖人的教誨會受到考驗，然而事實的衝擊，與他們心中的理想，卻又是差距甚遠，於是，他們認爲經典本身沒有問題，出了問題的是後世的人對經典的理解，王闓運就是這樣的人物。他既認爲後人不能眞正理解孔子的《春秋》，因此，一切的注疏都不盡可靠，甚至傳經的傳文亦有瑕疵，因此他要返求《春秋》經文，探尋孔子的原意。雖然他有許多的理念，都是跟隨《公羊》學的說法，他在晚清時也是以治《公羊》學名家，但是在他的意識深層，並不是要以當一個傳承《公羊》學的學者爲滿足，而是以一個孔子《春秋》的解讀者自居，這也是本論文題目何以不稱爲「王闓運《公羊》學思想研究」，而要名爲「王闓運《春秋》學思想研究」的最根本原因。而他返經的思想也相當程度的啓發了後來的廖平並及於康有爲，故王闓運在近代學術上乃具有關鍵性的地位。又王闓運在時局劇烈的變動中，思欲從傳統經典《春秋》中，向內作自我的反省，希望以《春秋》的理想，圖興中國，進一步和諧整個國際社會，這展現了「通經致用」的另一種面相，相較於其他晚清的《公羊》學者，自有其獨特風格之處。

目　次

第五冊 風水的邏輯與生命時空的重建——論中國人的 環境範式

作者簡介

常旭

出生年月：1980.02

籍貫：山西運城。

北京師範大學人文地理學博士，北京大學博士後。學術興趣涉及空間政治經濟學、社會學、比較宗教學、人文地理等方面的綜合內容。目前正致力於研究古代人地關係哲學範式如何革新至現代人地關係的範式，以及在這種突破中涉及的西方現代性的興起、東方文化的衰落、未來的人地哲學、環境倫理等將如何進程，旨在探尋中國古代文化復興、古代人地之道於當代回歸的可能性、方向性及實踐性。

吳殿廷

出生年月：1958.06

籍貫：遼寧大連。

北京師範大學地理學與遙感科學學院教授，博士生導師，博士畢業於東北師範大學。意大利特倫托大學經濟學院，高級訪問學者。全國區域協會可持續發展委員會主任，全國經濟地理教學研究會副理事長，中國地理學會鄉村地理專業委員會副主任。研究領域包括：人文地理學、區域發展研究、城鄉規劃與土地利用研究、旅遊開發研究。出版專著 10 餘部，論文 130 餘篇。

提 要

《書》曰：「器惟求新，人惟其舊。」中國傳統文化所內含的思維模式與人文理念塑造了中華民族獨有的思想個性，爲東方文明的發展提供了豐富的精神源泉。本書基於傳統「天人合一」哲學中所蘊含的對時間、空間、天文、地理的認識方法與思考理路，就古代人地哲學中所涉及的幾個基礎問題進行本原的探討，對以現代地理學思維模式主導下對古代地理思想研究中的一些謬見進行辨析，並採用生命的理性主義哲學範式來理解中國古代地理學。

本書主要包含三部分：

第一部分主要討論的是中國古代人地哲學的天文學起源。深入分析周易、陰陽、五行、八卦學說所蘊含的時間、空間耦合關係，以及該學說體系在中國

古代文化中的本體地位。

　　第二部分主要討論的是古代在認識天、地、人的運動中所采取的以「數」字推比的哲學方法論。分析了古代數字崇拜的起源、抽象意義以及數字運動所內涵的音樂在天人互通中的作用。

　　第三部分主要討論古代地理學的「風水」判定方法與人本內核，提出本書關於古代人地哲學理性的生命主義的重要觀點。通過解讀風水學的重要典籍，剖析其對於山水空間認識的生命主義內蘊，指出其對於地理環境判斷的藝術與理性相結合的方法。對學界多回避的神鬼問題提出的思考，提出以歷史邏輯與形式邏輯重合的分析論點。

目　次

第六冊　先秦德福觀研究

作者簡介

　　林佩儒，馬偕醫護管理專科學校助理教授，淡江大學中國文學系博士，研究領域為先秦時期之義理，研究主題含《孝經》孝治思想、先秦諸子德福觀等，並曾發表多篇以孝道思想為研究核心之期刊論文。

　　（本研究之完成，要特別感謝袁保新教授、高柏園教授、王邦雄教授、陳德和教授、曾昭旭教授及莊耀郎教授等諸位學術先進之指導。）

提 要

　　德福關係在西方社會有悠久的討論歷史，而中國關於德行與福分關係的看法，似都隱晦支離的散落在各種關於道德或人生論述之中。事實上，中國早在西周初年，就已將德與福初步建立起某種對應關係，它是中國德福信仰的初始樣貌，是透過政治域領表現出來德福觀。而先秦各家在有德者得以配享福的共同認知下，因著對時代理解及人生理想的不同，連帶影響內含在各種政治論、人生論之中的德福觀內涵。總的來看，先秦德福思想可歸納出兩個大致的發展趨向：一是朝精神層面的向上提昇，另一則是往制度面的向下落實。前者有孔孟及老莊，從精神層次上超越德福在現實中相悖的困境，藉由道德實踐來保證福的實現，而完成理想的德福配稱關係；後者則是隨著世局的告急，由荀子、

韓非落實爲制度層面的發用。其中，下落爲制度面的德福理論，因它接近社會制度中原本就蘊含的公平正義精神，最終被各種型態的社會正義理念所吸納消融。眞正影響深遠的，則是孔孟老莊標舉的修德長樂的德福理想，因具有普遍的人生論意義，因而成爲中國後世最重要的道德信念之一。

目　次

第七冊　莊子的神祕主義向度

作者簡介

　　汪淑麗，輔仁大學宗教學碩士，輔仁大學哲學博士生，現爲輔仁大學進修部宗教學系兼任講師，主要研究領域爲中國哲學、神祕主義與宗教哲學。

提　要

　　我們從〈天下〉篇論莊子的部分透顯出莊學是一套神祕主義的理論與實踐，內含有四個探討綱領，即莊學神祕修行中之歷程、效用、語調與美的體證四者，並演繹出八個議題：一爲莊學修行之終點，以冥合道體作宗旨「上

與造物者遊」；二為莊學修行之起點，以能轉化之心識作根據「獨與天地精神往來」；三為莊學修行之途徑，從調整心弦到達本返始「調適而上遂」；四為莊學修行所導致的超生死、入永恆「下與外死生無終始者為友」；五為莊學修行所導致的平齊物議「不敖倪於萬物，不譴是非」；六為莊學修行所導致的人際社交「與世俗處」；七為得道者語調型態「時恣縱而不儻，不以觭見之也」；八為得道者冥合於道中所體證的美「彼其充實不可以已」等八個議題，本文就其前六個議題加以論述分析，而最後歸納出一個核心宗旨為莊子學理等於是一套「與造物者遊」的神祕主義。

在神祕主義的型態上，莊子至少可說是一個隱然的有神論者，但又與形上一元論之說相融合、而又圓融地接納了自然論和巫祝論的意境而形成一更大的整合。莊子是從「萬物與我為一」指向自然論神祕主義向度，「安排而去化，乃入於寥天一」指向一元論神祕主義向度，「偉哉！夫造物者將以予為此拘拘也」指向有神論神祕主義向度，「藐姑射之山有神人居焉」指向巫祝論的終極精神方向。

《莊子》的神祕主義不但是啟發了現代心靈，甚至超越世俗既定的框架，讓我們以新的思維方式與多維向度，重新來審視自己的生命。時至今日，當我們重新閱讀內文，也體會到他的理論與實踐都適合我們當代的人，只要我們細心聆聽，一樣可以隨莊子的修行上與造物者遊、獨與天地精神往來而得一切神祕經驗的效用，使我們的生命能在道中安適自在，和諧地與世俗相處。

目　次

第八冊　賈誼晁錯政論思想比較研究

作者簡介

　　徐麗霞，臺灣臺北縣板橋市人，1949 年生，臺灣師範大學國文系學士、碩士、博士。曾任教於私立亞東工專（今亞東技術學院）、臺北醫學院（今臺北醫科大學）等大專院校，現專職於私立銘傳大學應用中國文學系，講授中國文學史、臺灣文學等課程。參與黃文吉主編，丁原基、徐麗霞、周彥文、周益忠、馮永敏合注《中國文學史參考作品選》；撰有《賈誼與晁錯政論思想比較研究》、《板橋行腳：古蹟與宗教》、《林本源園邸細賞系列叢書三：匾聯之美》等專書；並於《中國語文月刊》發表多篇單篇論文。

提　要

　　斯篇論文之撰述，旨於敘述比較賈誼、晁錯之政論思想，說明每一政論思想產生之背景以及該政論思想之內容、思想成分、影響。所謂「政論思想」也者，乃指思想家或政治思想家，針對某實際存在之政治問題主動貢獻建言，內容包括批評、理論與實行辦法等等；其性質類似政策，其範疇小於一般之「政治思想」，而較傳統「政論」廣泛。本篇論文即本上述標準，取賈誼、晁錯有關政論思想以為研究，凡莫與相偶之孤文單著，因不中程式，無從比較，概捨而不論也。

　　本篇論文共分四大部分：前論、本論、餘論暨附錄。（1）前論：包括緒論及思想概述兩章；首章敘述寫作之因由、方法、體例等；次章敘述賈誼、晁錯之整體思想，蓋思想家之整體思想為其政論思想之基礎也。（2）本論：包括藩國政論思想、經濟政論思想、邊防政論思想三章；每章皆由時代背景、賈誼政論思想、晁錯政論思想、比較四節組合成篇，蓋政論思想既針對政治問題而討論，則不能脫離現實環境之影響，唯求諸外在因素嬗變之，始克得其正確客觀之結果，而藩國、經濟、邊防雖交互連帶、集體變動，顧亦自為流衍，有單獨形勢者存焉，宜條縷，務為周全，故時代背景分別說明。（3）餘論：包括影響及總論二章；影響一章，就當代採納，後代承繼與賈誼、晁錯生死兩方面闡述，以見其政論影響深鉅也。總論則總結歸納，以提綱挈領。（4）附錄：列有近人研究論文目錄一覽表、主要參考書目；蒐集排比相關資料，藉供參考焉。

　　至於賈誼、晁錯政論思想之內容撮其大要，蓋：（1）賈誼、晁錯之政論思想，乃因應劉漢政局之環境需要而產生，乃高祖以來無為政策之反動，武帝大一統事業之建立，端賴二人為之掃除障礙，奠定礎石也。（2）賈誼、晁錯之政論思想，植基於雜家本質之學術思想，第賈誼儒主法輔，晁錯法主儒輔，互有同異。故賈誼體大，重總目標之策劃，其實行方法一奉儒家德禮教化為圭臬，而翼以法家數術，改革手段較溫和，為理想派改革家。晁錯思精，重逐一事件之處理，以法家刑賞為主，而翼以儒家德教，改革手段較急切，為實務派改革家。

目　次

第九冊　董仲舒與儒家文化的普世化──董仲舒天人思想研究

作者簡介

　　劉紅衛，1971 年 3 月生，陝西省藍田縣人。歷史學碩士，中國哲學碩士、博士。1991 年考入陝西師範大學歷史系，1995 年師從趙吉惠先生於陝西師範大學歷史系讀中國哲學碩士，2003 年師從李景林先生於北京師範大學哲學與社會學學院讀中國哲學博士。主要從事陳白沙心學研究。

提　要

　　董仲舒建構了以天爲核心的宇宙模式，天是董仲舒哲學體系的最高範疇。董仲舒將天分爲自然義的天、人格義的天、倫理義的天。自然義的天是董仲舒天體系的基礎，天體系的論述從自然義的天開始，董仲舒借助自然義的天所表現出來的規律以闡釋倫理義的天。自然義的天表現出來的人們難以解釋的不常之變，導向了人格義的天。董仲舒賦予天以「仁」的內涵，人格義的天是董仲舒實現「命以輔義」的關鍵因素。董仲舒「援天端」以貞定德性，賦予天以「仁」的理性內涵，將人們對天的信念與仁、善的理念融會貫通，使儒家文化眞正面對最廣大的黎民百姓，實現了儒家文化的「普世化」。

　　董仲舒基本繼承了原始儒學的性善論，董仲舒以天闡釋人性，強調善端與善的區別，提出了人性有「天之內」和「天之外」之分。「性有善質而未能爲善」，「善質」是「天之內」，善是「天之外」，由「善質」到善是教化的結果，這是董仲舒儒學一個顯著的特徵。「性有善質而未能爲善」，意味著情有歧出爲貪欲的自然傾向，這種自然傾向屬於「天之內」。「生之自然之資」存在「貪」的生理傾向，董仲舒強調「義以正我」對教化的作用和意義。董仲舒「援天端」以貞定德性，同時注重對人性本有的仁、義的體悟。「義以正我」強調道德動機的純正，體現在「元」理論上即注重「始」、「微」、「正」，這是《春秋》微言的意義所在。於人心的微妙變化處充塞本然之情歧出爲欲，此即「義以正我」對天人秩序的意義。

目　次

第十冊　王莽的經學與政治

作者簡介

　　鄭雯馨，臺北人，國立臺灣大學中國文學研究所博士候選人，曾任世新大學兼任講師。有志於從事經學研究，期望以文獻考據為根基，觀察經學與政治、社會文化的互動，以發掘經學的生命力。著有碩士論文《王莽的經學與政治》，並曾發表數篇論文。

提　要

　　經學與政治的關係，向來是極具吸引力的議題。本文以王莽為對象，探討在西漢學術、政治氛圍中，王莽如何應用個人習得的經學從政；並在即位後，因政治需求而運用經學，從而在此基礎上解決兩個與王莽相關的議題。全書的內容：第壹章緒論，闡述近代學者對王莽的兩種意見，並加以評論。第貳章，首先討論西漢末年的更命論述、慕古學風下，王莽如何根據經書改革既有體制，同時與群臣互動，營造周公形象。其次，在同樣的學風、思維下，因新朝建立、政治局勢不同，王莽轉而建構舜形象，以解釋政權交替。第參章，闡述王莽貴為天子，在具有較高自主性的情形下，如何應用學說以建構新朝政權的合法性。同時，就理論與實踐而言，王莽以理論為主，由於實踐方式不得要領，與穩固政權的目的背道而馳，最終導致新朝滅亡。第肆章，根據上述，解決與王莽相關的兩個經學議題：　，王莽施政兼探今古文，以今文經為主，古文經

爲輔。二，具體考察新朝的政策，得出《周禮》並非王莽爲了表達政治理想而作。第伍章結論，再次回應前人研究成果之外，並探討王莽在兩漢經學與政治遞嬗過程中所扮演的角色。

目　次

第十一冊　從「聖王」到「王聖」──「王命論」意識形態下東漢文化精神之變遷

作者簡介

　　曲利麗（1975.11～），女，河南省洛寧縣人。2001 年畢業於北京師範大學，

獲文學碩士學位，並開始供職於首都圖書館。2007 年，再次進入北京師範大學學習，師從李山教授攻讀博士學位。2010 年獲得文學博士學位後，調入北京語言大學人文學院，從事古典文學、文獻學的教學和研究工作。主要研究方向爲漢魏六朝文學文獻學，曾在《史學集刊》、《文史知識》、《中國文化研究》等刊物上發表論文數篇。

提　要

　　本書認爲兩漢之際中國文化精神發生了從「聖王」向「王聖」的轉變。所謂「聖王」，指的是只有聖人才配稱王，王權的合法性來自於王者爲萬民造福利的聖德，其核心是保民而王、天下爲公。「王聖」則是以帝王爲聖人，帝王作爲天之子依照天意統治人間，王權的合法性被歸之於天命、血統等神秘因素，從而消解了人類理性對王權的批判權力。從「聖王」轉向「王聖」，標誌著中國歷史被權力又扣緊了一環。

　　兩漢之際文化精神轉變的中心線索是「王命論」思潮的興起與演變。所謂「王命論」思潮，指的是以班彪《王命論》等爲代表的一股思潮，主要由三個命題組成：「孔爲赤制」、「上天垂戒」、「火德承堯，雖昧必亮」，分別從聖、天、血統等方面闡述劉氏王命的正當性。儒生從公天下的政治理念轉向一姓之「王命論」，起於王莽失敗，根源卻在於其理想主義的歷史局限——找不到實現其政治理想之客觀途徑和歷史保障力量。當這種思潮被權力者利用，最終形成「王聖」意識形態之後，深刻地影響了東漢文化發展的趨勢。

　　本書的前三章，歷時梳理了兩漢文化精神從「聖王」到「王聖」的轉變過程，並盡量闡明其原因。後三章選取了經學、思想、文學等幾個側面分析了「王聖」意識形態下東漢文化的變遷。

目　次

第十二冊　魏晉玄理與玄風研究

作者簡介

　　江建俊，台灣彰化人，一九四九年生。政治大學中文碩士、文化大學中國文學博士，一九七九年，回成功大學中文系任教，主授「中國思想史」、「魏晉玄學」、「魏晉學術思想專題研究」、「世說新語」、「老莊」等課程，研究領域以六朝學術、道家思想爲主。著有《漢末人倫鑒識之總理則》、《建安七子學述》、

《新編劉子新論》、《竹林七賢探微》、《于有非有，于無非無——魏晉思想文化綜論》等書，並主編《竹林名士的智慧與詩情》、《竹林學的形成與域外流播》、《竹林風致之反思與視域拓延》等「竹林七賢」專著。另主辦六屆「魏晉文學與思想研討會」，指導三十餘位碩博士生，積極推展「六朝學」之研究。另有《曹魏名法四子學述》、《魏晉玄學詞典》、《魏晉玄學文選》等書待修補增飾後出版。本作《魏晉玄理與玄風之研究》一書，爲完成於一九八七年之博士論文，略作修改後出版，爲魏晉相關議題的全面照察。

提　要

　　向來研究魏晉學術、思想、文化者，或重玄理的推衍，或重名士之風度，本論文則特別正視當時特殊的文化現象，所謂「魏晉風流」，其所呈現的神韻，背後必有其生命的厚度，也就是脫離不了「玄理」的洗禮，而玄理是以三玄（老、莊、易）加上浸染般若佛義，還參與以「辨名析理」爲特色的清談論辯，提昇其思維與識見的層次，乃能由豐厚之內蘊，發爲鶴立雞群的韻度。是知玄理與玄風密不可分，「玄理」以「有、無」之辯爲核心，而「玄風」則以「形、神」爲核心。玄理是「體」，玄風是「用」，體用相資。在「玄理」方面，取何、王「貴無」之「崇本息末」思想、裴頠「崇有」之「稽中定務」思想、郭象「獨化」之「冥圓融」思想、僧肇「不眞空」的「即物順通」思想，以形成完整的玄學發展體系；又輔以「忘言得意」、「言盡意」、「寄言出意」、「聖智無知」的認知方法之照察，乃得闡玄理之精蘊。而在「玄風」方面，則標舉清談、風流、朝隱、唯美等最具代表性的文化現象，各發明其旨趣，使玄理玄風相應，而魏晉之學風與世風，遂得以完整的展現。本論文之末附「影響魏晉學風與世風之名士風流與清談玄論表」，廣搜相關文獻，可作爲從事魏晉學術研究者之引導取資，也是本論文各章論述的文本所在，故未可輕忽也。

目　次

第十四冊　魏晉士人之悲情意識研究

作者簡介

　　黃雅淳，臺灣台中人。國立高雄師範大學國文研究所博士，現任國立台東大學兒童文學研究所副教授，曾任弘光科技大學文化事業發展系系主任兼副教授，講授中國奇幻文學、兒童文學與文化產業等課程。主持多項文化創意、人文藝術、兒童文化產業、地方文化產業創新等計畫，並發表多篇相關論文，著有《人文精神》（合著）、《中國歷代寓言》（合著）等書。

提　要

　　中國文化自春秋戰國時代二千多年來，士人在歷史文化中擔負著知識傳播與文化思想承傳的使命，故當他們面對生死、名利、出處等重大人生問題時，有比眾生更深的思考與表達。他們的言行爲社會上的群眾提供處世的方式與準則，在精神及思想上影響民族的思考方式、心理反應及性格氣質，以及一種源遠流長的文化傳統，故若能了解士人處世的心態、人格的追求與生命意識的內涵，便是開啓中國文化深層結構的鑰匙。

　　而在中國漫長的文化史上，魏晉士人的生命意志與人生歷練是最令人心折動容的。他們處在混亂無序的歷史黑暗中，戰亂不絕，政權更迭頻繁，禮教的鬆弛變質，使文士們「以天下爲己任」的人生抱負與推行教化的文化使命感皆無從實現，艱難的生存境況，亦使其個性與人格受到嚴重的壓抑扭曲，不論入仕或隱居，均在不同的處境與程度上，受到心靈或形體上的打擊。故內心多是矛盾、痛苦而充滿悲情。

　　本論文試著以魏晉士人的悲情意識作為切入點，從天道觀及儒家思想分析其悲情意識形成的文化淵源及外緣內因，探求其悲情意識的基調與呈現方式；其中以重要詩人曹植、阮籍、嵇康、陶淵明作為論述的重點，因此四位詩人的生命情調呈現了魏晉士人對待現實人生的變化過程。他們苦苦掙扎於其間，或逍遙遊仙，放浪山水，或寄情縱酒，托意詩文以力圖超越，構成魏晉時期文化的獨特風采。透過魏晉士人之詩文以探求他們的精神人格和身處其間所呈現的悲情意識，以及力求解脫的途徑，對於今日身在兩岸三地的歷史轉折處的中國知識份子，當能提供一些安身立命的省思與力量！

目　次

第十六冊　魏晉名士的友誼觀——友情與友道研究

作者簡介

　　黃昕瑤，1985 年生，臺灣臺北市人。淡江大學中國文學系學士、國立成功大學中國文學系碩士，研究專長爲魏晉學術思想。曾任南一書局國小國語教科書編輯，對語文教學亦有貢獻與熱忱。本文爲作者碩士論文《魏晉名士的友誼觀——友情與友道研究》，承蒙恩師江建俊教授提攜，有幸將陋作揭櫫於世，特此感謝。若有不盡之處，歡迎學術界之先賢賜教與指正，電子信箱：ycul60@yahoo.com.tw

提　要

　　魏晉之世思想的創造者，是一群名見經傳的名士，吾人可以針對他們的個別思想一一研究，以呈現魏晉完整的思想體系；亦可以將他們聚集在一起，作群體思想的研究，而友誼是最能代表群體交會的型式；由交友而產生對友誼的一切認知，稱爲友誼觀，亦應包含在探討魏晉思想的研究當中。此外，吾人對友誼的研究也需要有新的想像與新的方法，不能只停留在傳統五倫的研究，讓朋友關係一再成爲其他人倫關係的附庸。本論文以魏晉名士的友誼觀爲題，針對友情與友道深入探討，主要揭示四個重點：(一)整合魏晉名士的友誼觀，友情與友道（交友之道）的特色；（二）了解魏晉名士的友誼觀與前代有何不同；（三）確立魏晉名士的友誼觀在魏晉思想研究中的價值；（四）呼應中國社會心理學本土化，提供現代人對交友的一些觀念與想法。結構部份扣除緒論和結論，中間分爲四個章節，分別爲第二章：魏晉名士友誼觀的形成背景；第三章：傾心愛友——友誼類型的典範；第四章：友誼觀的內涵；及第五章：友誼觀的實踐。以魏晉思想的研究爲主軸，適時輔以心理學及其他學科之觀點，剖析魏晉名士交友時的內心世界，以及交友時與社會文化的互動，同時以科際整合的研究心態，進行魏晉思想實驗性的開拓。

目　次

第十七冊　六朝子學之變質──以《金樓子》爲探討主軸

作者簡介

　　陳宏怡，臺灣臺東人，一九七九年生，臺灣大學中國文學系畢業，臺灣大學中國文學系碩士。曾任教於台北市私立衛理女中、臺中市私立曉明女中，現任教於國立台中二中。

提　要

　　在中國學術史的討論範疇中，六朝子學相較於六朝文學、玄學、史學、經學，向來頗受冷落。儘管歷代史志之中多立有「子部」，但人們對於「子學」的印象卻始終停留在先秦諸子；對於「六朝子學」的理解，則侷限於少數幾本注《老》、注《莊》之作，以及特定幾部子書之中，所關注之議題則集中於所反映的玄學思想。本文之寫作即在探討六朝子學相較於先秦、兩漢時期之子學，究竟有何異同？理解先秦諸子所奠定的子學傳統，經歷了兩漢以迄魏晉、南北朝，其間發展之變化。

　　研究方法方面，可分爲兩大部分：

　　第一、以一種較爲全面的眼光考察傳統子學之定位及其演進歷程。分別從各時期「子家的寫作態度與目的，與其內在精神風格」，「子書的性質與撰作體例」作分析，對照當時外在的環境因素，作一綜合比較，以呈現自先秦以迄六朝，子學發展之內在軌跡。並從中觀察六朝子學在此一子學發展歷程中的轉型與變質。

　　第二、藉由對蕭繹《金樓子》的深入閱讀與分析，探討此書之學術特質，以此印證由輯佚資料顯示出的六朝子學確實有異於傳統諸子，六朝子學之新風確實存在。前人對於《金樓子》的評價並不高，然而藉著分析此書的「寫作意向」、「思想內涵與特質」、「關注議題與表現形式」，可發現此書雖無甚高論，但卻能充分且具體地反映六朝子學之變質情形。

接續而下，本文嘗試分析現象背後的原因，即：何以六朝子學會發生變質而有異於先秦、兩漢時期之諸子？分別就「六朝子家之心態轉變」與「六朝學風的發展」兩部分，爲六朝子學之變質原因提出可能的解釋。

在上述討論之後，鑑於歷來學者對蕭繹《金樓子》評價多不甚高，故於此釐清此書的成就與地位。畢竟《金樓子》經歷了時代的淘選得以存於今日，我們不必因此給予過度的讚許，卻也應該公允地重新考察其內容，作出客觀的評價。

目　次

第十八冊　從物理之學到性命之學—邵雍反觀思想析論

作者簡介

陳雯津，淡江大學中國文學學士、中國文學碩士。曾任《中華排球》雜誌約聘記者、漢翼創意有限公司文案企劃。

提　要

《宋史》有別於以往史書，另闢〈道學傳〉以表彰承續「聖人之道」的道學家。實則，其有特定的學術背景與歷史條件，亦即程朱之學在元代學術發展中的官方地位；不過，學問進路與程朱之學相迥異的邵雍，卻因程氏的推舉而列入該傳，此應與程顥言其為「內聖外王之學」一語有關。然對照〈儒林傳〉

裡李之才授與邵雍物理之學與性命之學的言論，卻曝露了其中的問題，倘若邵雍之學承自李之才，為何李之才非〈道學傳〉的一員，反而被歸於〈儒林傳〉？可見邵雍的物理之學與性命之學已有所轉化，那麼其內涵為何呢？是否如程顥所言為「內聖外王之學」？本研究即以邵雍物理之學與性命之學的涵義是否抉微程顥之說，作為問題的開端，進而以「觀」概念為入徑的視角，討論邵雍的觀物思想與反觀思想。

　　邵雍以「觀物」名篇，隱然透顯其對「觀」概念的詮釋與應用，其「觀」有萑鳥審諦觀察、〈觀〉卦賦予事物意義的認識義、先秦儒家價值實踐與道家主體修養的意涵，而邵雍便在此基礎上進一步發展其認識論與心性修養論，藉以建構出一套既溝通天人又囊括萬有的學問，前者以觀物學說為代表，後者以反觀思想為表徵。

目　次

周濂溪哲學思想之批判

作者簡介

王祥齡
文化大學哲學研究所博士
逢甲大學中國文學系專任副教授

提　要

濂溪先生之〈太極圖說〉與〈通書〉，在中國哲學思想史上的影響，自集理學之大成朱熹爲其大力宣揚「眞得千聖以來不傳之秘」，以及與陸象山鵝湖之會的論辯，儼然成爲後代研治宋明理學者，尊爲道統之所在。元代宰相脫脫，在其所修之「宋史」「道學傳」中亦云：「得聖賢不傳之學」。但極少有人將其哲學思想本身與其前期歷史文化發展，作一嚴密的考察、分析與釐清，給予其在哲學思想史上，是否「眞得千聖以來不傳之秘」與「得聖賢不傳之學」之地位予以批判，而僅只滯陷於道統的延續與門派爭論的狹隘罅縫裡，是其所是，非其所非。

本論所述，是將其哲學思想與其前期歷史文化發展作一嚴密的考察，進而分析其對日後哲學思想上的發展與影響，來做通盤性的釐清研究。以揭示濂溪先生在中國哲學思想史上的繼承與開展。

本論著主要的論題有三；一是考察秦漢以來至濂溪以前哲學思想發展的大勢。此大項又可分爲兩個項目：其一是秦漢以來哲學思想的流變所導致的文化倒退運動；另一則是佛教輸入中土以後，儒、釋、道三家的融合與發展；前者代表了哲學思想的型態，後者則是以廣大的社會大眾爲基礎的意識型態，而此二者之間，彼此互動，是構成濂溪融匯三家哲學思想的主要因素。

第二個論題爲本論著所欲研討問題之重點所在，是以濂溪哲學思想的本身爲主。分析其學說思想與先秦儒學之異同，及兩漢以來三家融合之關係，逐一剖析與批判，以揭示濂溪先生思想本質，及其之後宋明理學思想發展的方向。

　　第三個題旨，則是針對濂溪哲學思想的開展及影響批判之，並予以哲學思想史上應有的地位，進而反省中國哲學未來發展的方向。

目　次

第十九冊　程明道思想與道家思想之交涉

作者簡介

　　葛世萱，1976 年生於台北。台大中文系碩士畢，現為台大中文系博士候選人。曾先後任教於中國技術學院（今改制為中國科技大學）及世新大學，為兼任講師；目前則專志撰寫博士論文。自進入中文研究所後，即深感於宋明理學家之大儒風範，故矢志研究宋明理學。首先將重點放在北宋二程，特別是程顥，並以之為碩士論文之研究重心，本書即為碩士論文之再修出版。往後亦將以此為起點，期許自己能通貫上下、對宋明理學有更深入之探究。

提　要

　　理學為宋代融合佛、道思想而鎔鑄出之新儒學，於吸收他家學說、建立其道德本位之形上學後，終得以與佛、道思想抗衡，而取回儒家思想在中國學術史上的主導地位。程顥身為北宋理學重要奠基者之一，其思想亦呈顯出融合儒、道之特色，於其主要文本〈識仁篇〉、〈定性書〉中即可見之。然而，目前學界對明道理學與佛家交涉之研究，明顯多於討論與道家關係者；故筆者於此將專以道家思想為主，以明道思想與道家思想間之互涉關係為考論重心。

　　本文先以北宋學術發展及「反佛老」思想之演進為背景論述，其中顯見明道對道家思想之排拒，並不如對佛家般強烈。再進入中心思想之論述時，即由兩方面入手，一是「理」概念之定位，由先秦至魏晉道家「道」、「理」觀之演

進，可見「理」地位之逐漸提升乃爲一重要趨勢；故明道能夠以「理」代「道」，將儒家「誠」、「敬」、「中」、「仁」等道德觀注入虛位以待之「理」中，完成儒家之道德形上學，實與道家本身之思想發展亦相關。其次，就「性」論與工夫論來看，明道對「生命情性」之坦然面對，及其主張「去私」、「復初」等修養工夫，亦可見與道家學說之關聯。因此，由明道對道家、玄學思想之吸收與轉化，實可見理學思想在形成時之內在軌跡與脈絡。

目　次

劉基「天人思想」之研究

作者簡介

林麗容：所屬系所：眞理大學　通識教育中心　專任副教授

學歷：

- 嘉義市垂楊國民小學，1960 年 9 月-1966 年 6 月，小學
- 嘉義市縣立玉山初級中學，1966 年 9 月-1969 年 6 月，初中
- 嘉義市省立嘉義女子高級中學，1969 年 9 月-1972 年 6 月，高中
- 臺北縣私立輔仁大學，1973 年 9 月-1978 年 6 月，歷史學學士學位
- 臺北市國立臺灣師範大學，1982 年 9 月-1986 年 6 月，歷史學碩士學位
- 日本東京大學，1990 年 4 月至今，哲學研究所，博士班肄業
- 法國巴黎第四大學，（Paris IV - Paris-Sorbonne），1993 年 9 月-1995 年 6 月，西洋歷史學，碩士學位
- 法國巴黎第一大學（Paris I–Panthéon-Sorbonne）國際關係研究所 DEA，1995 年 9 月-1996 年 6 月，國際關係 DEA，高等研究學位
- 法國巴黎第一大學，1996 年 9 月至今，國際關係研究所，博士班肄業
- 法國巴黎第四大學，1995 年 9 月-1996 年 6 月，西洋歷史學 DEA，高等研究學位
- 法國巴黎高等社會科學院，（EHESS），1996 年 9 月至今，社會學研究所，博士班肄業
- 法國巴黎第四大學，1996 年 9 月-1999 年 7 月，歷史學博士學位
- 法國巴黎第一大學，1995 年 9 月-2000 年 3 月，政治學博士學位

經歷：

- 專任副教授，眞理大學通識教育中心（人文社會學科負責人），2011 年 8 月至今
- 專任助理教授，眞理大學通識教育中心（人文社會學科負責人），2001 年 8 月-2011 年 7 月
- 兼任助理教授，國立臺北大學歷史學系（歐洲史、法國史、瑞士史、中日韓關係史），2000 年 8 月-2005 年 7 月
- 兼任助理教授，國立臺灣師範大學歷史學系（歐洲文化語觀光），2000 年 8 月-2003 年 7 月
- 兼任助理教授，國立臺灣師範大學法語中心（法語），2000 年 8 月-2003 年 7 月
- 兼任助理教授，輔仁大學全人教育（西班牙歷史、義大利歷史、歷史與文化、歷史與思想、歐洲美女與政治社會、歐洲的女王研究、西方歷史人物評析），2000 年 8 月-2007 年 7 月
- 兼任助理教授，長庚大學醫學院（中西醫學史、西方歷史人物評析），2005 年 9 月-2006 年 6 月
- 理事長，中國留法比瑞同學會，2003 年 12 月-2007 年 12 月
- 正黨黨主席，正黨，2011 年 6 月至今

專書與論文：

（一）專書

- 林麗容：《民國以來讀經問題之研究》，臺北：華世出版社，1991 年，236 頁。
- Marianne Lin（林麗容），*La question chinoise du Second Empire à la IIIe République, 1856-1887*（「法國從『第二帝國』到『第三共和』之中國問題研究，1856 -1887」），Lille：Université de Charles de Gaulle-Lille III（法國里耳：戴高樂—里耳第三大學出版社），2001, 508 p.
- 林麗容：《西方見聞錄》，臺北：三民書局出版社，2004 年，258 頁。
- 林麗容等著：《Social Science 社會科學概論》，臺北：景文出版社，2005 年，288 頁。
- 林麗容：《痕：夢回巴黎》，臺北：潘朵拉出版社，2005 年，480 頁。
- 林麗容：《臺灣一聲雷》，臺北：上大聯合出版社，2007 年，156 頁。
- 林麗容：《瑞士文化史研究》，臺北：五南圖書出版社，2008 年， 380

頁。

‧林麗容：《歐洲研究論集》，臺北：上承文化出版社，2009 年， 400 頁。

‧林麗容：《論『文化碰撞』之瑞士》，臺北：上承文化出版社，2009 年，98 頁。

‧Marianne Lin（林麗容）：《L'étude du mouvement étudiant français de Mai 1968（一九六八年五月法國學生運動再研究）》，臺北：上承文化出版社，2009 年，106 頁。

‧林麗容：《世界文化與觀光》，臺北：上大聯合出版社，2009 年，217 頁。

‧林麗容：《法蘭西文化之研究》，臺北：上承文化出版社，2010 年，262 頁。

‧林麗容：《國際社會學》，臺北：上大聯合出版社，2010 年，126 頁。

‧林麗容：《世界旅遊文化》，臺北：上大聯合出版社，2010 年，242 頁。

‧林麗容：《中西歷史方法研究》，臺北：上大聯合出版社，2010 年，114 頁。

‧林麗容：《中法戰爭三十年》，臺北：上承文化出版社，2010 年，524 頁。

‧林麗容：《一九六八年後法國婦女高等教育研究（Femmes et enseignement supérieur en France après 1968）》，臺北：上承文化出版社，2010 年，227 頁。

‧林麗容：《臺灣史》，臺北：上大聯合出版社，2010 年，198 頁。

‧林麗容：《觀光美容》，臺北：上承文化出版社，2010 年，125 頁。

‧林麗容：《民國讀經問題研究（1912-1937）》，臺北：花木蘭出版社，2010 年，129 頁。

‧林麗容：《劉基思想研究》，臺北：上承文化出版社，2011 年，196 頁。

‧林麗容：《拿破崙三世在中國的殖民政策研究（La politique coloniale de Napoléon III en Chine）》，臺北：上承文化出版社，2011 年，72 頁。

‧林麗容：《法國大學問題研究，1981-1984（Les problèmes universitaires en France 1981-1984）》，臺北：上承文化出版社，2011 年，78 頁。

‧林麗容：《多元文化碰撞的臺灣》，臺北：上承文化出版社，2011 年，158 頁。

‧林麗容：《觀光法語》，臺北：上承文化出版社，2011 年，110 頁。

‧林麗容：《臺灣發展史》，臺北：上大聯合出版社，2012 年，319 頁。

· 林麗容：《樂活法語》，臺北：上大聯合出版社，2012 年，226 頁。

（二）論文

· 林麗容：《俾斯麥的『挑釁外交』：以普法戰爭與德國統一為例》，載入真理大學《第一屆通識教育與國際文化學術研討會論文集》，2006 年 7 月，頁 179-209。

· 林麗容：《瑞士與歐盟的關係》，淡水：真理大學，載入真理大學《第二屆通識教育與國際文化國際學術研討會論文集》，2007 年 5 月 5 日，頁 161-186。

· 林麗容：《2007 年法國總統大選與台法關係文教為中心》，臺北：政治大學，載入《2007 年法國大選及台法關係大會手冊》II，2007 年 5 月 12 日，頁 12-18。

· 林麗容：《歐盟與歐洲統一》，載入《真理大學第三屆「通識教育與國際文化」學術討論會論文集》，2008 年 5 月 10 日，頁 133-163。

· Marianne Lin（2010）. *A Study in French-Vietnames*e

· *Relations*（1870-1887）, in 《North-East Asian Cultures》 24, pp. 305-326.

· Marianne Lin（2011）. *Cultural Exchanges between France*

· *and Japan*（1868- 1912） : *Focus on Japanese Art*, in 《North-East Asian Cultures》.

提 要

理學為宋代融合佛、道思想而鎔鑄出之新儒學，於吸收他家學說、建立其道德本位之形上學後，終得以與佛、道思想抗衡，而取回儒家思想在中國學術史上的主導地位。程顥身為北宋理學重要奠基者之一，其思想亦呈顯出融合儒、道之特色，於其主要文本〈識仁篇〉、〈定性書〉中即可見之。然而，目前學界對明道理學與佛家交涉之研究，明顯多於討論與道家關係者；故筆者於此將專以道家思想為主，以明道思想與道家思想間之互涉關係為考論重心。

本文先以北宋學術發展及「反佛老」思想之演進為背景論述，其中顯見明道對道家思想之排拒，並不如對佛家般強烈。再進入中心思想之論述時，即由兩方面入手，一是「理」概念之定位，由先秦至魏晉道家「道」、「理」觀之演進，可見「理」地位之逐漸提升乃為一重要趨勢；故明道能夠以「理」代「道」，將儒家「誠」、「敬」、「中」、「仁」等道德觀注入虛位以待之「理」中，完成儒家之道德形上學，實與道家本身之思想發展亦相關。其次，就「性」論與工夫

論來看，明道對「生命情性」之坦然面對，及其主張「去私」、「復初」等修養工夫，亦可見與道家學說之關聯。因此，由明道對道家、玄學思想之吸收與轉化，實可見理學思想在形成時之內在軌跡與脈絡。

目　次

劉基的聖人意識與詮釋

作者簡介

林麗容著。

提　要

　　十四世紀的歷史變動，具有世界性的規模。中國於此元末明初時期，似乎產生不單純的是王朝的更迭，而且顯著地發生內在新的變化。從聖人意識的領域來看，此一變化遍及政治意識、社會意識、人生意識與自然意識等方面，呈現出一種劃時代的變動與震撼。

　　劉基是中國此一時期舉足輕重的人物，對明太祖在政治決策是一佐命股肱。因此剖析研究劉基的「聖人意識」，不僅能清晰地呈現其整個「聖人意識」的架構，而且還能有助於瞭解元末明初朱子學發展的趨勢，以及落實於人間的現實意義。

　　本著作在論述劉基的「聖人意識」時，係根據兩個標準，亦即第一、在先秦迄唐時的儒學傳統思想中，對「聖人意識」詮釋的主要內容為何？第二、宋元儒者在接受唐及其以前的儒學的同時，見之於行事的是在詮釋「聖人」的哪些部分呢？

　　唯有通過此二標準的考察，方能確切地指出身處元末明初之際劉基的「聖人意識」的基本內容。也唯有如此，劉基的聖人的實踐性格及其對人生的全面意義，才能自然地成為中國大傳統中的主流。因此劉基的聖人意識，不但在元代、明代有其連續性，而且儒學之所以能成為中國文化的支配力量，其基礎正是劉基的「聖人意識」所奠定的，重要性不言可喻。

　　劉基的聖人意識，認為聖人是人，小人也是人，其分野在於個人的抉擇。此乃與法國社會學家鮑狄爾（Pierre Bourdieu）院士的選擇（le choix），有異曲同工之妙趣。

　　劉基的內聖外王的理念，乃採自大學的格物、致知、誠意、正心、修身、齊家、治國、平天下的八條目，來說明內聖到外王的具體步驟。宋時周敦頤把聖人理想化、抽象化成爲理想化的聖人。聖人立教，叫人助理以制氣。理弱氣強，即成爲西洋人征服自然的態度。朱熹強調敬，把人的最高理想定位在成爲聖人，如此才能明天理，滅人欲。朱熹以理爲綱，以法爲用，朱熹以內聖來取代外王。

　　劉基的聖人特徵是聖人是人、聖人善盜、聖人知貪、聖人善醫等。劉基效法聖人是人的伊尹，因伊尹得湯爲相，所以劉基得朱元璋爲軍師。劉基又效法聖人善盜的神農氏、伏羲氏，教民播種五穀，教民飼養六畜，教民建築屋宇，使人民樂力本業，也就是劉基的有利於日用民生的主張。其次，劉基又效法聖人知貪的周文王、周公、孔子大聖人，致力於仁義道德，成爲劉基一生努力於仁義道德的工夫。再者，劉基又效法聖人善醫的堯、舜、孔子，以三代的禪讓之治與易、詩、書、禮、春秋良方傳世，因此成爲劉基討元輔佐朱元璋建立明朝基業的重要依據。

　　劉基主張法聖人，以實現修身、齊家、治國、平天下的政治理念，來達到安民與利民的社會理想。劉基以伊尹之志，來完成輔佐明太祖建立明朝的開基功業。劉基的社會理念與政治理念乃構成劉基的聖人意識的方法論的基礎。劉基強調學爲聖人的工夫，不可少。劉基的聖人意識，乃爲一由上而下的士大夫的結構。從君爲臣綱、父爲子綱、夫爲妻綱，到父子有親、君臣有義、夫婦有別、長幼有序、朋友有信的五倫型態。劉基在此認爲，五倫順天下治，逆則天下亂。劉基由此出發，基於一上位者對下層民眾的關懷，由此來體現出劉基自身的聖人意識的模式。

　　劉基的聖人意識的人間性結構，在重視人民與重視人倫的內涵中，開創出對人民的衣、食、住、行的日用倫常的重視。從明朝以後，到今日執政者，都奉爲圭臬。劉基落實人可以爲聖人，不再是少數。強化人的平等意識，此乃十四世紀中國一大聖人意識思想的開拓。劉基對人可以當聖人的鼓勵，眞是鼓舞熱絡後世人的心。

目　次

第二十冊　默識天人之際──薛敬軒理學思想探微

作者簡介

　　吳孟謙，1982 年生於臺中，臺灣大學中國文學研究所碩士，現為臺大中文所博士候選人。嚮往中國傳統儒、釋、道生命之學，與民間講學因緣頗深。主要研究領域為宋明理學、中國佛學、儒釋關係。撰有〈從盡精微回向致廣大──論黃東發思想的特色與定位〉、〈對慧遠在《大乘大義章》中佛學立場的再檢討〉、〈辨志與欲根──試論王龍溪對羅念菴的影響〉、〈匡世有心培後進──論雪廬老人的中華文化觀及其教化理念〉等期刊與會議論文數篇。

提　要

　　薛敬軒（瑄，1389～1464）為明初著名的程朱學者之一，他的思想不僅較為完整地承繼了北宋五子與朱子的學脈，又因應著時代課題而體現出不同的風貌，其所開創的河東學派，也深深影響著明代前半期的學風。本論文試圖透過「生命型態的追尋」與「思維理路的探索」，以求把握薛敬軒為人為學的核心精神與運思方式；並藉由「哲學體系的開展」與「思想史脈絡的梳理」，一方面將敬軒思想的理論架構儘可能地勾勒出來，一方面在動態的思想史脈絡中，為其找到適當的定位，以突顯其學說的意義與價值。

目　次

第二一冊　良知統三教的研究

作者簡介

　　黃泊凱，西元 1979 年生，於西元 2008 年取得國立中央大學哲學研究所碩士，曾經擔任國立中央大學文學院儒學研究中心《當代儒學研究》執行編輯，碩士論文研究主題爲《良知統三教的研究》，本論文亦於西元 2010 年榮獲臺灣哲學會碩士論文佳作獎，全國排名第三，曾經赴韓國成均館大學及香港中文大學發表學術論文多篇，而筆者亦於西元 2012 年取得國立臺灣大學哲學研究所博士學位，學術專長爲宋明理學、三教會通、良知統三教之研究、湛若水工夫論之研究。

提　要

　　本論文爲「良知統三教的研究」，其重點在於討論以明儒王龍溪爲主的三

教歸儒思想體系。從本論文主題可以得知，明儒王龍溪對於三教之間的「共法」和「不共法」的判斷標準，就在於以「道德法則」的「如實觀」為「不共法」，以此區分三教之差異，由於龍溪認為佛教是以「性空正見」的「如幻觀」為其主要教法，故看出此種教法雖然可以達成自在的境界，由於其教法以彼岸為宗，故會有流於「寂」而「滅」的缺點。

由於佛教以「緣起法則」為真理的思路，則可能忽略了「道德法則」的實在性。對真理的體認並非全面，故王龍溪認為佛家思想並不夠圓滿，所以進行從「道德法則」上「寂」而「感」之特色，以「自然無欲」的本心作用層上的「虛」與「寂」進行形式上的如幻觀之修行，以統攝佛教的緣生而如幻空性境界，最後以本心的真實體性，將道德法則於實有層上的真實開顯，完成對於佛教的會通。

至於對於道教的會通，重點在於對於「性」與「命」的觀點之分析，主要是從其過份注重「命」功的修行，所產生的弊端，加以反思，並從其「陰盡陽純」的思路進行儒道共法上會通，所謂的「陰」是指後天的「情欲」及「氣質之性」，而「陽」則是指「自然無欲」的境界，所以只要能夠使人欲的干擾降到最低，即是「陰盡陽純」的境界，此為儒道二教的共識，從此入手便可會通道教。

目　次

第二二冊　王陽明四句教之開展與衍化

作者簡介

　　蔡淑閔，台灣省彰化縣人。政治大學中國文學系學士、碩士、博士。曾擔任新店高中國文教師，中國技術學院、政治大學教師研習中心兼任講師以及中央研究院近代史研究所研究助理。現任銘傳大學應用中國文學系助理教授。學術專長爲陽明學。

提　要

　　四句教在「天泉證道」正式被提出後，從明代中期，一直到晚明，甚至清初，引發了學者許多不同的討論。早期，四句教的討論僅限於王學內部，陽明第一代弟子因個人體悟的不同，以致對陽明學說，尤其是工夫論有不同的理解，這完全展現在四句教的爭論上。王畿「四無論」強調本體現成，錢德洪「四有論」重視工夫。四句教在王門弟子間流傳，第一代弟子或許能謹守師教，然在第二代，以至第三代、第四代弟子多有倡行無善無惡以爲教法的。

所以後期四句教的討論牽涉的學派、思想家更多，重要的有「南都講會」，非王門學者許孚遠著眼於世道重提性善論，反對王門學者周汝登所提之無善無惡論。以及「惠泉講會」，東林學者顧憲成以性善論反對王門學者管志道心體無善無惡論及三教合一論。非王門學者重提孟子性善論，反對以無善無惡論性體，甚至以性體來規範心體，來挽救無善無惡論所引起的弊病。同樣站在挽救時弊的角度上，劉宗周、黃宗羲不僅批評四句教，更從陽明學說的內部改造四句教，提出以意體取代良知，將工夫收攝在更內在的意根上。相同的，王門學者周汝登、管志道亦有見於王學末流的弊病，他們不像非王門學者否定四句教，而是站在肯定的立場，對容易引起爭議的「無善無惡心之體」，進行疏解，確定其意義，使學者真實了解，以防止因誤解而生的弊端。因此，我們可以說在晚明理學的發展中，為對治王學末流，在理學內部產生了一場四句教——道性善與無善無惡——的爭辯。其間性善論的重提、回歸性體的趨向，使陽明學說在後學極端玄虛的發展下，逐步轉向明清之際的實學思潮。

目　次

第二三冊　樂的智慧──王陽明「樂」思想研究

作者簡介

　　蕭裕民，清華大學電機系學士、中央大學太空科學研究所碩士、清華大學中國文學研究所碩士、博士。現爲政治大學中文系助理教授。著作有〈《莊子》論「樂」──兼論與「逍遙」之關係〉、〈論《莊子》的「德」字意涵──個別殊異性〉、〈王陽明思想中的喜怒哀樂發與未發論題〉、〈《聲無哀樂論》繼承傳統之下的轉變及其在思想史上的意義〉等論文多篇。

提　要

　　「樂」是思想哲學上的重要問題。在宋明儒學中，「樂」亦是一個重要的論題。相對於中國的其他時期而言，關於「樂」的論題在宋明時期是顯得突出的。而王陽明則是不僅在理論上，使此屬於情而原本多半與「性」相對立的「樂」之地位有所提升，在「樂」思想的發展以及在思想史上是重要的轉折，亦對其後的思想哲學有廣泛的影響。本書循陽明論「樂」的文獻，將陽明所指稱的「樂」，在其甚爲清楚的體用體系下，較確切的區分爲本體層的本體眞樂，發用層的心安之樂，以及發用層的七情之樂三種來討論，並在配合陽明思想的整體理解下，說明其相互間密切的關係，以及三者其實都與致良知一致，與成爲聖人之學不二。並略述陽明其實是處在一個所謂的發用層逐漸受到重視與肯定的大潮流中，陽明將之明確的提出，而成爲思想史發展過程中重要的里程碑。

目　次

第二四冊　袁黃的陰騭思想與治縣經驗

作者簡介

　　尤玉珍，畢業於中興大學歷史所碩士班，目前擔任國小教職，對於歷史探索有濃厚興趣，進而投身史學研究行列。大學時學的是中文，憑藉著對研讀古文的訓練，在陳登武教授指導下，開始歷史研究的腳步。研究興趣在於貼近人民生活的小歷史，進一步剖析歷史上各種制度的面向。例如本次研究主題爲陰騭思想與法制間的關係，即是嘗試從民間信仰連結到法律觀念，屬於法制史的一個側面。

提　要

　　傳統中國廣土眾民，國家法律透過地方縣政的實施下達至國內每個角落進行國家統治。一個縣令每日處理的縣政中，獄訟之事佔了大部份。因此治縣者

經常會利用法律之外的其他力量教化百姓，法律、道德與信仰是維持國家社會安定的三大支柱，後二者即是被運用最廣的教化力量。法律的功用在於處罰犯罪，道德與信仰則在預防犯罪，道德是良心的勸說，信仰則常是利用威嚇或功利的方式，使人民去惡趨善。

袁黃（1533～1606）博學多聞，思想兼受儒釋道三者影響。萬曆十四年（1586）進士，及第後曾任寶坻縣令，在治縣期間對申冤理抑十分用心，特別注意刑律，在治縣時廣泛的運用了道德與信仰的力量，在從政期間，將所有的「果報觀念」都運用到政治作為上，所著「了凡四訓」與功過格即是這種治縣手段的具體呈現，對於時人、士大夫甚至現代民眾都具有一定的影響力，直至今日仍在廟宇間流傳。

本文首先由明末清初的政治、社會經濟與思想潮流各方面探討功過格流行的背景，當時政治、社會的劇變，促使知識分子重新反省傳統理學的內涵，因而形成一種適合發展心靈信仰的土壤，以適應社會大眾所需，這些因素的交互作用在某些層面上或多或少支持了功過格的流傳。

功過體系的思想發展在中國淵遠流長，明末固然提供功過格復興的時代背景，但功過格的廣泛流行則主要透過袁黃的努力。袁黃本身既是功過格的奉行者，也是陰騭思想的推行者，其自傳性質的著作《立命篇》將他一生的許多成功都歸因於使用功過格，使得《立命篇》直至今日仍被視為功德積累系統的指標教材之一。事實上在許多文本中顯示，即使在袁黃之後的整個 17 至 20 世紀，功過格的發展仍與袁黃有密切的關聯。

藉由功過體系中的幾個重要文本：《抱朴子》、《太上感應篇》、《太微仙君功過格》的分析，可以知道功過格的發展趨勢是由道教團體向全體民眾靠攏，而袁黃在功過格對全民的普及化上，具有承先啟後的地位，這點我們可以從袁黃之後開始大量出現的，各種以民眾為勸化對象的功過格得到確認。

此外，本文也透過《寶坻政書》詳細而深入的了解袁黃在寶坻縣的施政措施，發現袁黃擔任寶坻縣令的種種作為背後，實際上充斥著陰騭的概念；然而在《寶坻政書・邊防書》一節的討論中，則顯現袁黃的陰騭觀念實際上仍受到儒家深刻的影響，並有明顯的華夷之分。

另一方面，筆者也利用時代相近的《實政錄》、《治譜》與《寶坻政書》進行比較，從中檢討明末士大夫的縣政思想，在分析中發現並非所有的政書都呈現明顯的陰騭思想，由這點也可以看出當時在儒家士人之間，存在著對於功利

行善或純粹道德的爭辯與選擇，因此淡化了陰騭的色彩。

目　次

第二五冊　阮元學術之研究

作者簡介

　　劉德美，1948 年生，台灣師範大學歷史系學士、碩士、博士。碩士論文為《清代地方學官制度》，博士論文為《阮元學術之研究》。曾任台北市弘道國中、台灣省立彰化高中、台灣師大附中歷史科教師、台灣師大歷史系助教、講

師、副教授、教授，2007 年退休。曾授中國通史、世界通史、西洋上古史、西洋藝術史、西洋古蹟與文物等課程。於清代地方教育、清代學術、西洋古代藝術與古蹟文物等方面，著有論文多篇。

提　要

　　本書旨在探討乾嘉道時期揚州顯宦學者阮元（1764～1849）的學術成就，共分七章。第一章說明清代學風的演變，及近年來學界研究阮元的成果。第二章從阮元的生平與交遊圈，了解他的學術趨向與活動的背景。第三、四章分析阮元學術的核心──考據學，內部成就主要表現於《揅經室集》中，他由考據以明古學，詮釋古代的器物、制度、水道、金石，並將研究成果應用於行政工作，發揮學術經世的效用，並由訓詁究文字本義，追求儒家學說的原始觀念，闡揚漢學家的義理；外部成就為編纂《皇清經解》、《經籍纂詁》、《十三經注疏校勘記》等工具書，嘉惠士子。第五、六章論述阮元在文史方面的成績：史學方面，編纂《疇人傳》、《國史儒林傳稿》、《廣東通志》、《雲南通志稿》、《山左金石志》、《兩浙金石志》，彙刻《文選樓叢書》、搜羅《宛委別藏》等，皆有保存文獻之功，學術經世之意；文學方面，提出文言說、文筆說，主張詩文皆須根柢經史，重視文選學，由形式與內容來批判桐城派之古文，建立揚州派注重駢文之理論，他撰寫的詩文即為對其文學主張的實踐，編纂《淮海英靈集》、《兩浙輶軒錄》，發幽闡微，宏揚教化。第七章結論，肯定阮元是乾嘉道學術的最後重鎮，學術文化史上的一位巨人。

目　次

第二六冊　譚嗣同經世思想及其新政變法研究

作者簡介

　　趙世瑋，國立中山大學中國文學系碩士，天主教輔仁大學中國文學系博士，現任桃園創新技術學院通識教育中心專任助理教授，且兼任國立清華大學中國文學系助理教授。曾發表期刊論文"Yen Fu and the Liberal Thought in Early Modern China"、〈中國近代思想史「群」觀念之起源及其影響〉、〈譚嗣同師弟關係考辨〉；會議論文〈論戴震詮釋孟子思想之意義及相關思想史上之問題〉、〈試論晚清公羊學派進化思想之形成〉、〈蘇軾〈正統論〉及其時代問題析論〉、〈論晚清「以太」說之建構與作用〉、〈清代中晚期永嘉儒學發展略述〉、〈明清「浙學」概念及涵義重探〉，以及譯作〈全球倫理與中國資源〉（Gregor Paul）。現從事晚清思想及清代浙學等專題研究。

提　要

　　近代以來，學者對譚嗣同的研究著作頗多，討論的議題也具多樣性，但是

整體的論述與理論邏輯的推演，卻相對較爲粗疏，而在談論譚嗣同思想成因上，也多有忽略或缺乏明確論證。諸如學者偏重於討論譚嗣同哲學思想，而忽略其早年學術思想的內容與經學、史學對其思想形成的重要性；學者偏重討論《仁學》的哲學意涵，與譚氏思想究屬唯心或唯物的問題，卻忽略譚氏寫作《仁學》的目的與其中關注的焦點，並非全在哲學問題上；學者無法明確指出譚氏思想形成的來源究竟爲何，只依據主觀判斷其受到王船山思想與湖湘學派的影響，卻無視於譚氏曾自言永嘉之學對其深刻的影響。此外，譚氏在戊戌維新時期與失敗後的種種作爲，學界仍有許多紛紛之論，其原因不外乎譚氏究竟心中有無革命的思想，而文獻上的證據卻往往有撰者本身政治上的私人目的含混其中，如梁啓超所撰〈譚嗣同傳〉、畢永年的〈詭謀直紀〉等，致學者誤信其說，爭議遂起。

本論文即試圖解決上述學者研究上的不足與疏略處。全文概分爲緒論、結論及七章：

緒論部分將海內外研究譚嗣同思想的重要文獻予以簡要評析，並說明本論文研究所關注的議題及所採取的學術取徑爲何。

第一章：譚嗣同學問形成的過程。以譚嗣同的啓蒙時期爲起點，逐步分析譚嗣同思想形成的幾個關鍵階段，同時釐清影響譚氏思想最主要的來源爲何。

第二章：從〈治言〉到〈三十自紀〉的思想轉變。主要分別探討《石菊影廬筆識》〈學篇〉中的經學問題、〈思篇〉中的思想以及史論。另外對〈治言〉寫作的動機與內容的分析中來探尋譚氏思想發展的脈絡，並剖析完成〈三十自紀〉後譚氏思想轉變的契機。

第三章：甲午戰後至居金陵期間完成《仁學》。除深入探究影響譚嗣同深遠的經世事功思想外，譚氏寫作〈瀏陽興算記〉之後在湖南地區以及師友之間所產生的爭議，也詳加論述，並對譚氏最重要的著作《仁學》寫作目的，及著作版本問題進行剖析。

第四章：深入探討《仁學》思想，並就仁說、以太與氣、以太與仁、從以太到心力的轉化、政治思想、倫理思想及經濟思想等問題予以剖析。

第五章：金陵棄官與湖南新政的開展。從譚嗣同在金陵候補知府時期，留心新政的推展，以及對《申報》和《時務報》的幫助、促成時務學堂的設立，之後選擇離開金陵回到湖南，成立南學會，並大力推展湖南新政，而受到守舊派和張之洞等人的彈壓，最後終因書院出題之事導致譚氏與歐陽中鵠師生關係

決裂。

第六章：從奉旨入京到莱市口就義。分述譚嗣同戊戌北上後擔任軍機章京時，與康有為等人協助光緒推展新政的過程，以及譚氏密會袁世凱的始末，和譚氏選擇從容就義的經過，另外也釐清獄中題壁詩的疑點。

第七章：一生的評價，探討譚氏性格對其一生的影響，以及反滿、死君的疑問，並就對後世的影響加以說明。

目　次

第二七冊　章太炎語言文字之學的知識（精神）系譜

作者簡介

　　黃錦樹，一九六七年於馬來西亞柔佛州，一九八七年到台灣留學。台大中文系畢業，淡江中文所碩士，清華大學中文博士。現為國立暨南大學中文系專任教授。著有碩士論文《章太炎語言文字之學的知識（精神）譜系》（1994）、博士論文《近代國學的起源》（1998）、論文集《馬華文學與中國性》（元尊，1998）、《謊言與真理的技藝》（麥田，2003）、《文與魂與體》（麥田，2006）、小說集《夢與豬與黎明》（九歌，1994）、《由島至島》（麥田，2001）等。

提　要

　　本論文以章太炎的語言文字之學爲對象，做一番類思想史的分析。論文嘗試同時聚焦於「有學問的革命家」的激進與保守的雙重性，但最主要的還是試圖對「樸學」、「小學」做一番學術精神譜系的「精神分析」。希望藉由章太炎這一極爲獨特的近代個案去瞭解戒嚴時代台灣國學隱秘的精神身世。論文共分七章，第一章緒論，對研究目的、方法、論題等做約略的說明。第二章「乾嘉樸學的知識場景」嘗試一探乾嘉樸學的精神狀態，尤其關注古韻學突破的精神史意義、樸學表述形式的精神特性。第三章「(實踐)主體與「大體」的復歸」從章太炎的個人思想史去處理憂患與文字、小學與寫作的關係。第四章「言文合一：語言本體與文字表徵」嘗試全面的探討章太炎語言文字之學的幾個不同面向，勾勒出其理論的結構，回到文字學史、漢字史的源初、探勘字與象的歷史關聯與理論關聯，並解釋他的偏執與焦慮、他視域之外的非思之地的意義等等。第五章「在佛莊會通的場域」處理章太炎〈齊物論釋〉這一章氏個人思想史上的「認識論的褶痕」。第六章「遊於『物之初』」探討章太炎的文學論，他的文學復古論、文學退化史論及極其特殊的白話文論等。第七章「總結：革命、光復、學隱」對全文做總結，兼對碩論口委的提問做答覆。

目　次

第二八冊　梁啓超道德主義思想研究

作者簡介

　　梁台根，現任韓國翰林大學中國學科副教授，國立中山大學中文系博士。曾任中央研究院近代史研究所博士後研究員，韓國翰林大學 HK 研究員。研究領域為近現代中國政治思想與學術思想史，近現代東亞知識轉型與交流史，近現代台灣文化與文學。

　　主要著作：《中國近現代思想史上的道德主義與智識主義》，《東亞知識人對近代性的思考》（合著），《帝國交叉路上重思脫帝國》（韓文合著），《自由主義與中國近代傳統》（合著），〈中國與西方之間——胡適自由主義中的傳統性與現代性〉，〈1980 年代中國文化熱再現——回顧 80 年代現象為線索〉（韓文），〈現代教育體制內「韓國之儒學」的研究與隱憂〉，〈近代西方知識在東亞的傳播及其共同文本之探索——以《佐治芻言》為例〉，〈多重殖民經驗與台灣民族主義〉（韓文），〈透過葉石濤重看「強迫的文明」殖民地台灣與「台灣文學」〉（韓文）。

提　要

　　在某種意義上言，本文是研究傳統中國思想史上，「道政合一」架構解體

過程中，在清末民初思想界，尤其梁啓超重視道德的思想態度為對象。這或許也可稱為「重德思想」或「德性主義」，以傳統思想術語而言，即是「尊德性」脈絡，與中國思想史中「道問學」傳統之「重智思想」或「智性主義」相對。由於學術界已經廣泛使用「智識主義（intellectualism）」稱謂中國思想本身的「重智」脈絡，是故與智識主義相對，本文不妨試以「道德主義」稱謂梁啓超學術此種思想內核價值之特色。並且，為避免道德主義一詞可能與歐美思想傳統中 moralism 一詞，發生定義與概念混淆，特再加上「思想」兩字，表示兩者之間不同思想脈絡與指涉意涵。

廣義而言，「道德主義」／「智識主義」，當然可包括所謂強、弱、泛化的各自思想趨向，但狹義而言，也是在本文採用的概念範圍而言，它們與所謂強弱泛化的概念有明顯區隔，本文所討論的「道德主義」／「智識主義」，相較於泛化概念，是更為開放的溫和思想路線，即使堅持各自思想態度和趨向，仍能包容並重對方的思想態度。這一「道德主義」／「智識主義」構圖所指涉範圍，乃是一種相對地思想態度和趨向之不同而言，即使互為攻防，也只是說明本身不可偏廢的重要性，並不至於排斥對方，更不可能成為反智主義（anti-intellectualism）或反道德主義（anti-moralism）。

梁啓超對人類「善良意志」、「良知」以及「自由意志」，不但流露出相當濃厚的關切，並且充分節制其範圍。梁啓超對「善良意志」的肯定和對道德無限擴張的節制，自由意志與理性相輔，道德與科學互為相緣，以及國家民族己相諧等觀點，在某種意義上言，不但相當巧妙地迴避單方面過分重視個人或集體，可能引發的諸多危險，即己疏離（原子化），或己衝突（甚至體壓迫個己），而且能透過道德主義化解極端個人主義（individualism）和集體主義（collectivism）思想趨勢之危險。以上諸多觀點，都能證明，梁啓超道德主義思想之複雜面向和獨特性，當然，他與「道政合一」傳統的解體，或新儒家泛道德主義思想重構，有著相當顯著的差異。他的道德主義思想，在中國思想史脈絡而言，是一種突破，也是一種整合，不但充分表現現代學術民主素養，更為儒家道德主義思想，鋪陳出新境。

由此我們可整理出簡明的概念範圍，即是本文梁啓超道德主義思想，不但不是指傳統儒家思想之「道政合一」領導政治思想之道德絕對主義（moral absolutism），亦不是「意識形態」化的泛道德主義（pan-moralism）、更不是與唯科學主義（科學萬能主義；scientism）相對立。本文將更清楚指出梁啓超的

「道德主義」非盧梭式反智主義（anti-intellectualism），而是道德與科學互為相輔相和相緣架構中強調道德的重要性，其修養亦非單靠靜心養氣而完成，必須經過思想和學術相和相緣架構中，循序漸進而完成。依據梁啓超不斷注意公德、私德、德育、道德力量、道德良心力量、道德意志等關注點，我們即可瞭解其道德主義思想的具體關注從未間歇，但它不是一種硬性的體系或理論結構，也不排擠知識或科學，更非盧梭式反智意識形態，而只是在智識和道德之間的本末次第上有長期和核心價值式的思考和思想態度。

梁啓超的道德主義，即使介在傳統「道政合一」解體和新儒家「泛道德主義」重構之間，有著線性關聯脈絡上不可缺少的重要意義，卻與他們兩者有著明顯的不同趨向，或許這是現代中國思想，從傳統注重「功夫」和「本體」的思想資產，轉化為現代道德主義或其他思想脈絡發展的思想史歷程。這不但是一種重構傳統思想的嘗試，也是供給我們現代學術研究可參考的思想整合和創新途徑。清末民初乃傳統政制和思想本身，經歷著重構進程，內外已衝突越演越烈，極度混亂的危機，挫折和希望中的掙扎，促使思想解放和建構的不斷努力。

或許人在解體和重構的過程之間，才能真正享受思想自由和活潑氛圍，發揮個人思想的無限潛能，因為一旦只要新的制度重整完成　，正表示人們從傳統鐵籠中，走進另一思想體系和制度的鐵籠。正因如此，我們或認為梁啓超道德主義思想，即是傳統與現代的媒介，但是更正確的說法，應當是兼顧傳統和現代，更是為未來提供創新新局之有利基礎。

本文研究重點之梁啓超，由於在個人修養上深受中國「尊德性而道問學」、「內聖」傳統之涵育，強調個人道德人格修養的重要性，如此讓他得能在盛行於清朝的「道問學」風潮上，以儒家智識主義傳統為基礎，同時統合西方學術思想傳統，在這個進入科學時代的思想潮流中，為個人之道德人格修養與知識能力關係另闢出思想領域，謀求兩者之間的合理調和。因此，若在本論文的探討中，能夠銜接明清以來中國學術思想和中國啓蒙思想之關聯性或其影響深度，則在中國學術思想史上，一方面可彌補其傳統與現代之間的分界，另一方面藉由中國啓蒙思想家之東西方思想的整合，進而拓展現代學術思想發展的視野和方向。

在本文中想釐清的是中國啓蒙思想家之間的思考邏輯和爭論焦點，不是單方面地受到西方學術思想的影響，並同時在其思想深層確是保持著他們各自的

思想傳承。這將是本文中會加以討論的主要問題之一。基本上，本文盡量採取梁啓超的文本內證，爲主要研究材料，由此在梁啓超思想中理繹出一條解決梁啓超思想課題和問題的途徑。再以其思想內核「道德主義」爲基準，與其思想史上對立面的「智識主義」之間爭論點的探析爲輔佐方法，進一步顯示出梁啓超「道德主義」思想的核心意涵，如何從傳統「義禮」架構中拓展出自由權限和公理公法結構。

　　爲方便對梁啓超一生思想轉變作細部觀察，本論文之討論是以時間順序安排，而其內涵大致圍繞三個部分。一是梁啓超《新民說》爲主，梁啓超旅居日本期間，他的道德主義思想建構過程；二是從對立面即智識主義的角度，瞭解梁啓超道德主義的思想位置，在此比較過程中，本文借用福澤諭吉、嚴復和胡適等人爲某種意義上的代表進行討論；最後，在以上的討論基礎上，透過梁啓超與歐美思想之間的比較討論，理繹出梁啓超道德主義思想之具體意涵及其在思想史上的意義。

　　梁啓超從傳統儒家學術思想中，以道德爲其思想之基點出發，在國際民族帝國主義盛行之時，爲傳統思想之道德價值尋繹一條出路。單方面強調智育和科學之潮流，漸次盛行之時，以德育之提倡彌補智育之缺口，導引人們尋回自我本性，使人反躬自身發顯道德良知，希望人們發現人生最大價值和意義所在。如穆勒所擔憂的社會制衡之力量都無效時，我們人類能依靠的唯一對象，即是道德良心之力量。梁啓超不同於胡適，不相信科學能使人擁有完整的道德信念、道德良知，而道德必須經由德智相和相緣架構中，嚴格進行道德束身才能完成。這不但是梁啓超提供給我們的他的憂慮和解決方法，更是我們值得考慮之入學教育途徑之一。

　　最後，我們也透過盧梭、孟德斯鳩、康德、黑格爾等人的思想，尤其以Conscience 與 Science 角度以及孟德斯鳩、托克維爾、黑格爾的中介社會功能爲基礎的自由主義傳統，與梁啓超道德主義思想相比較，由此對照出梁啓超思想的理論架構及其位階。當梁啓超認爲「人類所以貴於萬物者在有自由意志、又承認人類社會所以日進，全靠他們的自由意志。但自由意志之所以可貴，全在其能選擇於善不善之間，而自己作主以決從違。所以自由意志是要與理智相輔的。若像君勱全抹殺客觀以談自由意志，這種盲目的自由，恐怕沒有什麼價值了。」這不但充分表達出梁啓超道德主義思想德智相和相緣統合爲一的思路，也在某種程度反映著洛克至康德、黑格爾以個人主義爲基礎的自由主義理

論與中介社會功能爲基礎的自由主義傳統，在梁啟超思想中和諧統合相存之景象。我們也透過本文詳細分析過程，充分瞭解到梁啟超個人思想內核道德主義思想，在英歐自由主義思想統合於德智相和相緣架構脈絡時，所發揮的積極角色和意義。

正因梁啟超擁有此現代學術界該有的「民主態度」，不會被某一思想束縛，以開放的態度面對當前已共同面對的困難，在中國傳統思想脈絡中透過英歐自由傳統之輔助，終於開展出相當獨特的思想整合。當梁啟超說：「中國社會之組織，以家族爲單位，不以個人爲單位」，我們清楚瞭解他爲何不全然接受英國式以個人主義爲基礎的自由主義傳統，而走上整合中英歐各思想傳統之優點，開展出獨立人格之覺醒基礎上，己自由相諧並進的另一思路邁進。

目　次

第二九冊　錢穆對胡適的批評：有關治學思想與方法的比較研究

作者簡介

　　李寶紅，女，1972 年 7 月生，湖北省紅安縣人，華中師範大學歷史文化學院副教授。1990 年進入湖北大學歷史系學習，1997 年畢業於湖北大學中國思想文化史研究所，獲得碩士學位，進入華中師範大學歷史文化學院任教，2010 年獲得歷史學博士學位。從事中國近現代史的教學工作，主要研究方向為民國思想文化史。

提　要

　　20 世紀上半葉，是中國現代學術建立與發展的時期。胡適是現代學術的奠基人之一，其治學思想與方法對民國時期的學術界具有廣泛而重要的影響。錢穆護持中國傳統的讀書、治學模式，對胡適等新派學者的治學思想與方法展開激烈批評。本著以錢穆對胡適的學術批評作為研究對象，以展現民國學術的複雜面相，討論中國現代學術轉型的諸多問題。

　　著作主要有四個部分。第一部分反映錢、胡治學宗旨的歧異：是做「士」還是成一「專家」。近代學術研究的主體已由傳統社會的讀書人向知識人轉變，其知識結構、治學理念發生了根本性變化，主張「為學術而學術」，推崇專家之學。在讀書人日益向知識分子轉化、知識分子日益邊緣化、職業化的時代，錢穆堅守傳統的士人精神和士人心態。他特重中國傳統「士」這一社會流品，重視人格完善與德性修養，要成就一理想人。同時，在他看來，為學與做人是一事之兩面，人乃是一切學問之中心。錢穆批評近代學術「學與人離」，對同時代學風、學者心術也有較多討論，對民國學術界刻薄、不厚道的心理予以激烈批評。錢穆淹通經、史、子、集四部，在人文學科中可稱得上一位百科全書式的學者，為傳統國學的通儒之學。他主張，治學貴能貫通古今，識其全部，強調「通識」，提出先「通」後「專」，以「通」馭「專」的治學方法。胡適徘徊於博通與專精之間，但他對學生學術上的指導，走的顯然是專家之學的路子。錢、胡對學生治學的指導，正反映了他們對「通人」與「專家」的不同理

解和要求。

　　第二部分反映錢、胡治學路徑的根本分歧。錢穆自學名世，對中國學術、文化的解讀自成系統，「善於從中國自身的知識和思想資源中去尋找思想史發展的內在理路」。他認為，「中國學術，實自有其獨特性，而非可以專憑西方成見以為評騭，亦非可以一依西方成規以資研窮」，強調「我們總不要隨便地把西方觀念同中國觀念混起來」，堅持學術研究中的中國立場和中國氣派，批評胡適「巡依西學來講國故」。不同的讀書法體現了不同的治學模式，錢穆強調讀書要虛心體察，回到歷史本身，儘可能還原歷史。胡適認為讀書要多戴幾副眼鏡，用域外文化作比較參考的材料，從中得到啓發或暗示。要剔除歷代學者的酸腐意見，還歷史一個本來面目。本部分通過錢、胡論讀書、關於《詩經》的研究等，具體展開論述。

　　第三部分有關義理、考據、辭章之辨，闡述錢、胡對這三者關係的不同認識。胡適發起科學的整理國故運動，將傳統的考據學與科學精神、科學方法結合起來，使考據「科學化」。在其影響之下，民國文史學界籠罩在濃厚的考據學風之中。義理、考據、辭章合一，是錢穆學術思想最為核心的觀念。對顧炎武「博文行己」、章學誠「六經皆史」思想的不同認知，具體反映了錢、胡對考據與義理關係的不同認識與側重。錢穆認為，近代以來有風氣，無學問，諸多文化討論（議論）缺乏歷史的依據，只是「歷史的敘述」而絕非「歷史的眞相」，強調文化討論和思想宣傳必須建立在堅實的學術研究基礎之上，考據當以義理為歸宿，義理（思想）應從考據中來。

　　第四部分著重考察錢穆與胡適等「科學考訂派」「科學的」整理國故在考據方法上的不同。錢穆對胡適倡導的「科學整理國故」運動頗多批評。錢穆的考據名作《劉向歆父子年譜》、《先秦諸子繫年》都是以普通資料貫串會通，並不以新、奇資料炫人，甚至資料不足時，可推演以求。他激烈地批評學術界刻意追求、炫耀新奇史料的做法與心態，批評不講求學術積累，只是翻書、找材料的「研究法」。此處還將進一步討論以傅斯年為代表的史料學派的相關治學思想，如「史學只是史料學」、「沒有證據不說話」等，是否是自相矛盾，甚至是自欺欺人？歷史學從根本上講，離不開假設和想像，是一種「推理之科學」（王爾敏語）。錢穆將考據與思想、時代、社會緊密地聯繫起來，認為考據必須先參透思想本身，離開思想單憑考據等外在事象來研究學術史，正是胡適病痛所在，並提出了根據「思想線索」來考據的方法。

　　錢穆、胡適的治學思想與方法的差異反映了中國現代學術兩種不同的發展路向，錢穆屹立於胡適所開創的學術主流的邊緣。傳統日漸式微，現代化（西化）成一不可阻遏之潮流。在學人知識結構更新、學術研究職業化體制化的歷史大背景下，治學理念、路徑與方法均發生重大變化，胡適所開創的學術研究新模式易於為人追摹、仿效，錢穆孤往而寂寞。但是，錢穆所堅守的讀書、治學思想與方法，對現代學術的諸多流弊具有重要的糾偏作用，直至今日仍然值得我們珍視。基於此，探討錢穆、胡適二人治學路線，統合二者之優長，尤顯必要。

目　次

第三十冊　唯識思想對經部的承接與批判──以世親《唯識二十論》爲中心

作者簡介

　　吳晧菱，東吳大學中國文學系、國立台灣師範大學國文系碩士班畢業。碩士論文主題爲《唯識思想對經部的承接與批判──以世親《唯識二十論》爲中心》（指導教授：李幸玲老師），並曾於高雄道德院佛學論文發表會發表單篇論文《佛教極微說探析》、南山放生寺佛學論文發表會發表單篇論文《獄卒生起說初探──以《唯識二十論》爲中心》，皆榮獲獎助學金。

提　要

　　本文寫作的動機，乃因讀了唯識家世親所造之《唯識二十論》，發現世親爲證實「三界唯識」及「外境非實有」的理論，批判了許多不同的部派，並以破爲立。其中值得注目的是《唯識二十論》批判了經部，而在佛教發展史上，多認爲經部與唯識學有相當密切的關連。

　　世親，本從有部出家，後來吸收經部學說造《俱舍論》，《俱舍論》中多處捨棄有部理論而採用經部義。所以筆者認爲，在經部乃至於唯識學派中，世親皆佔有一個很重要的關鍵地位。故本文選擇《唯識二十論》作爲研究文本。在本文第二章探討經部的源流與發展，先從漢譯論書中探討經部各種譯名與其內涵，再探討從《大毘婆沙論》中之譬喻者、《成實論》論士訶梨跋摩、《俱舍論》論主世親、新有部論師眾賢《順正理論》中記載之經部上座室利邏多之時代與經部所關注的議題。第三章透過世親在《唯識二十論》中批判經部的部份如「種習論」與「極微說」，去回溯世親所批判的經部思想之源流，以及其他相關的經部思想如「心、意、識結構」、「時間觀」與「認識論」。第四章則是再進一步檢討世親對在《唯識二十論》中對經部思想的批判是否得當。最後，以世親進入唯識學派後，在相同的議題上如何以唯識的觀點作解釋。

目　次

第三一冊　智顗佛性論研究

作者簡介

　　王月秀，台灣省台中市人。華梵大學中國文學系學士；輔仁大學中國文學所碩士；清華大學中國文學所博士。曾為清華大學、華梵大學兼任講師；今為清華大學、臺中教育大學兼任助理教授。研究興趣為：佛教思想；中國哲學；佛教文學；詩經。撰有碩論《僧肇思想研究》、博論《智顗佛性論研究》，以及〈論《老子想爾注》長生之道〉、〈智顗「觀心」思想的兩點考察〉等單篇論文。成長一路，深深感謝許多親友師長的照拂、提攜。期許自己能將修行與學術結合，用心踐履生命的學問。

提　要

在佛教，解脫或解脫成佛是教義的究竟旨歸，是眾生離苦得樂、脫離生死輪迴的唯一途徑。爲了對「眾生成佛」作出完善合邏輯的立論依據，「佛性有無」恆是佛教關注的重心。而隨著時空的流轉，聲聞、緣覺二乘，以及大乘佛教並對「佛性」有著不同的定位與論說。中國佛性論爭鳴盛況之始，起於東晉竺道生「孤明先發，獨見忤眾」的提出「阿闡提人皆得成佛」之說；「舊學」斥爲「邪說，譏憤滋甚」，掀引南北朝正因佛性「十一家」等紛紛論辯佛性議題。天臺大師智顗（538-597），除了表明「闡提作佛」，更獨樹一幟創言「闡提斷修善盡，但性善在；佛斷修惡盡，但性惡在」、「佛不斷性惡」。竺生闡提之說歷盡千折，後能爲世人接受，緣於出土譯經的證實，而智顗除了肯定闡提可成佛，竟弔詭提出佛是「不斷性惡」。智顗此「性（具善）惡」說一倡，即掀引佛教與世人毀譽參半的息息聲浪：正面是，歷來天臺宗視爲圭臬，傳教者並頌稱「只一具字，彌顯今宗」；他宗截長涵融爲己義；當代學者多肯定爲天臺思想的特色。反面是，智顗此說引發教內紛歧，諸如宋代山家、山外之爭；他宗論難，如宋代華嚴宗子璿斥入「阿鼻」、日本淨土宗僧普寂斥爲「非倫理」的謬見。所有種種，除了反應智顗佛性思想影響深遠，並且頗引人生疑那致使紛紜歧義的源頭，亦即智顗「性（具善）惡」的本貌究竟爲何，是以本文擬以智顗佛性論研究爲題。

智顗，在中國佛教史暨思想史上，有著劃時代的特殊意義與顯著地位。不僅是天台宗核心靈魂人物，其饒富圓教思想的著作，並多有承先啓後、繼往開來的重要意義與特色。本文擬以回歸原典的方式，對智顗佛性論加以研究。論文重心有七：

一、思想史脈絡回顧：擬就佛教發展，談佛性論的重要性。並舉智顗之前的佛性論相關典籍，以凸顯智顗佛性論的特別價值與意義。

二、智顗「『佛』『性』」義蘊：擬探究智顗如何對「佛」定位與形象勾勒，以及智顗對「佛『性』」之「性」之定義。並捃拾數則異名同義詞，以抉微智顗「佛性」特質與內涵。此外，字義解構智顗對「佛性」與「如來藏」的界定，以探討二詞的關係與使用時態。

三、智顗學說中的「心」與「即」義：擬抉微智顗學說中的「心」，以考察智顗爲何重視觀心法門。並探討何謂「心具」說，及其開展之內涵。此外，從「十界一心」、「一念三千」，釐探智顗著述中，繫連敵對或類例二詞的「即」

字所扮演的角色與意義。

四、智顗「佛性」的結構與意義：擬從「心」，亦即「一念無明法性心」，來探討智顗佛性論內部結構及其特質。並從「一念無明法性心」，引申思考智顗「心」之意義。此外，從「心即佛性」之證成，建構智顗「佛性」之內蘊。

五、智顗「中道佛性」論：擬抉微智顗用來旨說圓教大意的「『因緣』『中道』『實相』」一詞，並探究該詞所推導出的「中道佛性」之義蘊。

六、智顗「三因佛性」論：擬以三因佛性為線索，說明智顗著述易引讀者困惑的地方。爾後以「相、性、體」、「三軌」、「因果」、「佛種」等各種面向，考察智顗「三因佛性」之本義。

七、智顗性惡說：擬以《觀音玄義》為例，考察智顗「『性』『惡』」說之定義與特質。並從「權實」角度，表明智顗「性惡」說不僅是天台的圓教實義，且為逗機施教的方便法。此外，並就實踐層面，探討智顗性惡說的意義與價值。

其中，第一章乃思想史脈絡之回顧。第二章，乃以概論方式，抉微智顗「『佛』『性』」基本義涵與多重面向。第三章至第六章，則是分別探討智顗佛性論之三條軸線：佛性、中道佛性、三因佛性。第七章，則是以智顗著作之一，細部闡釋智顗性惡說。綜結之，可說，智顗佛性論饒富圓教之圓融圓具圓足思想，如理如法。而以「眾生」為本位的立說觀點，相信能激勵眾生：因皆本具佛性，而立於一共同起跑點。唯有圓滿修德善，通達性德惡，才得能成就佛道。

目　次

上　冊

第三三冊　憨山自性禪思想之理論基礎與核心論題

作者簡介

　　陳松柏，台灣台中人，高師大國文碩士，東海大學哲學博士。曾先後任教高雄市三民國中、台中市成功國中、東海大學社會系，現職南開科技大學資訊管理系專任副教授。本文關於道生思想之處理，原係作者碩士時期關注的佛教哲學論題；但以最近十年發表之論文觀之，學術領域則主要聚焦於中國的魏晉玄學、明清思想以及歐陸的康德與海德格哲學。未來的研究方向，將會偏重在結合現前的授課內容，以「生死學」、「文學鑑賞」和「資訊素養」的相關文創思維為主軸。

提　要

　　本論文之題目之所以用「自性禪」作為貫串整個憨山禪學之依據，是因為憨山曾自己道出「禪者，心之異名也」，這個「心」即是自性本體，換言之，憨山的禪宗哲學，乃是環繞著自性禪的一套思想。然而，憨山畢竟仍承循了「不立文字」的禪者風格，認為自性本身就是一個萬德具足的事實，毋須加上任何說明，這使得他的自性禪觀點，普遍呈現出論證程序缺乏的問題。更因為憨山自己之反對依知見概念繞路說禪，這也使得他的法語開示，往往更接近於一種主觀境界語，在學術處理上，這樣的語言，實在很難成立為理性論據。所以，為了尋找出一套詮釋憨山自性禪學之最佳通路，筆者希望能以自性禪為中心，為憨山禪學之本體論、工夫論乃至方法論之成立，搭設出各種可能的理論架構，並闡述其義理內涵。在論文的實際進行上面，首先約化式地整理出憨山自

性禪學的方法論，並特意地通過憨山之本體、工夫特質，回溯於傳統之佛教理論，借用這些深植於憨山自性禪學底層之傳統教義教理，將憨山原來潛存之禪學義理，逐一地彰顯驗證出來。雖然就嚴密的推論程序言，憨山所有關於自性禪的原始論著，並沒有足夠形成系統的理論組織，但是，凡最純粹的東西，一定也最經得起表達。所以，本文大膽地以現代學術的解讀架構，分依「方法論」、「本體論」、「工夫論」做為貫串其自性禪學的依據，這正是代表著筆者個人對於詮釋憨山自性禪的一種嘗試性之表達方式。而筆者深信，本文推薦的這一以自性為核心之三論合一的理論系統，不但能補足憨山自性禪學知性建構之不足，也能符合並解讀憨山之自性禪學、豁顯其特質。甚至，將來如欲廣開視野，對於憨山思想做更進一步的意義探求，也可以此為基石。

目　次

第三四冊　儒骨佛心——馬浮儒佛會通思想研究

作者簡介

　　林鳳婷，政治大學中國文學系畢業、華梵大學東方人文思想研究所（佛學組）碩士，現就讀於中央大學中國文學系博士班。曾赴尼泊爾國際佛學院（International Buddhist Academy, IBA），研習佛教哲學與理論。2012 年，薩迦崔欽法王蒞臺傳授「道果」教法期間，與韓子教授共同完成藏文儀軌中譯。

提　要

　　被視爲當代新儒家先驅之一，又被梁漱溟稱作「千年國粹，一代儒宗」的馬浮，在其行文和講述時，往往儒佛並舉，有意會通兩者。學界一般認爲，馬浮之於儒佛，乃是以佛解儒、以佛證儒，而終究是以儒攝佛。本論文則主張，馬浮思想之根柢，實爲佛家而非儒家；以「儒骨佛心」統攝之，最能彰顯其思想特色。

　　於本體宇宙論，馬浮表示「易即一眞法界」，易、太極、皇極、法界、眞如、佛性等，乃名言差別，「理」則一如。

　　於心性論，馬浮恪守「儒佛等是閒名，心性人所同具」之趣，以「見性盡性」會通儒佛。論儒佛之異，僅表詮、遮詮之別。

　　於工夫論，馬浮力主知行合一、性修不二，強調主敬涵養、轉識成智。倡言「非徹證二空，不名克己」，是以「同得同證，無我無人」。孔門「克己復禮」，至此非唯道德而已，向且攸關解脫救度。

　　於判教論，馬浮提出六藝判教，以六藝統攝中外一切學術，終歸「一心」。認爲《易》教實攝佛氏圓頓教義，又言「孔佛所證，只是一性」，卻說「踐形

盡性在此而不在彼」。

　　歷來研究馬浮之學者，多僅就六藝判教論，歸結其思想之終趣，未能雙立儒佛之義理，做出具體清晰之論述。因此，吾人擬就其會通儒佛之表現，闡明馬浮實兼具佛學本懷與濟世理念之學術思想，並呈現出「儒骨佛心」之獨特風格。

目　次

《周易》爻變思想研究

李鴻儒　著

作者簡介

李鴻儒，一九六四年生，臺灣嘉義人；現為東吳大學中文系博士生及兼任講師。主要研究領域為《周易》理論與應用、道家思想；已發表之論文有〈論《易》學的全型發展〉、〈論《周易》的「感應」與「共性」思維〉、〈黃宗炎《周易象辭》初探〉、〈論文化道統對社會功能的實踐——以《周易》為例〉、〈論《周易》爻辭的結構向度與道德涵義〉、〈論《老》、《莊》的陰陽觀——兼述「道」與「太極」的關係〉、〈老子思想與《易》相通論〉等篇。

提　　要

　　《周易》——中國古代哲學思想的源頭，其所以能夠縣延數千年而不衰者，在於所具備的行為指導功能（占筮）與哲學理論架構（義理）；而此「行為指導功能」與「哲學理論架構」，無疑皆發端於所擁有的「變動」特質——來自《易》卦六爻的陰陽變化與剛柔相推。因此，本文在論述上主要從四大部分進行。

　　第一部分——《周易》爻變思想的萌起與開展。首先從周人的「天命靡常」概念與「卜筮」觀入手，並分析《左傳》、《國語》中所載爻變筮例；接著逐步探討以闡釋《易》道變動精神為內涵的先秦著作——〈象傳〉，以及京房、荀爽、虞翻等漢魏《易》學家的「爻變觀」。

　　第二部分——《周易》爻位變化的基本原理。經由對《周易》經、傳的分析、比對與歸納，以檢視《易》卦六爻在陰陽變化與剛柔相推的過程中，所具有的「規律性」、「統合性」及「結構性」。

　　第三部分——《周易》爻位變化的玄妙義蘊。透過對「爻位變化」內部結構的認知，吾人可進一步探討以陰陽為主體的《易》道變動精神，其所涵藏的「整體」、「感應」與「共性」思維，而實現《說卦傳》所說的「窮理盡性」。

　　第四部分——《周易》爻變思想的終極關懷。藉由對《周易》經、傳的分析與探究，可以確實掌握到「爻變」思想具有審視吉凶變化、施行人倫教化與澄明國家政治等社會功能；而其所蘊涵的憂患意識與生生思想，不僅是對生命的高度尊重與積極關懷，更能打破世俗所謂「人定勝天」的迷思，而促使人類與天地萬物和諧共處，達到天人合德的境界。

目

次

第一章 緒 論

第一節 研究動機與目的

　　《繫辭上傳》載：「《易》與天地準，故能彌綸天地之道。」〔註1〕又說：「夫《易》，廣矣大矣，以言乎遠則不禦；以言乎邇則靜而正；以言乎天地之間，則備矣。」〔註2〕此標識著《易》道廣大，變化萬千，遠則極深窮幽，不可抑止；近則處靜得正，無所偏邪。故《易》能彌綸天地之道，範圍天地間的一切變化。也就是說，天地間萬事萬物的一切發展與變化，皆可在《易》道深邃的哲理中獲得彰顯。四庫館臣於《四庫全書總目・周易集注》提要中說：「《易》道淵深，包羅眾義，隨得一隙而入，皆能宛轉關通，有所闡發。」〔註3〕此反映出《周易》所具有的宏觀性與包容性，能讓歷來治《易》學者藉以闡發個人的思想、觀念，以建立其哲學體系；這當是對「《易》道廣大，無所不包，旁及天文、地理、樂律、兵法、韵學、算術，以逮方外之爐火，皆可援《易》以為說」〔註4〕的進一步詮解。以此看來，《周易》——古聖先賢智慧的結晶，其所帶來的無限魅力及對後世的影響，可說是充塞天地、歷久不衰。此外，《易緯・乾鑿度》謂《易》有三義——「易」、「變易」、「不易」。

〔註1〕 參見〔魏〕王弼注，〔唐〕孔穎達疏，〔清〕阮元校勘：《周易正義》，《十三經注疏》（北京：北京大學出版社，1999年），卷七，頁266。
〔註2〕 同前註，頁272～273。
〔註3〕 參見〔清〕紀昀等編：《欽定四庫全書總目》（北京：中華書局，1997年），經部・易類五，頁47。案：《周易集注》為〔明〕來知德所撰。
〔註4〕 同前註，「易類序」，頁3。

「易」（易簡）爲「言其德」；「變易」爲「言其氣」；「不易」爲「言其位」。故「《易》者，天地之道，乾坤之德，萬物之寶」〔註5〕。綜觀其意，當以「易簡」爲「乾坤之德」，以「變易」爲「天地之道」，以「不易」爲「萬物之寶」；而此思維實前有所承。

「易簡」──乾坤之德。《繫辭傳》載：

> 夫乾，確然示人易矣。夫坤，隤然示人簡矣。（〈下傳〉）

這段話已將「乾坤」的「易簡」特質表露無遺！又說：

> 乾以易知，坤以簡能。易則易知，簡則易從。易知則有親，易從則有功。有親則可久，有功則可大。可久則賢人之德，可大則賢人之業。（〈上傳〉）

所謂「可久則賢人之德」、「可大則賢人之業」，就是在闡發「乾坤之德」。孔穎達於〈乾〉卦辭「元亨利貞」下疏：「《子夏傳》云：『元，始也。亨，通也。利，和也。貞，正也。』言此卦之德，有純陽之性，自然能以陽氣始生萬物而得元始亨通，能使物性和諧，各有其利，又能使物堅固貞正得終。此卦自然令物有此四種使得其所，故謂之四德。」〔註6〕可見「元亨利貞」四德就是「乾以易知」的本質內涵。至於「坤以簡能」、「簡則易從」，則可透過「〈坤〉道其順乎？承天而時行！」（〈坤・文言〉）一語而獲得理解。

「變易」──天地之道。《繫辭上傳》載：

> 在天成象，在地成形，變化見矣。是故剛柔相摩，八卦相盪。鼓之以雷霆，潤之以風雨。日月運行，一寒一暑。乾道成男，坤道成女。

〔註5〕 參見〔日〕安居香山、中村璋八編：《緯書集成》（石家莊：河北人民出版社，1994年），頁3～5。案：原文爲：「《易》者，易也，變易也，不易也，管三成爲道德苞籥。易者，以言其德也，通情無門，藏神無內也。光明四通，儌易立節。天地爛明，日月星辰布設，八卦錯序，律歷調列，五緯順軌。四時和，粟孳結。四瀆通情，優游信潔。根著浮流，氣更相實。虛無感動，清淨炤哲。移物致耀，至誠專密。不煩不撓，淡泊不失，此其易也。變易也者，其氣也。天地不變，不能通氣。五行迭終，四時更廢。君臣取象，變節相和，能消者息，必專者敗。君臣不變，不能成朝。紂行酷虐，天地反。文王下呂，九尾見。夫婦不變，不能成家。妲己擅寵，殷以之破。大任順季，享國七百。此其變易也。不易者，其位也：天在上，地在下；君南面，臣北面；父坐子伏，此其不易也。故《易》者，天地之道，乾坤之德，萬物之寶。」此外，孔穎達《正義》引鄭玄《易贊》及《易論》說：「易一名而含三義：易簡，一也；變易，二也；不易，三也。」
〔註6〕 參見〔魏〕王弼注，〔唐〕孔穎達疏，〔清〕阮元校勘：《周易正義》，《十三經注疏》，卷一，頁1。

乾知大始，坤作成物。〔註7〕

天地萬物所以能「成象」、「成形」，即是在陰（坤柔）陽（乾剛）二氣相摩與八卦相盪的變化過程中逐漸完成；此「變化」過程就是《繫辭下傳》所稱「變動不居，周流六虛，上下無常，剛柔相易，不可爲典要」〔註8〕的《易》道精神。有了這種變動精神，天地萬物始能日新又新，至於長久。

「不易」──萬物之寶。《繫辭傳》載：

天尊地卑，乾坤定矣。卑高以陳，貴賤位矣。動靜有常，剛柔斷矣。（〈上傳〉）

「天地」即「乾坤」（動靜、剛柔）。天在上，地在下，故言「定矣」；「定」就是「不易」，就是「有常」。又謂「聖人之大寶曰位」（〈下傳〉），孔穎達疏：

聖人大可寶愛者，在於位耳。位是有用之地，寶是有用之物。若以居盛位，能廣用無疆，故稱大寶。〔註9〕

所謂「若以居盛位，能廣用無疆」，即闡發聖人若居此「大寶」（位），必能效法天地（上下定位），化育萬物，使各正其「位」。也就是說，萬物之「寶」（位）就如同聖人的「大寶」（位），都是以天地、乾坤的「不易」（定位）精神爲依歸，這就是「常道」，也是「變易」中的「不變」之道；當然，這種「天」（上）、「地」（下）定位的「常道」與「上下無常」的變易精神是不同的指涉。

總之，《易緯・乾鑿度》所說的「三易」（易簡、變易、不易），無疑皆發端於「乾坤」（陰陽、天地）；而「乾坤」（陰陽、天地）正是《易》卦六爻變化的本質內涵，也是《易》道變動精神的所在。因此，孔穎達於《周易正義》中說：「夫《易》者，變化之總名，改換之殊稱。」〔註10〕由此看來，苟欲窺探中國古代哲學思想的先驅──《周易》，當從《易》卦六爻的乾坤變化與剛柔相推（即「爻變」）入手；這也是筆者所以用「《周易》爻變思想」作爲本文研究命題的主要原因。

至於本文的研究目的，主要有下列九項：

一、俾讀者能對《周易》占筮的本質有正確的認知。

〔註 7〕 同前註，卷七，頁258～259。
〔註 8〕 同前註，卷八，頁315。
〔註 9〕 同前註，頁297。
〔註10〕 同前註，頁4（卷首）。

二、詮解《周易》「爻位變化」的真正意涵，並在「應用」概念與「生成」
原理之間加以澄清。

三、闡發天地萬事萬物在發展過程中所具有的「規律性」、「統合性」與
「結構性」。

四、打破「陰陽對立」的迷思，消解「象數」、「義理」的衝突，建立
「理」、「氣」合一的概念。

五、發揚存在於天地間的「感通」現象，傳達生命有序的「共性」思
維。

六、驗證「爻變」思想所具有的社會功能，促成人文精神的永續發展。

七、透視並且傳承古代社會的憂患意識與面臨困頓時的應對之道。

八、將「爻變」思想應用於個人的德行修養、人際互動，以及對自然環
境、社會人文的關照。

九、尊重生命、熱愛生命，宣揚天地萬物的存在價值，散播《周易》的
「生生」思想。

第二節　研究範圍與方法

　　本文主要是根據《周易》「經」、「傳」的內容，就《周易》「爻變」思
想的主題加以發揮，對於「經」、「傳」的作者與成書年代，並不直接涉及，
僅在論述過程中，於不可避免的相關問題上作適度的釐清。筆者採取這樣
的作法，雖可避開古今爭論不休的敏感問題，但「爻變思想」所涵攝的內
容與範圍，仍然具有相當的複雜性與開闊性。茲就本文研究的範圍，簡述
如下：

一、《周易》「爻變思想」的緣起與發展過程（在典籍方面，是以直接涉
入的《左傳》、《國語》所載「筮例」及《象傳》為主；在人物方面，
則以京房、荀爽、虞翻為代表）。

二、「爻位變化」所呈顯的「規律性」與「統合性」。

三、「爻位變化」所指涉的「時」、「空」觀。

四、「爻變思想」對」「象」、「數」、「理」的整合。

五、「爻變思想」對「陰陽關係」與「理氣概念」的詮解。

六、「文化傳播」的功能性與局限性。

七、「實質」與「象徵」的分野。

八、「爻位變化」所蘊涵的「共性思維」與「感應思維」。

九、「爻變思想」對「社會功能」（審吉凶、行教化、明治道）的具體實踐。

十、「爻變思想」與「憂患意識」的關係。

十一、「爻變思想」與「人事」、「自然」的關係。

十二、「爻變思想」對「生生之《易》」的落實。

此外，對於本文的研究方法，可以透過對內容的安排而獲得彰顯。茲將本文所要進行的四大部分略述如下：

一、《周易》爻變思想的萌起與開展。古代的卜筮活動是構成《周易》的重要關鍵，也是《周易》爻變思想的原生體。因此，欲探討這種「變動」思想，當從殷、周之際的「天命靡常」概念與周人的「卜筮觀」入手；並以此逐步導入對先秦至漢魏時期重要著作與人物之「爻變觀」的探討。這是主體精神的「外圍」分析。

二、《周易》爻位變化的基本原理。天地間一切具體事物的變化與發展，總是有跡可尋；對《周易》的「爻位」變化而言，也是如此。在透過對《周易》經、傳（《彖傳》、大小《象傳》、《繫辭傳》）的歸納與分析後，當可找出「爻位變化」所具有的「規律性」、「統合性」與「結構性」；其中，「結構性」的「時」、「空」概念，尤能凸顯《易》道的變動內涵。這是主體精神的「內部」透視。

三、《周易》爻位變化的玄妙義蘊。事物在發展變化的過程中，除了本身（主體）所呈顯的具體內容外，當有更具多元性與延展性的外在指涉隱藏於主體的內部深層，而亟待人類的發掘與探究，這就是所謂的「顯」與「隱」──形成彼此息息相關的環節；對「爻位變化」這個「主體」來說，也是如此。透過對「爻位變化」內部結構的認知，吾人當可進一步探討其所蘊涵的「整體」、「感應」、「共性」等深層思維，而實現《說卦傳》所說的「窮理盡性」。這是主體精神的向外「延伸」。

四、《周易》爻變思想的終極關懷。「順天休命」者能「外王」（德顯），「洗心成德」者可「內聖」（德蘊），這是從《周易》「爻變」思想所衍生出來的人生哲理。而此「人生哲理」的終極關懷，當以「致用」人生為依歸，故四庫館臣謂《周易》旨在推「天道」、明「人事」。

天道是「體」，人事是「用」。「體」、「用」無間，「天」、「人」（個體）和諧，則萬物生生不息，生命的價值與存在的意義始能獲得發揚，而人類的智慧亦可因此（「爻變思想」的「致用」功能性）而更趨圓滿。這是主體精神的向內「回歸」。

筆者以為藉由「外圍分析」、「內部透視」、「向外延伸」與「向內回歸」等方式，而進行對主體（「《周易》爻變思想」）的分析與探究過程，一方面是對《易》道「循環往復」精神的體證，另一方面則可為《周易》的「有機性」與「開放性」作註腳。

第二章 《周易》爻變思想的萌起與開展

　　《周易》經、傳是不同時期、不同背景下的文化產物，因而在型式與詮釋上，必然呈現出不同層次的思維模式。前者（經文）是依全卦、六爻的「象」，配合所繫的「辭」，以條列方式逐次呈現其吉凶悔吝、政治史實與社會現象，可說是一種「微觀」的人文發展記錄；後者（傳文）則是對經文所作的各種闡釋與理念的發揮，諸如《易》卦的生成原理、六爻陰陽的變化、卦名的象徵指涉及其排列，以及卦、爻辭的道德意義等，並賦予高度的哲學意涵，而以篇章、段落的主題方式呈現，因此可視為「宏觀」的整體概念。雖然如此，二者在傳達《周易》「變動」精神的本質內涵上，卻能一脈相承，並且緊密聯繫，這是超越時空限制的積極表現與不凡成就。《繫辭下傳》載：「八卦成列，象在其中矣；因而重之，爻在其中矣；剛柔相推，變在其中矣；繫辭焉而命之，動在其中矣。」〔註1〕由此看來，《周易》所強調的變動精神，實際上是肇始於《易》卦六爻的變化；也就是說，《易》卦六爻的變化是《周易》變動精神的實際內涵與具體表現。

　　在先秦文獻中，除了《易傳》（尤其是《象傳》）是闡釋六爻變化的重要著作外，《左傳》與《國語》中所記載的筮例，可說是開《周易》爻變思想的先河。而在此之前，由於上古先人對天地變化與自然現象仍普遍存在著「敬畏」與「不安」的心理，尤其是對「命運」的不可知，因此只有藉由「自然崇拜」（神、鬼是人的支配者）以獲得生命的保障與未來的寄託。及至殷、周

〔註1〕 參見〔魏〕王弼注，〔唐〕孔穎達疏，〔清〕阮元校勘：《周易正義》，《十三經注疏》，卷八，頁294～295。

之際，在道德意識與社會人文上有了實質的進展，因而過去那種對天地、自然的畏懼心理，也隨之獲得改善；其中，對「天命靡常」的認知與信念，以及對「卜筮」的靈活變化與廣泛運用，更是爲周人在「人文發展」與「安定民心」的課題上，奠定了雄厚的基礎。因此，本章將從這個角度出發，以作爲「爻變思想的萌起」的發端。此外，在《左傳》、《國語》及《易傳》之後，這種「爻變」思想繼續爲漢、魏《易》學家，如京房、荀爽、虞翻等所承襲、推衍，並進而從中建構出符合當時社會、人民需要的《易》學理論與系統觀〔註2〕。因而可以如此說：在「爻位變化」這個命題上，《左傳》、《國語》中所載筮例是對《周易》經文的直接運用，《易傳》（尤其是《象傳》）是對經文的積極詮釋，漢《易》則主要表現在對《易傳》（尤其是《象傳》）的進一步推衍。而這種對《周易》經文的積極詮釋與進一步推衍，即爲「爻變思想」在開展上的重要歷程，也是本章在論述上的另一個重要課題。

第一節　《周易》爻變思想的萌起

《周易》卦爻辭是卜筮過程的產物，也是表現周人「人文精神」與「社會現象」的最重要著作〔註3〕。蔡邕《月令章句》載：「龜者，龜甲，所以卜也；筮者，蓍草，所以筮也。」〔註4〕這是對「卜」、「筮」原意所作的詮釋。張亞初、劉雨二人則根據考古材料及甲骨文資料，認爲殷商時期即有筮法的存在，且最遲不能晚於武丁〔註5〕。也就是說，占卜與占筮活動在殷、周二代

〔註2〕 案：這裡所說的《易》學理論與系統觀，並非完全符合《周易》的本質精神與內涵；此於本章第二節「京、荀的爻變觀」及「虞翻的爻變觀」將會論及。

〔註3〕 案：《周易》爻辭中雖有記載殷商的事，然就事物發展的歷程來說，其事蹟基本上已融入周人生活應用當中，而成爲其社會文化的一部分。

〔註4〕 參見〔後漢〕蔡邕撰：《月令章句》，收入〔清〕馬國翰所輯《玉函山房輯佚書補遺》（京都：中文出版社，1990年），頁941。案：《禮記·曲禮上》也載有「龜爲卜，筮爲筮」一語。

〔註5〕 參見張亞初、劉雨撰：〈從商周八卦數字符號談筮法的幾個問題〉，收入《周易研究論文集》（北京：北京師範大學出版社，1988年），第一輯，頁584。至於所謂的「數字卦」，由於其表現形式與《易》卦全然不同（《易》卦由陰（－－）陽（－）符號與六、七、九、八等四個筮數所得的爻畫而成卦；數字卦則是用一、五、六、七、八或一、五、六、七、八、九等筮數直接形成三個一組或六個一組的卦），且在未掌握到較爲完整而確切的資料之前，實不可遽視「數字卦」與《易》卦屬性相同。對此，宋會群與苗雪蘭在所撰《中華第一經》一書中（「從筮數卦到爻畫卦」一節）即指出，「如果根據張政烺先

是同時存在的。這種說法若參照《尚書‧洪範》所載箕子告周武王語〔註6〕，當可相信。雖然如此，從既有的文獻記載（包括甲骨文）來看，以龜、甲的兆象來判定「吉凶」，基本上仍然是殷人主要的占卜活動；相較之下，周人不僅「卜」、「筮」並用，其方式顯然更為多元而富於變化，這可從《左傳》與《國語》的卜筮記載而獲得證成。此外，由於龜甲的兆象一旦顯現，則吉凶立判，無從更易；這與「占筮」過程所具有的變化特性顯然有很大的差別。也就是說，「占卜」與「占筮」雖然都能審視命運、吉凶，但前者僅止於「知」的範疇，後者則兼有「知」與「變」的功能。這種對命運、吉凶的不同認知，當與殷、周的治國理念——「神權觀」（「天命不可違」）與「道德觀」（「天命可改」）的組成結構，有著密不可分的關係。

　　總之，人文自覺與道德反思的實踐歷程，是造就周人具備宏觀與變通思想的主要原因；而《左傳》、《國語》中的筮例記載，更可凸顯周人是「變動」思想的實踐者。故本節乃從「天命靡常」、「周人的卜筮觀」及「《左》、《國》筮例」等三方面，逐步來探討《周易》爻變思想的「萌起」，這也是釐清事物發展脈絡的必要程序。

壹、天命靡常

　　對於「天命靡常」觀（即以「德」為「天命轉移」之依歸的觀念）的建立，歷來學者多以《詩‧大雅》所載「假哉天命，有商孫子。商之孫子，其

生的推論：一中含三，六中含二四的話，數字卦的筮數就有八個或九個，其表現形式是數字。這與《易》卦的筮數只有六、七、八、九大有區別。筮數不同是由筮法的不同所決定。《周易》的筮法是其得到卦爻象的基礎，數字卦的筮法與之不同，是不可能筮出來《易》卦的。以數字卦的奇偶關係直接譯作《易》卦的陰陽關係，大有武斷之嫌」。筆者以為，其論頗為中肯。此外，成中英先生於〈《易》的象、數、義、理一體同源論〉（收入《周易研究》，1990年第一期）一文中，也認為「通行本的易卦並非源於數字卦，而另有所本。數字卦只是卜筮用來達到象形卦的方法。事實上，在數字卦的同時也可以看到非數字卦，至少吾人無法證明所有的卦都是數字卦」。有鑑於此，故本文有關《周易》「爻變」思想的各種陳述，僅以《易》卦為主，而不涉及「數字卦」。

〔註6〕　參見〔漢〕孔安國傳，〔唐〕孔穎達疏，〔清〕阮元校勘：《尚書正義》，《十三經注疏》（北京：北京大學出版社，1999年），卷十二，頁314～315。茲略述其中內容：「立時人作卜筮，三人占，則從二人之言。汝則有大疑，謀及乃心，謀及卿士，謀及庶人，謀及卜筮。汝則從，龜從，筮從，卿士從，庶民從，是之謂大同。〔……〕。龜筮共違于人：用靜，吉；用作，凶。」

麗不億。上帝既命，侯于周服。侯服于周，天命靡常」（〈文王〉）的論述爲參
照，而指向西周初年。儘管如此，對於殷商諸君在「道德觀」與「神權觀」
兩種不同思想作爲下的政治發展與結果，亦有必要稍作陳述。考《尙書・多
士》載：「自成湯至于帝乙，罔不明德恤祀。亦惟天丕建，保乂有殷，殷王亦
罔敢失帝，罔不配天其澤。」〔註7〕可見，在周人的觀念裡，布其德以配天道
的思維，在殷商時期已經萌芽；但文中說「自成湯至于帝乙，罔不明德恤祀」，
則恐有待商榷！《尙書・君奭》記載：

> 成湯既受命，時則有若伊尹，格于皇天。在太甲，時則有若保衡（伊
> 尹）。在太戊，時則有若伊陟、臣扈，格于上帝，巫咸乂王家。在祖
> 乙，時則有若巫賢。在武丁，時則有若甘盤。率惟茲有陳，保乂有
> 殷，故殷禮陟配天，多歷年所。天惟純佑命，則商實百姓。王人罔
> 不秉德，明恤小臣，屏侯甸。〔註8〕

這裡所說的「伊尹」至「甘盤」等六人，是輔佐成湯、太甲、太戊、祖乙、
武丁等商君的賢臣；而「王人罔不秉德，明恤小臣，屏侯甸」下，孔《傳》
謂「自湯至武丁，其王人無不持德立業，明憂其小臣，使得其人，以爲藩屏
侯甸之服」。由此看來，同樣是對商君「秉德」、「明恤」的記載，但〈多士〉
稱「自成湯至于帝乙」，而〈君奭〉則謂「成湯」至「武丁」；這種矛盾的敘
述與思維，對讀者來說，恐造成理解上的困擾！對此，根據《史記・殷本
記》所載，武丁之後，殷道多衰，如帝武乙（帝乙的祖父），是個爲政「無
道」、自稱「天神」的昏君；而「帝乙立，殷益衰」〔註9〕；又《孟子・公孫
丑上》稱「由湯至於武丁，聖賢之君六七作」〔註10〕，亦無述及帝乙。如此
看來，〈多士〉所載，確有可議之處！但無論如何，站在周人的思維角度來
說，這種因「修德」而能夠「革夏」，或由於「行德」而可以「興殷」的思
維，皆足以反映出殷商並非完全以「神權」治國，其「布德」以「配天」的
人文意識儼然已醞釀其中。

〔註7〕同前註，卷十六，頁424。
〔註8〕同前註，頁441～443。
〔註9〕參見〔漢〕司馬遷撰，〔唐〕司馬貞、〔唐〕張守節、〔宋〕裴駰等三家注：《史
記》（北京：中華書局，1997年），頁103～104。
〔註10〕參見〔清〕焦循撰，沈文倬點校：《孟子正義》（北京：中華書局，1998年），
頁177。案：所謂「六七作」，焦循以爲，「湯、太甲、太戊、祖乙、盤庚、武
丁六作，及祖甲則七作，不直云七作六作，連云六七作，正以祖甲在武丁後，
故如此屬文也」，而非約略之辭。

　　可惜的是，及至帝辛（紂），君權不僅凌駕神權之上，並且施行「炮烙之法」〔註11〕，荒淫暴虐，無所忌憚，以至殷道一蹶不振；《尚書·西伯戡黎》即載「天既訖我殷命，格人元龜，罔敢知吉。非先王不相我後人，惟王淫戲用自絕。故天棄我，不有康食。不虞天性，不迪率典。〔……〕殷之即喪，指乃功，不無戮於爾邦」〔註12〕。因此，商湯至武丁時期所醞釀的道德意識與人文思想，並未能獲得進一步的發展。此透露出殷人的道德進化歷程不僅長期處於「被動」〔註13〕的過渡時期，並且有倒退的現象，這站在歷史演變與經驗傳承的角度來看，不能不說是一種弔詭。而自「天既訖我殷命，格人元龜，罔敢知吉」一語中，不難發現殷人在「神權觀」與「道德觀」的認知結構上，仍然以前者為重，其影響力也較大，此亦可從《禮記·表記》所載「殷人尊神，率民以事神，先鬼而後禮，先罰而後賞，尊而不親。其民之敝，蕩而不靜，勝而無恥」〔註14〕的評述而獲得證成。

　　相較於殷人，周人在「神權觀」與「道德觀」的認知結構上，顯然有所不同；此可從《論語·為政》所載「周因於殷禮，所損益，可知也」〔註15〕一語看出端倪。句中「因於殷禮」，是指周人對殷商禮制的承襲，這其中當包含祀天、奉神、祭祖等宗教儀式。對此，可以《尚書·洛誥》所說的一段話——「王肇稱殷禮，祀于新邑」〔註16〕來加以證實。這種基於「建國」需要而有所援用舊制（殷禮）的作法，是歷史演化與人文進展的必經過程，也是「變通」思想中「不變」之道的權宜運用。因此，《詩·大雅》「昊天上帝，則不我虞。敬恭明神，宜無悔怒」（〈雲漢〉）、「神之格思，不可度思，矧

〔註11〕　案：《列女傳》載：「百姓怨望，諸侯有畔者。紂乃為炮烙之法，膏銅柱加之炭，令有罪者行其上，輒墮炭中，妲己乃笑。」

〔註12〕　參見〔漢〕孔安國傳，〔唐〕孔穎達疏，〔清〕阮元校勘：《尚書正義》，《十三經注疏》，卷十，頁259～260。

〔註13〕　案：所謂的「被動」，是指其「修德」行為乃鑑於前面帝王的敗政而發，為階段性的個別規範，非以天理正道為行為準則的主動性常態意識；這可從《史記·殷本紀》對歷代商王的敘述（興→衰→興→衰……興→衰→亡）而窺知。

〔註14〕　參見〔清〕孫希旦：《禮記集解》（臺北：文史哲出版社，1990年），下冊，頁1310。

〔註15〕　參見〔魏〕何晏注，〔宋〕邢昺疏，〔清〕阮元校勘：《論語正義》，《十三經注疏》（臺北：藝文印書館，1997年），葉19下。

〔註16〕　參見〔漢〕孔安國傳，〔唐〕孔穎達疏，〔清〕阮元校勘：《尚書正義》，《十三經注疏》，卷十五，頁407。案：所謂「王肇稱殷禮，祀于新邑」，即以殷商祭祀的禮行於周的新都。

可射思」（〈抑〉），以及〈豫・象辭〉「先王以作樂崇德，殷薦之上帝，以配祖考」的記載，固可用來陳述周人對宗教信仰（祀天敬神）的虔誠，但卻不能以此作爲評斷其仍以「神權」主政的證據；這也是接下來要加以探討的關鍵部分。

前面說過，「承襲」是一種權宜作法；至於「損益」，則象徵人文思想的進化，是「變通」概念的具體實踐。例如，《禮記・表記》載：「周人尊禮尚施，事鬼敬神而遠之，近人而忠焉。」〔註17〕可見周人具有「誠敬」、「務實」、「無妄」、「謙遜」、「忠親」的思想與性格，這與殷人尚鬼神而輕禮制、畏刑罰而爭機巧的行事作風，在本質上是有很大的差異。此外，《史記・殷本紀》載，西伯（文王）本爲商紂三公之一，因竊嘆鄂侯遭脯〔註18〕，而被商紂囚於羑里；後由西伯臣閎夭之徒獻美女奇物於紂，而得以獲釋。西伯歸，於是「陰修德行善，諸侯多叛紂而往歸西伯」〔註19〕。筆者以爲，三公的地位本就尊貴，而當時已亡二人（九侯、鄂侯），唯西伯尚存；西伯既歸，理應復位，又能暗中修德行善，澤被百姓，故能廣得諸侯歸往之心。這種由「公爵」→「囚犯」→「釋歸」→「陰修德行善」，而終於獲得諸侯歸附的演變過程，正彰顯西伯（文王）擁有因「位」而變、隨「時」而動的卓越思維與應對能力；其中，「陰修德行善」一語背後所蘊藏的「自覺」與「變通」概念，更是古代人文思想進路的一大突破〔註20〕。又《詩》載：「周雖舊邦，其命維新。」（〈大雅・文王〉）這種積極進取的「新命」觀，無疑是對周人具有創新、變革等前瞻意識的強調與讚頌。

此外，《尚書・泰誓》謂「天視自我民視，天聽自我民聽」〔註21〕，即以「民意」等同於「天意」，這種高度的人文自覺，更爲周人寫下輝煌燦爛的歷史紀錄，也是殷、周二朝在治國理念上的最大差別！或許有人會說，這種「差

〔註17〕 參見〔清〕孫希旦：《禮記集解》，下冊，頁1310。
〔註18〕 案：「脯」字，《說文》謂「乾肉也」。可見鄂侯所遭受的刑罰是極不人道，此與「炮烙之法」皆爲紂王暴虐無道的例證。
〔註19〕 參見〔漢〕司馬遷撰，〔唐〕司馬貞、〔唐〕張守節、〔宋〕裴駰等三家注：《史記》，頁106～107。
〔註20〕 案：《史記・夏本紀》有「（夏桀）召湯而囚之夏臺，已而釋之。湯修德，諸侯皆歸湯」的記載，其情形與此相似；雖然如此，二者在層次上畢竟有所差別，其主要的關鍵就在於一個「陰」字，這是「變通」思想的積極展現。
〔註21〕 參見〔漢〕孔安國傳，〔唐〕孔穎達疏，〔清〕阮元校勘：《尚書正義》，《十三經注疏》，卷十一，頁277。

別性」本是在時空背景演變下所必然形成的。話雖如此,但從實踐歷程的角度來看,其所呈顯的政治現象與社會情境,仍繫於執政者當下的所作所為;也就是說,一人之德可以澤萬民,一時之惡可以禍天下。而「澤萬民」與「禍天下」正是「天命轉移」所據以參照的指標,故《春秋繁露》強調「其德足以安樂民者,天予之;其惡足以賊害民者,天奪之」〔註 22〕,即是對此概念所作的詮釋。至於《孟子‧離婁上》所說的「順天者存,逆天者亡」〔註 23〕,雖是傳達「天命不可違」的概念,但這種概念與殷商的「神權觀」是不同的。基本上,對孟子而言,「天」具有「道德」涵義,只有在道德氛圍下的「天命」,始能為人們所遵循、奉行;相對地,人的一切行為也要合乎天理正道,始能為「天」所照應、庇佑,所以又說「得道者多助,失道者寡助」(〈公孫丑下〉),這就是《尚書‧蔡仲之命》所謂的「皇天無親,惟德是輔」〔註 24〕,也是「以德配天」的真正意涵。因此,殷、周二朝在發展歷程上的不同遭遇固然是「時勢」使然,但由於周人能確切體悟「天命靡常」的深邃道理,並且以具體的實踐工夫,持續不斷地貫徹「以德配天」的精神內涵,因而無論是在人文發展的成就上,或社會道德的進化上,均遠遠超越殷人;這也是周能「革」殷「命」的關鍵所在。

由此看來,在「承襲」與「損益」兼備的情況下,周人於「神權觀」與「道德觀」的認知結構上,顯然是以後者為重,其對後世的影響也較為深遠,這無疑是人文自覺與道德進化的重要里程碑;而從「不變」與「變」的兼容並蓄中,亦可看出周人不僅能從「承襲」的過程中順理成章地保留殷商的部分舊制(包括祀禮、龜卜等),並且懂得如何靈活運用「損益」之道以成其德業、事功。這種「崇德尊禮」與「察時知變」的實踐精神,從社會現象反映事物發展脈絡的角度來看,實可與《周易》卦爻辭中所蘊涵的「人文氣息」及「道德涵義」相參照;這也是本小節所強調的概念與陳述動機。

貳、周人的卜筮觀

先前說過,根據考古資料及古文獻記載,卜、筮活動在殷、周二朝皆已

〔註 22〕參見蘇輿撰,鍾哲點校:《春秋繁露義證》(北京:中華書局,1996 年),卷七,「堯舜不擅移湯武不專殺」,頁 220。

〔註 23〕參見〔清〕焦循撰,沈文倬點校:《孟子正義》,頁 495。

〔註 24〕參見〔漢〕孔安國傳,〔唐〕孔穎達疏,〔清〕阮元校勘:《尚書正義》,《十三經注疏》,卷十七,頁 453。

並存，但周人在運用上顯然較殷人廣泛而多變化，這可從《左傳》、《國語》及《尚書》中的記載而窺知。此外，《史記‧龜策列傳》記載太史公的話說：

> 自古聖王將建國受命，興動事業，何嘗不寶卜筮以助善！唐虞以上，不可記已。自三代之興，各據禎祥。塗山之兆從而夏啓世，飛燕之卜順故殷興，百穀之筮吉故周王。王者決定諸疑，參以卜筮，斷以蓍龜，不易之道也。〔註25〕

可見商、周二代無不以「龜兆」或「蓍筮」作爲建國興業、謀善決疑的依據。這種對卜筮的重視、甚至是依賴的現象，當起源於上古先人對天地間所產生的各種現象與變化，有不可探知、掌握的無力感與畏懼感，因此只有藉由心靈投射的「自然崇拜」（神、鬼是人的支配者）以獲得生存保障與未來寄託；但這種「自然崇拜」並沒有一套論定「吉凶」的確切方法與依據，這站在社會演化及人民需求的角度來說，顯然仍嫌不足。因此，在時空的推移下，商、周二代的開國聖君秉持敬天祀神與治國安民爲一整體的理念，乃藉由卜筮過程所呈顯的兆象，教導人民如何判斷吉凶、檢視得失，以作爲謀事、行動的依據，此即《朱子語類》所說的「上古之時，民心昧然不知吉凶之所在，故聖人作《易》教之卜筮，使吉則行之，凶則避之」〔註26〕。而這種仰賴卜筮「吉凶」作爲人生引導的思維，無疑是造就古人「趨吉避凶」性格的主要關鍵。對此，陳煒湛於〈甲骨文的分類和主要內容〉一文中即明確地指出，殷人在農業、天象、旬夕、祭祀、征伐、田獵（漁牧）、疾夢、使令、往來、婚娶等方面的活動與行準，無不取決於兆象所呈顯的吉或凶〔註27〕；又《史記‧日者列傳》也有「產子必先占吉凶，後乃有之」〔註28〕的記載，《禮記‧祭義》則謂「君召牛，納而視之，擇其毛而卜之，吉然後養之」〔註29〕。凡此，皆

〔註25〕 參見〔漢〕司馬遷撰，〔唐〕司馬貞、〔唐〕張守節、〔宋〕裴駰等三家注：《史記》，頁3223。案：史遷於自序中言其撰寫〈龜策列傳〉的理由，是「不流世俗，不爭勢利，上下無所凝滯，人莫之害，以道爲用」，則卜筮活動的重要性由此可見。

〔註26〕 參見〔宋〕黎靖德編，王星賢點校：《朱子語類》（北京：中華書局，1999年），〈易六‧謙〉，頁1768。案：這段話固然是針對《周易》來說的，但以「卜筮」作爲「趨吉避凶」的思維角度來看，夏之《連山》、殷之《歸藏》亦當仿此（只是卜筮方法不同而已）。

〔註27〕 參見陳煒湛：《甲骨文簡論》（上海：上海古籍出版社，1999年），頁80～91。

〔註28〕 參見〔漢〕司馬遷撰，〔唐〕司馬貞、〔唐〕張守節、〔宋〕裴駰等三家注：《史記》，頁3218。

〔註29〕 參見〔清〕孫希旦：《禮記集解》，下冊，頁1222。

可證明古人具有「趨吉避凶」的內在性格。

　　儘管如此，對殷商而言，由於天命不可違的「神權觀」是其主要的文化特質，故「趨吉避凶」的意涵多局限在「吉則行，凶則止」的範疇；至於周人，雖亦有此信念，然卻更具有「雖吉可凶」、「雖凶能吉」的前瞻性思維，這種思維是與其人文自覺的發展歷程有著密切關係，即以「德」的優劣及對「時」的掌握為影響吉凶的重要關鍵。例如，《左傳‧襄公十三年》謂「先王卜征五年，而歲習其祥，祥習則行。不習，則增脩德而改卜」〔註30〕，即是以「增進修德」作為改變凶兆、連結征祥的憑藉；又《周禮‧春官‧大卜》載有以卜筮之法「觀國家之吉凶，以詔救政」〔註31〕的論述，從這段話中可以知道，在周人的觀念裡，國家的命運、吉凶不僅可以透過卜筮過程而得知，並且能因適時的人事作為（詔令）而改變，這與純粹用龜兆來判定吉凶的命定觀（吉凶無可更易），可說是具有相當的差異性。由此看來，「趨吉避凶」的內涵是依人文思想與社會意識的不同而有所差異，而這也是周人較殷人懂得「變通」道理的重要原因。

　　對周人而言，「卜筮」活動中所使用的蓍草、龜甲，都是聖人「以前民用」的神物，也是「通神明之德」的工具、媒介，故《禮記‧曲禮》謂「假爾泰龜有常，假爾泰筮有常」〔註32〕，就是將龜、筮的功能性提升到與上天、神靈同格。因此，卜筮的準備過程必須秉持虔誠篤敬的心態，並依照典禮、儀節逐步完成，方能有感於天而獲得回應。對此，朱子《周易本義‧筮儀》即載：

> 將筮，則灑埽拂拭，滌硯一注水，及筆一、墨一、黃漆板一，于爐東。東上，筮者整潔衣冠北面，盥手焚香致敬。兩手奉櫝蓋，置于格南爐北。出蓍于櫝，去囊解韜，置于櫝東。合五十策，兩手執之，熏于爐上。命之曰：「假爾泰筮有常，假爾泰筮有常。某官姓名，今以某事云云，未知可否，爰質所疑于神于靈。吉凶得失，悔吝憂虞，惟爾有神，尚明告之。」〔註33〕

〔註30〕參見〔周〕左丘明傳，〔晉〕杜預注，〔唐〕孔穎達疏，〔清〕阮元校勘：《春秋左傳正義》（臺北：藝文印書館，1997年），卷三十二，頁556。案：「習」通「襲」，謂「重複」。

〔註31〕參見〔清〕孫詒讓撰，王文錦、陳玉霞點校：《周禮正義》（北京：中華書局，2000年），頁1938。案：原文載有「三易」之占，則《周易》自在其中。

〔註32〕參見〔清〕孫希旦：《禮記集解》，上冊，頁93。

〔註33〕參見〔宋〕朱熹：《周易本義》（臺北：大安出版社，1997年），頁7～8。

這種儀式是否真為周人所有,雖不得詳考,然所展現的虔敬態度與準備過程則足供後人取資;且「吉凶得失,悔吝憂虞,惟爾有神,尚明告之」一段,不僅傳達了蓍草擁有神聖的地位與感通的功能,並且具體彰顯占筮結果對人生引導的實質效果,這也是聖人以卜筮使民「信時日」、「敬鬼神」、「決嫌疑」、「定猶與」〔註34〕的真正旨趣。至於《說苑・反質》所說的「信鬼神者失謀,信日者失時」〔註35〕,則是針對背道妄行、貪利求福的人而發,並非對卜筮行為有所否定,因此又說:「凡古之卜日者,將以輔道稽疑,示有所先,而不敢自專也。非欲以顛倒之惡,而幸安之全。」〔註36〕其中,「輔道稽疑」四字,不僅可以消解一般人對卜筮活動的刻板認知(指宗教迷信),並且能進一步凸顯其所具有的人文價值與社會功能,此與〈冠義〉所載「古者冠禮筮日、筮賓,所以敬冠事。敬冠事所以重禮,重禮所以為國本也」〔註37〕的一段話,將卜筮活動對國家的重要性與影響性,藉由行「冠禮」的敬事儀節而表現出來的作法與思維,可說是相互輝映;這對吾人欲理解《周易》爻辭的精神內涵而言,當是個重要關鍵。

　　此外,《禮記・曲禮》載有「卜、筮不過三」與「卜、筮不相襲」〔註38〕的觀點。前者與《左傳》所謂「三卜郊,不從,乃免牲」(〈襄公七年〉)及「四卜郊,不從,乃免牲,非禮也」(〈僖公三十一年〉)二語相參照,甚為吻合,是對「卜、筮不從者以三占為限」的強調;後者亦與《左傳》所載「卜不襲吉」(〈哀公十年〉)無異,是說卜筮既從,則不可隨意更改卜筮,這是指同一屬性事件而言。至於《尚書・洪範》所說的「三人占,則從二人之言」〔註39〕,意指卜筮活動當以從眾為原則;這雖是箕子(殷之三公)對武王說的話,但周人也當有所依循,這就是前面所說的「周因於殷禮」。

　　又《禮記・緇衣》載:「人而無恆,不可以為卜、筮」〔註40〕,意謂占筮

〔註34〕 參見〔清〕孫希旦:《禮記集解》,上冊,〈曲禮〉,頁94。

〔註35〕 參見〔漢〕劉向撰,向宗魯校證:《說苑校證》(北京:中華書局,2000年),頁511。

〔註36〕 同前註,頁512。

〔註37〕 同前註,頁1412。

〔註38〕 參見〔清〕孫希旦:《禮記集解》,上冊,頁94。

〔註39〕 參見〔漢〕孔安國傳,〔唐〕孔穎達疏,〔清〕阮元校勘:《尚書正義》,《十三經注疏》,卷十二,頁314。案:孔《傳》於其下謂「夏殷周卜筮各異,三法并卜。從二人之言,善鈞從眾」。

〔註40〕 參見〔清〕孫希旦:《禮記集解》,下冊,頁1332。案:引文中的「卜筮」二

者必須具備「恆」德，並依常道而行，否則不能擔任這種「導善」、「決疑」的神聖工作。《尚書·洪範》則稱「龜筮共違于人：用靜，吉；用作，凶」〔註41〕，即卜筮活動當依兆象所示，該靜則靜，不該動則止，否則凶禍必隨之而來；對此，〈君奭〉亦言「若卜筮，罔不是孚」〔註42〕。故〈表記〉載：「昔三代明王，皆事天地之神明，無非卜、筮之用，不敢以其私褻事上帝。是故不犯日月，不違卜、筮。」〔註43〕這種「不違卜、筮」的信念，固然是源自對上帝、神靈旨意的一種虔敬態度，其所蘊涵的權威性不言可喻；而「不敢以其私」一語，亦可視為道德價值判斷的一種正向顯影，這與《左傳·桓公十一年》所載「卜以決疑。不疑，何卜」〔註44〕的自覺性思維，以及〈昭公十二年〉惠伯謂「《易》，不可以占險」〔註45〕的忠信觀，同樣是人文精神的積極性表現。

　　總之，對周人來說，卜筮活動無疑是一種應之於天、成之在德的互動過程，這站在人文發展與社會進化的角度來說，實深具啟示意義。而藉由以上的論述，周人對卜筮行為所抱持的基本態度及概念，當可歸納為下列十一項〔註46〕：

　　　一、卜筮以誠
　　　二、不違背卜筮

　　　　字，《論語·子路》作「巫醫」，其義可通：此因古代「巫」、「醫」多相混，而「卜筮」即為「巫人」的工作職掌（可參見《周禮》）。

〔註41〕 參見〔漢〕孔安國傳，〔唐〕孔穎達疏，〔清〕阮元校勘：《尚書正義》，《十三經注疏》，卷十二，頁315。

〔註42〕 同前註，卷十六，頁443。案：依孔《傳》，「孚」字在此作「信」解。

〔註43〕 參見〔清〕孫希旦：《禮記集解》，下冊，頁1318。

〔註44〕 參見〔周〕左丘明傳，〔晉〕杜預注，〔唐〕孔穎達疏，〔清〕阮元校勘：《春秋左傳正義》，《十三經注疏本》，卷七，頁122。

〔註45〕 同前註，卷四十五，頁793。案：南蒯將叛而筮占，得〈坤〉六五爻辭「黃裳，元吉」，以為大吉；然惠伯告訴他說：「忠信之事則可，不然，必敗。」即視「將叛」的舉動為一件險事，故筮辭雖「吉」，而事實必得其反。

〔註46〕 案：《禮記·王制》雖載有「假鬼神、時日、卜筮以疑眾者殺」的論述，但歷來學者對〈王制〉的成篇時代卻持有不同意見。例如，清儒皮錫瑞於《經學通論》中說，〈王制〉「為今文大宗師即春秋素王之制」（素王指孔子）；今人王夢鷗先生於《禮記校證·王制》中則予以駁斥，並針對「假鬼神、時日、卜筮以疑眾者殺」一句，疑其當出於京房被誅之後，或成於新（辛）垣平夷誅後的文帝時期，即謂此語為後人所附記。有鑑於此，故暫不將其列入周人的卜筮觀。

　　三、卜筮不過三

　　四、卜筮不相襲

　　五、不疑則不卜筮

　　六、卜筮不可以占險

　　七、卜筮以常道爲依歸

　　八、不以卜筮爲徇私工具

　　九、卜筮結果可藉由增修德來改變

　　十、卜筮結果可隨時機掌握而有所轉換

　　十一、卜筮從眾（三人占，則從二人之言）

從這十一項中，可以知道除了對殷人的「敬鬼祀神」觀有部分承襲外〔註47〕，周人在「趨吉避凶」的性格上，多有異於前者（殷人）的表現，而以人文道德涵養及變動概念爲其思維向度，這是非常明確的。至於卜、筮並用時的先後次序，《周禮・春官・簭人》雖有「凡國之大事，先簭而後卜」〔註48〕的說法，然考《左傳》中，僖公四年晉獻公欲以驪姬爲夫人、僖公二十五年晉欲納襄王、閔公二年齊桓公欲知成季之生、哀公九年晉趙鞅欲救鄭等，其占皆爲「先卜後筮」，此種作法同於《尚書・洪範》所載。由此看來，在時間的推移下，無論是承襲或發展，周人對於卜、筮並用時所採取的「孰先孰後」實非完全一致，這當與政治現實（如治、亂）及社會認知（如價值觀）有關。

　　在對周人的卜筮觀作了初步陳述後，接下來有必要進一步探討卜筮活動與《周易》爻辭之間的關係。對此，《周禮・春官・占人》載：「凡卜簭既事，則繫幣以比其命；歲終，則計其占之中否。」賈公彥於其下疏：「卜筮皆有禮神之幣及命龜筮之辭。書其辭及兆於簡策之上，并繫其幣，合藏府庫之中。」又說：「既卜筮，即筮亦有命筮之辭及卦，不言者，舉龜重者而略筮，不言可知。」〔註49〕此外，孔疏引鄭玄注：「開金縢之書者，省察變異所由故事也。」〔註50〕這裡所說的「金縢之書」當隸屬賈氏所謂的「府庫」藏書，

〔註47〕　案：如「不違背卜筮」、「卜筮從眾」（三人占，則從二人之言）等。

〔註48〕　參見〔清〕孫詒讓撰，王文錦、陳玉霞點校：《周禮正義》（北京：中華書局，2000年），頁1965。

〔註49〕　參見〔漢〕鄭玄注，〔唐〕賈公彥疏，〔清〕阮元校勘：《周禮注疏》，《十三經注疏》（臺北：藝文印書館，1997年），葉375下。

〔註50〕　參見〔漢〕孔安國傳，〔唐〕孔穎達疏，〔清〕阮元校勘：《尚書正義》，《十三

其中必包含「命筮之辭及卦」，故能「省察變異所由故事」。筆者以為，歷來對《周禮》的眞僞及其成書年代雖爭論不休，然其有關卜筮的記載甚多且詳，誠非妄語，當有所據。由此看來，《周易》爻辭的初型乃卜史從大量筮辭中，透過分析、篩選（是否應驗）所陸續編輯而成，其占筮方法雖與龜卜不同，其型式則與卜辭（事、兆、人、時）相類〔註51〕；後再經由賢君聖人的亟思審度，乃去其「人」、「時」，而變單一事件爲普遍事理（即今所見爻辭）；此普遍事理，遂成爲「神道設教」（〈觀・象辭〉）的依據〔註52〕。《易傳》承其緒，以個體觀察體證的「經驗累積」結合人文事象與自然物象，在彼此相互參照與發明下，逐步擴大爲普遍的社會認知；再藉由這種認知，提升至邏輯推論、類比的哲學思維向度，而成爲人們行爲的指導原則及趨吉避凶的主要參考線索。

因此，可以說：周人的卜筮行爲是「道德教化」與「趨吉避凶」的綜合性表現；此呈顯出周人不僅能掌握先人的經驗，並且進一步「學以致用」，即學其原理、用於人生，這是具體實踐的工夫，也是聖人教化後人的箴語〔註53〕。《管子・心術上》載：「道貴因。因者，因其能者，言所用也。」〔註54〕這種「道」貴「用」的思維，亦可用來詮釋周人在卜筮活動上所展現的道德精神與變通特質；而此精神、特質，無疑是成就《周易》爻變思想的

　　經注疏》，卷十三，〈金縢〉，頁340。案：此說可與〈金縢〉所載「乃卜三龜，一習吉。啓籥見書，乃并是吉。〔……〕。公歸，乃納冊于金縢之匱中」相參照。

〔註51〕案：根據陳煒湛於《甲骨文簡論》一書中所舉，卜辭的形式如「癸未卜，王貞：旬亡禍？在十一月」、「戊申卜，貞：王田盂，往來亡災？王占曰：吉。茲御，隻鹿二」等，内容包含「時、事、人、兆」（頁84、90）。又《左傳・襄公十年》載有「兆如山陵，有夫出征，而喪其雄」的兆辭，孔穎達疏：「此傳唯言兆有此辭，不知卜得何兆？但知舊有此辭，故卜者得據以答姜耳！其千有二百，皆此類也。」然觀其形式，實與〈解〉九二爻辭「田獲三狐，得黃矢」相類；此即《論語・爲政》所謂「周因于殷禮，所損益，可知也」。

〔註52〕案：《周易》爻辭中所記載的「喪羊于易」、「喪牛于易」、「高宗伐鬼方」、「帝乙歸妹」、「箕子之明夷」、「王用亨於西山」、「康侯用錫馬蕃庶」等史事，可說是運用「事蹟」、「典故」以行教化的開宗。

〔註53〕案：《論語・學而》載：「學而時習之，不亦說乎？」「習」字，《說文》謂「數飛也」，是動態的「演練」，即「用」的概念，而非止於「溫故」、「溫習」而已。因此，「學而時習之」，可說是「學以致用」一語的先聲。

〔註54〕參見陳慶照、李障天注釋：《管子房注釋解》（濟南：齊魯書社，2001年），頁262。

重要關鍵。方以智（1611～1671）說：「《易》冒天地，爲性命之宗，而托諸蓍策，以藝傳世。儒者諱卜筮而專言理，《易》反小矣！此豈表天地、前民用、罕言而以此示人、存人心之苦心乎哉？」〔註55〕這是對卜筮內涵所作的積極性闡釋及正面評價；故歷來對古人卜筮活動有所貶抑者，若能藉此深切思考，則於《易》道的發揚必能助益良多！

參、《左》、《國》筮例

　　《左傳・僖公十五年》載有韓簡的論述說：「龜，象也；筮，數也。物生而有象，象而有滋，滋而後有數。」〔註56〕這是春秋最早的象數觀。筆者以爲，「占筮」是《周易》的原生體，是成就新卦爻的唯一條件；且由「龜，象也；筮，數也」的語法結構來看，則所謂的筮「數」即如龜「象」一般，占者可以藉由感官經驗而獲得訊息，故此「數」不僅是「蓍策」的數，而且已經具備「六爻變化」的形式，這可從《左傳》、《國語》所載「爻變」筮例而予以證成（本引文前即有「晉獻公筮嫁伯姬於秦，遇〈歸妹〉之〈睽〉」一語）。

　　在目前已知文獻中，最早呈顯周人具有「爻變」思維，首推《左傳》莊公二十二年所載的爻變筮例——「遇〈觀〉之〈否〉」；其中「之」字是當時的占筮用語，也是後人探究春秋「爻變」觀的重要關鍵。對於「之」字，前人多解爲「變成」；若此，則「遇〈觀〉之〈否〉」所占的辭，當爲〈否〉卦辭或爻辭，何以是〈觀〉六四爻辭（『觀國之光，利用賓于王』）呢？筆者以爲，「之」字當解爲「往」，這是時空的轉移，由「爻變」筮法，以定占筮的位，所謂「唯變所適」（《繫辭下傳》）即是此意。故「遇〈觀〉之〈否〉」筮例，其卦仍爲〈觀〉，而其位已變，即寓「往來」意涵於其中，這是爻辭所以用本卦（〈觀〉）六四爻的主要原因。又《左傳・僖公二十五年》載有「遇〈大有〉之〈睽〉」及「〈大有〉去〈睽〉而復，亦其所也」二語，這「之」、「去」二字，其用法顯然相同，都有「往來」的意思；〈僖公十五年〉載「遇〈歸妹〉之〈睽〉」，所用亦爲本卦（〈歸妹〉）上六爻辭，而其「〈震〉之〈離〉，亦〈離〉之〈震〉」一語，即表示陰陽變化中的「互動」關係，具有「往來」意涵。此

〔註55〕參見〔清〕方以智著，龐樸注釋：《東西均注釋》（北京：中華書局，2001年），頁209。

〔註56〕參見〔周〕左丘明傳，〔晉〕杜預注，〔唐〕孔穎達疏，〔清〕阮元校勘：《春秋左傳正義》，卷十四，頁234。

外，《左傳‧昭公二十九年》載蔡墨語：

> 龍，水物也，水官弃矣，故龍不生得。不然，《周易》有之：在
> 〈乾〉之〈姤〉曰「潛龍勿用」；其〈同人〉曰「見龍在田」；其〈大
> 有〉曰「飛龍在天」；其〈夬〉曰「亢龍有悔」；其〈坤〉曰「見群
> 龍无首，吉」；〈坤〉之〈剝〉曰「龍戰於野」。若不朝夕見，誰能物
> 之？〔註57〕

這並非實際占卜，而是援引〈乾〉、〈坤〉爻辭以證明「龍」的存在〔註58〕；
而在其敘述過程中，亦以「之〈姤〉」（〈乾〉初九）、「之〈同人〉」（〈乾〉九
二）、「之〈大有〉」（〈乾〉九五）、「之〈夬〉」（〈乾〉上九）、「之〈坤〉」（〈乾〉
用九）、「之〈剝〉」（〈坤〉上六）等卦名轉換方式代替〈乾〉、〈坤〉六爻變化
（陰陽變化）的稱名，故其用辭仍然以〈乾〉、〈坤〉六爻〔註59〕爲依歸。可
見春秋時人基本上已具體掌握到《易》卦六爻的變動精神，尤其是對「用爻」
（包含「用九」、「用六」）——陰、陽六爻全變——的認知；陳應潤於《爻變
義蘊‧自序》中所說的「《易》之諸爻皆以變動取義，〈乾〉之用九，〈坤〉之
用六，爻變之蘊也」〔註60〕，正可爲此作註腳。而從以「之卦」代替六爻變
化的情況來看，說明當時在《周易》占筮的運用上，尚未有初九（六）、九（六）
二、九（六）三、九（六）四、九（六）五、上九（六）、用九（六）等「陰、
陽六爻」稱呼（即「爻題」）；但如果將這種現象（以「之卦」代替六爻變化）
與後人的「卦變」說相提並論，這恐怕也有淆亂事實的嫌疑！

　　至於筮例中的「之八」（《左傳》一例，《國語》二例），雖無法從既有資
料而確定其眞正的涵義，但其性質當如同「之卦」，是春秋筮法中的一種專用
術語，且隨地域及使用習慣的差異，而有不同的指涉。例如，《左傳‧襄公九
年》「遇〈艮〉之八（〈隨〉）」筮例，爲魯史官所占，「之八」意指〈艮〉六二
爻不變，其餘五爻皆變，且採用變化後的卦辭（〈隨〉）；而《國語‧晉語》所

〔註57〕同前註，卷五十三，頁924。

〔註58〕案：蔡墨於此之前曾經對魏獻子說：「古者畜龍，故有豢龍氏，有御龍氏。」
　　　並接著對此二氏的起源與畜龍經過作一番陳述。儘管如此，蔡墨所說的「龍」
　　　果眞存在？以及其與〈乾〉爻辭中的「龍」是否同義？當屬另外的探究命題，
　　　在此不便論述。

〔註59〕案：包括〈乾〉用九。而〈乾〉三、四爻不在蔡墨語中，以其內容無涉及「龍」，
　　　然依其說例，當可類推：〈坤〉亦仿此（包括「用六」）。

〔註60〕參見〔元〕陳應潤：《周易爻變易縕》（四庫全書，經部‧易類），「自序」，葉
　　　1。

載「貞〈屯〉、悔〈豫〉，皆八」、「〈泰〉之八」〔註61〕二筮例，乃晉人所占，「之八」（或「八」）意指「不變」〔註62〕，故以本卦卦辭解釋。因此，「之八」的「之」字，若以「變成」釋義，則筮例如「〈泰〉之八」，當譯爲「〈泰〉變成『不變』」，這樣豈不是自相矛盾？或以「的」釋「之」〔註63〕，如此一來，筮例「遇〈艮〉之八（〈隨〉）」則成爲「〈艮〉的『八』」，意謂其筮辭是以〈艮〉爲依歸；然史官以〈隨〉的卦辭「元、亨、利、貞，无咎」解筮，而不涉及〈艮〉卦、爻辭，此又如何圓其說？林錚於〈周易六爻變化形式的研究〉一文中即循此模式，而將此筮例（「遇〈艮〉之八」）中的「八」視爲〈艮〉爻變的第八式〔註64〕，以證成《繫辭上傳》「十有八變而成卦」的說法。筆者以爲，林氏在此至少犯了二種錯誤：

一、所謂「十有八變而成卦」，是指完成一卦的連續變化過程，而非在變化的第八式即自成一卦（〈隨〉）。

二、若依林氏此說，則《國語・晉語》所載「〈泰〉之八」，當解爲「〈泰〉之〈訟〉」，然卦辭「小往大來」屬〈泰〉，非屬〈訟〉。

另一方面，《左》、《國》中所採用的占筮法，是否與《繫辭傳》「大衍之

〔註61〕 參見〔周〕左丘明撰，〔吳〕韋昭注：《國語》（上海：上海古籍出版社，1998年），卷十，頁362、365。案：二例的占辭分別爲「元亨利貞，勿用有攸往，利建侯」（〈屯〉卦辭）、「利建侯、行師」（〈豫〉卦辭），以及「小往大來」（〈泰〉卦辭）；而皆爲本卦卦辭。

〔註62〕 案：《國語・晉語四》所載「得貞〈屯〉、悔〈豫〉」，是爲〈屯〉、〈豫〉二卦；而〈屯〉之內卦與〈豫〉之外卦皆爲〈震〉，其象不變，故言「皆八」。江藩於《國朝漢學師承記》中載惠棟引京房筮法，謂「一爻變者爲九六，二爻以上變爲八」爲《左》、《國》占筮的通例，故「晉公子得貞屯悔豫皆八，乃三爻變，不稱屯之豫而稱八」。其意將二卦並爲一卦，恐失其眞！至於「三爻變」，所據爲何？又「二爻以上變爲八」的說法，也有待商榷！如「〈乾〉之〈坤〉」，此爲六爻皆變（用九），而不言「八」；「〈泰〉之八」，此六爻皆不變；「〈乾〉之〈否〉」，此三爻變，而不言「八」。

〔註63〕 案：例如〔美〕夏含夷於〈《周易》筮法原無「之卦」考〉一文中，便持此論（包含所有《左》、《國》爻變筮例）；收入《周易研究》，1988年第一期。

〔註64〕 參見林錚：〈周易六爻變化形式的研究〉，《學人》（臺北：中央日報，1958年），第九十六期，8月26日。案：林錚以「一爻變，五爻不變」論〈艮〉六爻變化的順序，由初而上，依次爲「之〈賁〉」、「之〈蠱〉」、「之〈剝〉」、「之〈旅〉」、「之〈漸〉」、「之〈謙〉」；以「一爻不變，五爻皆變」論〈艮〉六爻變化的順序，由初而上，依次爲「之〈困〉」、「之〈隨〉」、「之〈夬〉」、「之〈節〉」、「之〈歸妹〉」、「之〈履〉」。依此序列，林氏認爲「之〈隨〉」洽爲〈艮〉六爻變化的第八式。其餘各卦的爻變方式仿此。

數」章所載揲蓍法相同，亦不可詳知〔註65〕，故其說實不可遽信！由此看來，不管是將「之」字解釋爲「變成」或「的」，皆不免有所偏頗而不能顧全；然而若以「往」義詮釋，則情況將有所改觀，如何說呢？基本上，無論「之八」的「八」字指涉爲「變」（「遇〈艮〉之八」）或「不變」（〈泰〉之八），以『『某卦』往『八』」的句式來詮釋，既無專斷的疑慮，也沒有牴觸不通的弊病，而且更能凸顯周人在《周易》占筮運用上的變通思維（包括「變」與「不變」）；尤其是晉人，從《左傳》、《國語》所載《周易》爻變筮例來看〔註66〕，晉國是當時對「卜筮」相當熱衷且擅長的國家，其占筮方式多變而不拘於一（包括卜、筮並行），這是值得注意的現象。

接著，筆者將《左傳》、《國語》中涉及《周易》爻變的筮例（包括實占、援引）臚列如下，以作進一步的探討。

《左傳》					
年　代	筮　　辭	實占	援引	變　爻	所用《周易》之卦爻辭
莊公二十二年	〈觀〉之〈否〉	本卦		六四	爻辭：觀國之光，利用賓于王。
閔公元年	〈屯〉之〈比〉	本卦		初九	無〔註67〕
閔公二年	〈大有〉之〈乾〉	本卦		六五	無〔註68〕
僖公十五年	〈歸妹〉之〈睽〉	本卦		上六	爻辭：士刲羊，亦無衁也；女承筐，亦無貺也。（文字、順序稍異）

〔註65〕 案：歷來有不少治《易》學者在尚未掌握確切的史料記載前，習於將《左》、《國》中的爻變筮法與《繫辭傳》「大衍之數」章所載揲蓍法視爲同出一系，但在論證過程中，卻有太多假設與齟齬難通之處。

〔註66〕 案：《國語》中所載《周易》爻變筮例，除〈晉語〉二例外，尚有〈周語〉「遇〈乾〉之〈否〉」一例，而皆爲晉人所占。此外，《左傳》所載筮例，也不乏晉人所爲，如〈僖公十五年〉「遇〈歸妹〉之〈睽〉」、〈僖公二十五年〉「〈大有〉之〈睽〉」、〈宣公十二年〉「〈師〉之〈臨〉」（此爲援引）、〈昭公二十九年〉蔡墨語「〈乾〉之姤〔……〕〈坤〉之〈剝〉」（此爲援引）、〈哀公九年〉「遇〈泰〉之〈需〉」等皆是。

〔註67〕 案：〈屯〉初九爻辭載：「盤桓，利居貞，利建侯。」而辛廖占言：「吉。屯固、比入，吉孰大焉？」，並說此爲「公侯之卦」，則所占的辭當指〈屯〉初九。《朱子語類》說此筮例「既不用〈屯〉之辭，亦不用〈比〉之辭」（〈易二·卜筮〉），恐拘於爻辭的內容！至於「吉」字，當爲筮史的斷語，非必屬〈屯〉爻辭或〈比〉卦辭，此可從其它筮例窺知；而其解卦的方法也不限於本卦範圍。

〔註68〕 案：〈大有〉六五爻辭載：「厥孚交如，威如，吉。」其義當指「誠信而尊，能得民心」；由此看來，此占所稱「同復于父，敬如君所」，當爲筮史類比之辭。

僖公二十五年	〈大有〉之〈睽〉	本卦		九三	爻辭：公用亨于天子。
宣公六年	〈豐〉之〈離〉		本卦	上九	無〔註69〕
宣公十二年	〈師〉之〈臨〉		本卦	初六	爻辭：師出以律，否臧，凶。
襄公九年	〈艮〉之八〈隨〉	之卦		〔註70〕	卦辭：元、亨、利、貞，無咎。
襄公二十五年	〈困〉之〈大過〉	本卦		六三	爻辭：困于石，據于蒺藜，入於其宮，不見其妻，凶。
同上	〈困〉之〈大過〉	本卦		六三	卦辭：吉。
襄公二十八年	〈復〉之〈頤〉		本卦	上六	爻辭：迷復，凶。
昭公五年	〈明夷〉之〈謙〉	本卦		初九	爻辭：明夷於飛，垂其翼。君子于行，三日不食。有攸往，主人有言。
昭公七年	〈屯〉之〈比〉	本卦		初九	爻辭：利建侯〔註71〕。
昭公十二年	〈坤〉之〈比〉	本卦		六五	爻辭：黃裳，元吉。
昭公二十九年	〈乾〉之〈姤〉		本卦	初九	爻辭：潛龍勿用。
同上	〈乾〉之〈同人〉		本卦	九二	爻辭：見龍在田。
同上	〈乾〉之〈大有〉		本卦	九五	爻辭：飛龍在天。
同上	〈乾〉之〈夬〉		本卦	上九	爻辭：亢龍有悔。
同上	〈乾〉之〈坤〉		本卦	〔註72〕	用九：見群龍無首，吉。
同上	〈坤〉之〈剝〉		本卦	上六	爻辭：龍戰於野。
哀公九年	〈泰〉之〈需〉	本卦		六五	爻辭：帝乙之元子歸妹而有吉祿〔註73〕。

〔註69〕 案：〈豐〉上九爻辭爲「豐其屋，蔀其家，闚其戶，闃其无人，三歲不覿，凶」，意謂居處建築內外的布局雖宏偉華麗，但因習於奢靡、不知節制，故晚景終究不免淒涼；此或有諷刺意味。故伯廖「無德而貪，其在《周易》〈豐〉之〈離〉」的論點，應爲類比之辭，且由此可以窺知時人已具備高度的人文自覺。

〔註70〕 案：〈艮〉之八（〈隨〉），爲〈艮〉六二爻不變，其餘五爻皆變。

〔註71〕 案：原文中載有「二卦皆云『子其建之』」一語。所謂「二卦」，是指兩次的占卦，爲敘述用語，非指不同的二個卦名；且文中無〈比〉卦爻辭。因此，「二卦」當指第一次所占的〈屯〉卦辭與後來的初九爻辭。

〔註72〕 案：此爲〈乾〉六爻皆變。以此推論，用九、用六當指全卦六爻皆變，這是「用」的概念（占筮的位是從「爻變」而來，爻辭的功用須在變化中方能呈顯），且不專用於〈乾〉、〈坤〉二卦，六十四卦皆應如此。

〔註73〕 案：此與〈泰〉六五爻辭稍異；且依原文內容（「宋方吉，不可與也。微子啓，帝乙之元子也。宋、鄭，甥舅也。祉，祿也。若帝乙之元子歸妹而有吉祿，

《國語》				
周語下	〈乾〉之〈否〉	本卦		無〔註74〕
晉語四	〈屯〉、〈豫〉皆八	本卦		卦辭：元亨利貞，勿用有攸往，利建侯（〈屯〉）。 卦辭：利建侯、行師（〈豫〉）。
晉語四	〈泰〉之八	本卦		卦辭：小往大來。

　　從上表所呈顯的內容（包括附註），可以窺知當時占筮《周易》爻變的方法至少有下列五種：

　　一、「一爻變，五爻不變」。此用「本卦」爻辭，以其不變的爻多；《左傳》中多為此例。

　　二、「一爻不變，五爻皆變」。此用「之卦」卦辭，以其變的爻多；唯《左傳》「〈艮〉之八（〈隨〉）」一例。

　　三、「六爻皆變」。此用「本卦」爻辭（指「用九」、「用六」，六十四卦皆有此法），以其重點在闡明「用」義。

　　四、「六爻皆不變」。此用「本卦」卦辭，以其六爻皆不變；僅《國語》「貞〈屯〉、悔〈豫〉，皆八」、「〈泰〉之八」二例。

　　五、「三爻皆變」。此以「本卦」（卦象）為主，而輔以「之卦」、「之卦的內卦」（〈坤〉）二卦（卦象），以其變與不變的爻皆為三，故「本卦」、「之卦」合參；此唯《國語》「〈乾〉之〈否〉」一例。

　　但不可諱言，若要從上述五種「爻變」方式中獲得對春秋筮法的全面掌握，是有其根本上的困難，畢竟史料記載有限；況且也不能因過度假設、引申而將其與《繫辭傳》「大衍之數」章所載揲蓍法劃上等號，而強行求得完整的爻變脈絡。雖然如此，視《左》、《國》爻變筮例為《周易》爻變思想的開路先鋒，則是可以確認。

　　　我安得吉焉？」）來看，此占非依〈泰〉六五爻辭（元吉）呈現，而是藉由關係對應與狀況分析作出相反的決定，可見其思維至為靈活、縝密。

〔註74〕案：此三爻變說例。原文載：「成公之歸也，吾聞晉之筮之也，遇〈乾〉之〈否〉，曰：『配而不終，君三出焉。』一既往矣，後之不知，其次必此。」〔吳〕韋昭於其下注：「〈乾〉，天也，君也，故曰配，配先君也。不終，子孫不終為君也。〈乾〉下變而為〈坤〉，〈坤〉，地也，臣也。天地不交曰〈否〉，變有臣象。三爻，故三世而終。」則所用筮辭當為「本卦」卦象與「之卦」（包括其內卦〈坤〉）卦象的綜合運用。

至於解卦內容（包括實占、援引），則多以「本卦」爻辭爲主（「〈艮〉之八」除外）。但也有兼用「之卦」卦、爻辭的筮例，如上舉《左傳・僖公十五年》載「遇〈歸妹〉之〈睽〉」，所用「士刲羊，亦無盲也；女承筐，亦無貺也」即爲本卦（〈歸妹〉）上六爻辭（稍異），而其下所載「〈歸妹〉〈睽〉孤，寇張之弧」一段話，也有運用「之卦」爻辭的痕跡〔註75〕；又〈睽〉卦辭爲「小事吉」，乍看之下，與「本卦」（〈歸妹〉）爻辭（不吉）似有不合，然若跳脫文字記載的框架，仔細予以推敲，則不難發現其中有可聯繫之處。所謂的「刲羊」、「承筐」，基本上是古代婚祭的儀節，而且所歸的「妹」是「天子之女」，所以這種禮是「國家大事」，不可不愼！至於「無盲」、「無貺」，即表示沒有以血祭天，這對神明而言，是大不敬，因此「不吉」；但是從另一個角度來說，「刲羊無盲」、「承筐無貺」何嘗不是一種「剃羊毛」的景象呢？既然只是剃羊毛，怎會有血？羊毛質輕，如何有實？「羊毛」可製衣、販賣，故「剃羊毛」是吉利的小事，這與〈睽〉卦辭「小事吉」相互參照，可說是毫無扞格之感。此外，另有採用「類比」之辭來解占的，如《左傳・宣公六年》「〈豐〉之〈離〉」，伯廖謂「無德而貪」；〈閔公二年〉「〈大有〉之〈乾〉」，占言「同復于父，敬如君所」等。可見春秋時人在《周易》的占筮上，已不局限於既有的卦爻辭，而能從中加以變化、靈活運用。

綜合以上所論，筆者以爲《左》、《國》所載爻變筮例的處理原則，當可歸納如下列六點：

一、某卦「之」某卦，「之」字，當釋爲「往」，爲爻位的移轉，表示陰陽變化。

二、以「之卦」代替本卦六爻變化的稱名。

三、凡「某卦之某卦」，其占筮之辭皆採用「本卦」卦爻辭。（「〈艮〉之八（〈隨〉）」除外）

四、在解卦上，基本上是以「本卦」卦爻辭（或卦象）爲主，而以「之卦」卦爻辭（或卦象）爲輔，二者相互參照。（「〈艮〉之八〈隨〉」除外）

五、純粹以「本卦」卦爻辭解占。（如〈困〉之〈大過〉、「〈泰〉之八」）

〔註75〕參見〔周〕左丘明傳，〔晉〕杜預注，〔唐〕孔穎達疏，〔清〕阮元校勘：《春秋左傳正義》，卷十四，頁232～233。案：〈睽〉上九爻辭載：「睽孤，〔……〕，先張之弧，後說之弧。」其中「睽孤」有乖離之象，而「先張之弧，後說之弧」又與〈歸妹〉（嫁女）結合，因此說「寇張之弧」（上古有搶婚儀式）。

六、以「類比」之辭詮釋「本卦」爻辭。(如〈大有〉之〈乾〉、「〈豐〉之〈離〉」)

由此看來，春秋時人在《周易》爻變的占筮上，雖以「本卦」卦爻辭內容爲主要的解析依據，但在方法上則非完全採用固定模式，而是有所變通；即在對主、客觀事物(包括人、事、物)作充分的觀察與瞭解後，往往雜糅卦爻象(包括「本卦」與「之卦」)及「之卦」卦爻辭，予以綜合運用，並適時採取類比詮釋，因此更爲靈活、多元、寬廣。故逯中立於《周易箚記·考占變》中說：「今觀《春秋》、《左氏傳》及《國語》所載，往往於畫象取義，非顓以辭也；顓以辭，則所該者有限也。」〔註76〕對此，趙汝楳於《易雅·占釋》中亦謂：「善占者，既得卦矣，必先察其人之素履，與居位之當否遭時之險夷；又考所筮之邪正，以定占之吉凶。」〔註77〕而從上表中亦可發現，除了實際占筮外，春秋時人已有直接「援引」《周易》爻辭的例子；這種運用既有資料以成其說的現象，足以用來證成當時的《周易》爻變占法確已存在多時。是以熊十力先生堅稱爻辭爲孔子所作〔註78〕，其說不攻自破。

此外，高亨先生以爲《左傳》、《國語》在占筮上「不講爻象爻數」〔註79〕，且「大有宣傳迷信神權的意味」〔註80〕，此恐有待商榷！例如，《左傳·昭公五年》解〈困〉初九爻辭(〈明夷〉之〈謙〉)「明夷於飛」爲「日之謙，當鳥」、『垂其翼』爲「明而未融」、『君子于行』爲「象日之動」等，就是在講「爻象」；「象」與「辭」是占筮過程中的一體兩面，講爻辭就等於是在解「爻象」，二者的對應乃自然之理，無須贅述，所謂「觀象繫辭」即寓此義。又卦爻既是由「占筮」而來，則《左傳》、《國語》中所載某卦「之」某卦，即表示「六

〔註76〕參見〔明〕逯中立：《周易箚記》，《四庫全書》，經部·易類，總第三十四冊，卷首，葉6。
〔註77〕參見〔宋〕趙汝楳：《易雅》(四庫全書，經部·易類)，葉29。
〔註78〕參見熊十力：《讀經示要》(臺北：明文書局，1999年再版)，頁530。案：錢穆先生於《先秦諸子繫年》一書中，將孔子的出生定於魯襄公二十二年；據此，則孔子出生前，《周易》爻辭已爲當時占筮活動所廣泛運用。例如，在孔子出生前的莊公二十二年、僖公十五年及二十五年、宣公十二年等，《左傳》皆明載《周易》爻辭筮例(即使是在其後的襄公二十五年筮例，也可以爲此證成；畢竟，其時孔子才三、四歲，自無作爻辭的可能)。
〔註79〕參見高亨：〈《左傳》、《國語》的《周易》說通解〉，收入《周易研究論文集》第二輯，頁151。
〔註80〕同前註，頁153。

爻之數」在爻位上的變化，怎能說它「不講」爻數呢？至於「大有宣傳迷信神權的意味」，這與郭沫若指稱「《易經》全部就是一部宗教上的書，它是以魔術爲脊骨，而以迷信爲其全部的血肉」〔註81〕，以及朱伯崑先生堅稱《周易》爲「迷信的著作」〔註82〕等，恐怕都是對古人卜筮行爲的貶抑與曲解，其意識型態當同屬一脈；對此，實有必要加以澄清。

　　前面（「周人的卜筮觀」）說過，周人的卜筮行爲是「道德教化」與「趨吉避凶」的綜合性表現，這可以再舉《左》、《國》筮例來加以印證。例如，《左傳·襄公九年》所占「〈艮〉之八」，雖得〈隨〉卦辭「元、亨、利、貞，無咎」，然姜言：「今我婦人，而與於亂。固在下位，而有不仁，不可謂元。不靖國家，不可謂亨。作而害身，不可謂利。弃位而姣，不可謂貞。有四德者，隨而無咎。我皆無之，豈隨也哉？我則取惡，能無咎乎？必死於此，弗得出矣。」〔註83〕依其意，當以實踐「四德」的有無，作爲事件發展的最終判準，而非以卦辭所示吉凶爲依據；〈昭公十二年〉記載南蒯將叛，筮而得〈坤〉之〈比〉，曰「黃裳，元吉」，遂以爲大吉，然子服惠伯謂：「吾嘗學此矣，忠信之事則可，不然，必敗。外彊內溫，忠也；和以率貞，信也，故曰『黃裳元吉』。黃，中之色也；裳，下之飾也；元，善之長也。中不忠，不得其色；下不共，不得其飾；事不善，不得其極。外內倡和爲忠，率事以信爲共，供養三德爲善，非此三者，弗當。〔……〕筮雖吉，未也。」〔註84〕亦以忠和、恭信、元善等人文道德爲依歸，而非取決所筮結果；《國語·周語下》「〈乾〉之〈否〉」筮例，其文下則有「其夢曰：『必驪之孫，實有晉國。』其卦曰：『必三取君於周。』其德又可以爲國，三襲焉。吾聞之〈大誓〉，故曰『朕夢協朕卜，襲于休祥，戎商必克。』以三襲也。晉仍無道而鮮胄，其將失之矣」〔註85〕的評述，直接將個人（晉周子）道德修爲涵藏於整體的筮占中，藉以凸顯晉君（屬公）的「無道」，這無疑是「以德配天」精神內涵的

〔註81〕參見郭沫若：《中國古代社會研究》（石家莊：河北教育出版社，2001年），上冊，頁56。

〔註82〕參見朱伯崑：《易學哲學史》（臺北：藍燈文化事業股份有限公司，1991年），頁12。

〔註83〕參見〔周〕左丘明傳，〔晉〕杜預注，〔唐〕孔穎達疏，〔清〕阮元校勘：《春秋左傳正義》，卷三十，頁526～527。

〔註84〕同前註，卷四十五，頁792～793。案：所謂「三德」，即指上文所說的「黃」、「裳」、「元」。

〔註85〕參見〔周〕左丘明撰，〔吳〕韋昭注：《國語》，卷三，頁100。

具體表現。凡此，皆足以表現出周人在卜筮過程中的高度道德自覺，而非如高氏所說的「大有宣傳迷信神權的意味」。

　　而從另一個角度來看，《周易》爻辭是透過卜史的分析、篩選、編輯及賢君聖人的殫思審度而成；這種「驗證」、「審度」的歷程，是經由原初無自主性的神道信仰，即對自然、天神的崇拜與敬畏，逐步演變、提升爲具有決斷能力的意識認知，其性質有如科學的「實驗論證」，只是層次上有所差別而已！況且，若視占筮爲迷信行爲，則科學性的演繹、歸納，又何嘗不會因認知上的局限，而產生前後矛盾的情事？又現代宗教對世事的積極參與及影響，其所扮演的角色與社會功能如何釐清？是宗教信仰的教化作用？還是宗教迷信的技巧運用？因此，筆者以爲，若說《左》、《國》中的占筮行爲是一種「宗教信仰」，具有指導當時社會、人文活動的功能，這是可以接受的；若說它是一種「迷信」行爲，恐怕是對於古代歷史背景，用一種人文發展的後設認知加以評論，這對當時社會的實際生活與信仰來說，顯然是不公平的。顧炎武於《日知錄・卜筮》中嘗謂「古人之于人事也信而有功，於鬼也嚴而不瀆」，又說：「卜筮者，先王所以教人去利懷仁義也。」〔註86〕其於古人行事、信仰的審察，以及對卜筮所抱持的「實事求是」態度，或可爲彼等武斷論述者所效法，並予以深切反思！

　　總之，從《左》、《國》所載爻變筮例中，可以看出周人已從天、神命定一切的畏懼心理，逐漸轉化爲注重人事、現實的人文關照，其思維模式較爲靈活且更具開闊性，此實爲《周易》爻變思想的精神內涵奠下良好的基礎。因此，四庫館臣在論張敘所撰《易貫》時，指出該書「斥諸儒爻變之說，而以左氏所載占法爲《周易》未成經時卜筮家雜用以測驗」，是過度的「疑古」〔註87〕，當是對春秋筮法有了正確的認知與體悟。此外，又謂《程氏易通》「（程廷祚）以《春秋》內、外傳所載爲附會，變亂不與《易》應。然箕子殷人，未睹《周易》，太卜掌三《易》之法，則三《易》異占，灼然可證。左氏所紀，其事或有附會，其占法則當代所用，卜史通行，斷不至實無此法而憑虛自造，是則信理黜數，至於矯枉過直者矣」〔註88〕。所謂「其事或有附會」，雖是治《易》者對《左傳》中所載卜筮占法的普遍看法，然「其占法則當代所用」，

〔註86〕參見〔清〕顧炎武著，周蘇平、陳國慶點注：《日知錄》（蘭州：甘肅民族出版社，1997年），頁50、51。

〔註87〕參見〔清〕紀昀等編：《欽定四庫全書總目》，經部・易類，存目四，頁126。

〔註88〕同前註，頁123。

則是不爭的事實；至於「信理黜數」，本爲義理派《易》學家所持論，這種貴己的門戶之見，館臣不予苟同，實有所據。對此，曹元弼也說：「《左傳》敘述典禮，足以明《易》之禮象，紀邦國成敗；足以爲吉凶失得之驗，而占事知來，受命如響。雖與《易》之本義不盡符合，亦懲惡勸善，使人順天知命之道也。《國語》亦如之。」〔註89〕筆者以爲，其言至篤、其論甚允，足堪後人取資；尤其是「懲惡勸善，使人順天知命之道」一語，確已掌握到卜筮的精神內涵，這對於春秋時人的敬天崇德思維，可說是具有積極澄明與正向鼓舞的作用。

第二節　《周易》爻變思想的開展

　　從上面對《左傳》、《國語》所載爻變筮例的論述中，當可獲致一個概念：《易》卦六爻的變化形式不免會因人文發展、社會認知與地域環境等主客觀因素而有所差異，但這種差異並不會消解《周易》變動精神的實際內涵與具體表現。因此，《左》、《國》的爻變筮法即使未必與《繫辭上傳》所載「四營而成《易》，十有八變而成卦」的揲蓍法相同，然其於《周易》爻變精神的發揚上，仍舊爲《易傳》所承襲、發展；尤其是《象傳》，以逐卦詮釋的方式，積極地闡發《易》卦六爻的各種變化型態，以及所蘊藏的人文關懷與道德涵義，因而堪稱是開展《周易》爻變思想的最大功臣。漢、魏《易》學家，如京房、荀爽、虞翻等，即以《象傳》所闡釋的爻變模式作爲其思維的骨幹，並衍入其個人的體悟與認知，從而建構出符合當時社會、人民需要的《易》學理論與系統〔註90〕；而這些理論、系統，對後世《易》學的發展亦產生巨大的影響。有鑑於此，在對《左》、《國》所載爻變筮例有基本認知後，本節將以「《象傳》的爻變觀」、「京、荀的爻變觀」及「虞翻的爻變觀」等三個命

〔註89〕參見〔清〕曹元弼：《復禮堂文集》（臺北：文史哲出版社，1973年），冊一，頁155～156。

〔註90〕案：至於孟喜的「卦氣」說，雖以陰陽二氣的相互推移決定了四時的變化，頗類似於以陰陽二爻的相互推移而形成的「卦變」，然其著作早已亡佚，今日可據的史料，唯《新唐書》（北京：中華書局，1997年）所引唐一行於《卦議》中所作的評述（卷二十七上，頁598～599）；且由於其「卦氣」說內容是用來占驗陰陽災異，不僅與京房的「爻變」、荀爽的「乾坤升降」、虞翻的「卦變」等性質不同，也不是承襲《象傳》「剛柔互動」的模式發展，而是自成一格的新占法，故不在本文的論述範圍。

題，進一步探討《周易》爻變思想在後世的發展與演變狀況，以作爲治《易》同好的參考。

壹、《彖傳》的爻變觀

《繫辭上傳》載：「彖者，言乎象者也。」所謂的「象」，是指由陰（--）、陽（-）「相盪」、「相錯」所構成的六爻圖像，它是天地間萬事萬物的象徵符號；而「彖」，則是將此象徵符號轉化爲語言文字敘述，以作爲人文發展及人類行爲的準則、依據。名入「十翼」之列的《彖傳》，即是在此思想進路下，直接詮釋卦爻符號所呈現的剛柔變化及理象面貌。西漢京房的爻變、東漢荀爽的乾坤升降、三國虞翻的卦變，亦以此作發論，並對卦爻之間的互動及其主體性施以各種詮釋，以成就其象數思維的哲學觀。因此，除了《繫辭傳》、《說卦傳》外，繼《左傳》、《國語》二書之後，《彖傳》可說是《周易》爻變思想在理、象發展上的開展者。茲將其對卦爻符號「剛柔互動」的詮釋內容，簡述如下：

一、用於卦體上、下卦爻的陰陽互動，例如：

〈隨・彖辭〉：「剛來而下柔」——

　　　　　　　指上爻（本陽）、初爻（本陰）之剛柔互動。

〈蠱・彖辭〉：「剛上而柔下」——

　　　　　　　指初爻（本陽）、上爻（本陰）之剛柔互動。

〈噬嗑・彖〉：「柔得中而上行」——

　　　　　　　指五爻（本陽）、初爻（本陰）之剛柔互動。

〈賁・彖辭〉：「柔來而文剛」——

　　　　　　　指二爻（本陽）、上爻（本陰）之剛柔互動。

〈咸・彖辭〉：「柔上而剛下」——

　　　　　　　指上爻（本陽）、三爻（本陰）之剛柔互動。

〈恒・彖辭〉：「剛上而柔下」——

　　　　　　　指初爻（本陽）、四爻（本陰）之剛柔互動。

〈損・彖辭〉：「損下益上」——

　　　　　　　指三爻（本陽）、上爻（本陰）之剛柔互動。

〈益・彖辭〉：「損上益下」——

　　　　　　　指四爻（本陽）、初爻（本陰）之剛柔互動。

〈井・彖辭〉：「巽乎水而上水」——

指初爻（本陽）、五爻（本陰）之剛柔互動。

〈漸・彖辭〉：「進得位，往有功」——

指四爻（本陽）、三爻（本陰）之剛柔互動

〈渙・彖辭〉：「剛來而不窮，柔得位乎外而上同」——

指四爻（本陽）、二爻（本陰）之剛柔互動。

〈節・彖辭〉：「剛柔分而剛得中」——

指三爻（本陽）、五爻（本陰）之剛柔互動。

〈旅・彖辭〉：「柔得中乎外而順乎剛」——

指五爻（本陽）、三爻（本陰）之剛柔互動。

〈困・彖辭〉：「險以說」——

指上爻（本陽）、二爻（本陰）之剛柔互動〔註91〕。

〈歸妹・彖辭〉：「說以動」——

指三爻（本陽）、四爻（本陰）之剛柔互動〔註92〕。

〈豐・彖辭〉：「明以動」——

指二爻（本陽）、四爻（本陰）之剛柔互動〔註93〕。

〈既濟・彖辭〉：「剛柔正而位當」——

指二爻（本陽）、五爻（本陰）之剛柔互動。

〈未濟・彖辭〉：「剛柔應」——

指五爻（本陽）、二爻（本陰）之剛柔互動。

此種以卦體上、下爲往來的爻變模式，共計十八卦。觀其與《說卦傳》所載「觀變於陰陽而立卦，發揮於剛柔而生爻」的理念，誠然吻合；而其基本概念是以「陰陽互動」爲基礎，即《繫辭上傳》所謂的「剛柔相推」。

或以「乾化坤」、「坤化乾」來解釋卦體上、下的爻位變化。例如，〈咸・彖辭〉「柔上而剛下」，謂「〈坤〉來化〈乾〉上九」、「〈乾〉來化〈坤〉六三」；〈无妄・彖辭〉「剛自外來」，謂「〈乾〉來化其下卦〈坤〉之初六」；〈晉・彖辭〉「柔進而上行」，謂「上卦本〈乾〉，〈坤〉來化其九五」〔註94〕。筆者以

〔註91〕案：二爻變爲〈坎〉體，故言「險」；上爻變爲「兌」體，故言「說」。

〔註92〕案：三爻變爲〈兌〉體，故言「說」；四爻變爲〈震〉體，故言「動」。

〔註93〕案：二爻變爲〈離〉體，故言「明」；四爻變爲〈震〉體，故言「動」。

〔註94〕案：如陳恩林於〈略論《周易》的卦變〉（收入《周易研究》，1988年第二期，頁14）一文中，即持此論；而其所據，或受蘇軾《東坡易傳》「凡三子之卦有言『剛來』者，明此本〈坤〉也，而〈乾〉來化之。〔……〕。凡三女之卦有言『柔來』者，明此本〈乾〉也，而〈坤〉來化之」的論點影響所致。

為，此說的基本要件——上、下卦必為〈乾〉、〈坤〉或〈坤〉、〈乾〉的關係〔註95〕。然以〈睽〉為例，其卦為上〈離〉下〈兌〉，皆為〈乾〉體的形式，而彖辭也說「柔進而上行」，則「柔」從何來？故此說亦僅推測之論，實無所據。對此，亦可從虞翻「〈泰〉初之上，故剛上；〈坤〉上之初，故柔下」〔註96〕的論述來加以駁斥。此外，以下〈坤〉「來」化上〈乾〉的修辭，恐淆亂《易》學「上往下來」、「內往外來」的基本概念。總之，持此說者，基本上是以「乾坤相化」的方式來處理陰陽的互動關係，以及時間的脈動與空間的轉移。如此一來，不僅模糊了六十四卦的生成原理，也忽略了《易》道「周流六虛」的時空概念。

觀《繫辭上傳》所載「剛柔相摩，八卦相盪」、「日月運行」，所謂「相摩」、「相盪」，就是一種互動關係，而「運行」二字（《繫辭上傳》：陰陽之義配日月），即寓時空概念。經過陰陽彼此的交相運動後，即產生了不同的面貌，故又謂「剛柔相推而生變化」。反過來說，這種變化是經由陰陽上下往來的互動而完成，其形式即如漢儒所說的「升降」，是一種「進退」關係，此即《繫辭上傳》所說的「變化者，進退之象也」。儘管如此，漢儒所謂的「升降」，是以「生成」之後的六十四卦作為「爻變」或「卦變」說的基礎，是「用」的概念，此與八卦剛柔相推的「生成」變化概念，實不可相提並論。另外，從〈損〉、〈益〉彖辭所載「損下益上」〔註97〕及「損上益下」〔註98〕的斷語來看，《彖傳》所蘊涵的「尊陽卑陰」概念，儼然可見！

二、用於陰、陽爻的自體運動，例如：

〈剝·彖辭〉：「柔變剛〔……〕天行也」——

　　　　　　指上爻將由剛轉柔。

〈復·彖辭〉：「剛反，動而以順行〔……〕天行也」——

　　　　　　指初爻由柔極反剛。

〈无妄·彖辭〉：「剛自外來而主於內」——

〔註95〕　案：即〈乾〉是指三爻皆陽或二陽一陰的形式、〈坤〉是指三爻皆陰或二陰一陽的形式。

〔註96〕　案：此為唐李鼎祚《周易集解》所引，是虞翻對〈蠱·彖辭〉「剛上而柔下」的解釋：文中「之」字，兼有「往」（前者）、「來」（後者）之義。類此之例，又可見於〈賁〉、〈噬嗑〉、〈咸〉、〈恒〉……等卦。

〔註97〕　案：三爻由陽轉陰，故言「損」；上爻由陰變陽，故言「益」。

〔註98〕　案：四爻由陽轉陰，故言「損」；初爻由陰變陽，故言「益」。由〈損〉、〈益〉二卦的象辭來看，其「尊陽卑陰」的思維，儼然可見。

指外卦上九之剛下行，因此說「剛自外來」；反居内
卦初爻，而爲〈震〉主，因此說「主於内」。

〈大畜・彖辭〉：「剛上而尚賢」——

指下卦九三之剛上行，越四、五爻而居上，成上九
之剛，因此說「尚賢」。

〈晉・彖辭〉：「柔進而上行」——

指下卦六三之柔上行，越四爻而居五，成六五之柔
中，故其爻辭皆謂「悔亡」。

〈睽・彖辭〉：「柔進而上行」——

指下卦六三之柔上行，越四爻而居五，成六五之柔
中，且應於九二之剛，因此又說「得中而應乎剛」。

〈蹇・彖辭〉：「往得中」——

指下卦九三之剛上行，越四爻而居五，成九五之剛
中，因此又說「往有功」。

這種非必然遵循「陰陽互動」模式的自體運動，即《繫辭上傳》所載「乾，
其靜也專，其動也直；坤，其靜也翕，其動也闢」〔註99〕的深層意涵，此正
標識著陰、陽的內在本質可隨時空的移轉而產生自發性的變化，這是自然現
象的多元顯影之一，即如海中生物——海星，同時具有「有性生殖」與「無
性生殖」二種生命構造；前者是以陰陽互動的模式呈現，後者則是透過染色
體複製後再行分裂（寓時空變化）的自體（陰或陽）變化過程。此外，八經
卦至八純卦的「自重」過程，亦可爲此作註腳；而〈剝〉、〈復〉二卦所呈現
的陰陽自體變化型態，可說是「動極而靜」、「靜極而動」理論的另一種詮釋
依據，亦爲京房「世卦」（八宮卦）、荀爽「乾坤消息」及虞翻「十二消息」
說的思維本源。

三、用於上、下卦的互動，例如：

〈明夷・彖辭〉：「明入地中」——

指上（坤）、下（離）卦的互動。

〈睽・彖辭〉：「火動而上，澤動而下」——

指上（離）、下（兌）卦的互動。

〔註99〕參見〔魏〕王弼注，〔唐〕孔穎達疏，〔清〕阮元校勘：《周易正義》，《十三經
注疏》，卷七，頁273。

〈革‧象辭〉：「水火相息」〔註100〕——

　　　　　指上（兌）、下（離）卦的互動。

〈鼎‧象辭〉：「以木巽火」——

　　　　　指上（離）、下（巽）卦的互動。

　　此以卦德詮釋「上、下卦互動」的模式，是對六十四卦生成原理，以及今本《周易》六十四卦排列次序（兩兩相對）概念的承襲與應用；而從馬王堆帛書《周易》六十四卦的卦序來看，各卦亦非以「爻變」形成，而是繫於上、下二體的相錯，即《繫辭下傳》所載「相重」、「相錯」的意涵。對此，黃宗炎亦認為，八經卦除「自重」外，皆各「錯」其餘七經卦，而成六十四卦〔註101〕。由此看來，這種以上、下卦為整體的互動模式，在本質上雖屬「詮釋」的應用性質，然而其思維、概念則與《周易》六十四卦的生成原理，有著異曲同工之妙。

　　綜上所述，《象傳》所載的剛柔相推、自體運動及卦體變化，是對《易》卦六爻生成後呈現的各種面向所作的進一步詮釋，即闡發陰陽變化的積極性與多元性。這種「積極性」與「多元性」，在本質上雖屬於「用」的範疇，然而在整體思維中，卻蘊涵著「生成」概念，且與後儒「卦變」生卦的理論，有著根本上的差異。此外，透過以上的歸納與分析，筆者以為《象傳》變動思維的最終指歸即為「乾道變化，各正性命」（〈乾‧象辭〉）；這「各正性命」一語，具體來說，就是求「正」、求「善」的歷程。基本上，隨著乾道的變化，天地萬物從中尋得生命的自性與歸屬；亦即萬物各依其性、各據其位，各逞其能、各顯其功，沒有相忌相爭的疑慮，也沒有妄自菲薄的弊病，所以能各得其「正」、各獲其「善」。各得其正，則欲動不亂、處靜不滯；各獲其善，則強者及物、弱者全己。這種涵藏激發萬物潛能的變動思維，實較莊子的「因任自然」更具積極性與開創性。由此看來，《象傳》言簡意賅的深層意涵不僅具體闡釋了《易》道變動的精神本質，同時也傳達了天地萬物和諧共存的訊息；尤其是在時間的推移下，不斷地牽動歷代《易》學的發展方向與論述內容。因此，對治《易》者而言，《象傳》可說是一塊「至性」、「至情」的瑰寶，

〔註100〕案：澤性不走，水性則遷，故澤、水不同義。〈革〉上體本為「澤」，而此之所以言「水」，實欲合義於「水火相息」。

〔註101〕參見〔清〕黃宗炎：《周易象辭》，《四庫全書》（經部‧易類），第四十冊，卷一，葉1。案：黃宗炎論六十四卦生成，皆以「自重本卦外，錯某（象）為某（卦）」的形式呈現。

其爲《周易》爻變思想的開展者，確實無庸置疑。

貳、京、荀的爻變觀

《漢書‧藝文志》載「及秦燔書，而《易》爲筮卜之事，傳者不絕」（〈六藝略〉）〔註102〕；〈劉歆傳〉亦言：「漢興，去聖帝明王邈遠，仲尼之道又絕，法度無所因襲。時獨有一叔孫通略定禮儀，天下唯有《易》卜，未有它書。」〔註103〕由此可見，《周易》在秦、漢初猶專用於卜筮。環顧中國古代經籍，未有如《周易》能受到此般禮遇者，這當是對《周易》「以前民用」特質的具體實踐成果。漢代京房的「火珠林」法〔註104〕，即是在此「應用」思維下所建構出來的占筮理論。筆者以爲，漢代《易》學家如京房、荀爽、虞翻等，其於《周易》的哲學內涵，雖然不免摻雜了如卦氣、納甲之說，然而對爻位變化的詮釋，如世魂、飛伏、升降、消息、卦變等，基本上仍然遵循《象傳》變動思維的軌跡及精神，而在實用性與創造性之間，試圖作進一步的發揮，即同時扮演著「詮釋者」與「建構者」的角色。在這詮釋與建構的過程中，或有因認知上的謬誤而曲解了《周易》的生成原理，然基本上，三人在《周易》爻變思想的發展過程中，實具有承先啓後的歷史地位。本節先就京、荀二人的爻變理論，作簡要的敘述，以供參考。

京房謂：「陰陽運動，適當何爻？或陰或陽，或柔或剛，升降六位，非取一也。」〔註105〕又說：「乾坤者，陰陽之根本；坎離者，陰陽之性命。」〔註106〕從這二段話中，可以窺知其對爻位變化的詮釋，是建立在陰陽升降的基礎上，且這種「升降」會隨著時空的變化而呈現不同的對應關係；而其最終目標，則是藉由陰陽（乾坤）變化，使六爻各得其時、各正其位，以成就天地運行及萬物化生，此即〈乾‧彖辭〉所載「乾道變化，各正性命」的根本內涵；對此，清儒曹元弼曾明白指出，「六十四卦皆本乾坤，無不以成〈既濟〉爲義」〔註107〕，這段話就是在「各正性命」思維下所作的歸結與詮釋。

此外，京房假托孔子的話說：「《易》有『四易』，一世二世爲地易；三世

〔註102〕參見〔漢〕班固撰，〔唐〕顏師古注：《漢書》（北京：中華書局，1997年），頁1704。

〔註103〕同前註，頁1968。

〔註104〕案：《四庫全書總目‧京氏易傳》提要謂後世「錢卜之法」，實脫胎於此。

〔註105〕參見〔漢〕京房：《京氏易傳》（四庫全書，子部‧術數類），卷中，葉24。

〔註106〕同前註，卷下，葉1。

〔註107〕參見〔清〕曹元弼：《復禮堂文集》，冊一，卷二，頁81。

四世爲人易；五世六世爲天易；游魂歸魂爲鬼易。」〔註108〕所謂的「地易」、「人易」、「天易」，是對「天地人」三才的內涵轉化，其目的則在爲其「世應」說尋求理論依據；至於「鬼易」，實肇端於《繫辭傳》所載「人謀鬼謀，百姓與能」〔註109〕及「精氣爲物，游魂爲變，是故知鬼神之情狀」〔註110〕的論述，並賦予新的生命架構。如此一來，天地間的一切變化，就有了可以參照的模式與準則；這正是對《周易》六十四卦「無所不包」意涵的積極性掌握與獨創性詮釋。故京氏的爻變思想，主要集中在其「八宮卦」的理論上。所謂「八宮卦」，即以六十四卦中的「八純卦」爲基本宮，再透過世應、游魂、歸魂的爻變模式，試圖涵蓋天地萬物的一切變化。

以〈乾〉宮爲例，初爻由陽變陰而成〈姤〉，此爲〈乾〉宮一世卦；二爻由陽變陰成〈遯〉，此爲二世卦；三爻、四爻、五爻亦循此模式，而成〈否〉、〈觀〉、〈剝〉等三、四、五世卦。以上各爻經變化後，即不再回復；這種不再回復原來爻性的概念，當是對〈剝〉、〈復〉二卦「彖辭」所作的進一步詮解與推展，並直接對虞翻的「十二消息」說產生了具體的影響。所謂「游魂」，若以「世應」理論類推，則當變〈乾〉上爻而成〈坤〉，然如此一來，〈乾〉宮屬性將蕩然無存；故京氏以〈乾〉上九不變，而由五爻返下變四爻，上體成〈離〉火，其象爲「明」，下體爲〈坤〉，其象爲「地」，明入地中而成〈晉〉，象徵乾道復行，此即其所謂「陰陽返復，進退不居，精粹氣純，是爲游魂」〔註111〕的眞正意涵。至於「歸魂」，依京氏說法，即在「游魂」過程結束之後，接著往下，一次將〈晉〉下體三爻由全陰變爲全陽〔註112〕，即回歸〈乾〉體本位，而成〈大有〉。其它各宮卦亦依此模式呈現。

由此看來，這種發端於「八純卦」的「世魂」變化模式，基本上是「用」《易》的概念，而非《易》卦的生成原理。此外，京氏謂「五世六世爲天易」，然觀其「世魂」架構，卻未見「六世」說例。以此看來，京氏援引天、地、人三易的作法，實欲藉孔子之名而成就其「世應」理論，是有可商榷之處！

〔註108〕參見〔漢〕京房：《京氏易傳》，卷下，葉3。

〔註109〕參見〔魏〕王弼注，〔唐〕孔穎達疏，〔清〕阮元校勘：《周易正義》，《十三經注疏》，卷八（《繫辭下傳》），頁320。

〔註110〕同前註，卷七（《繫辭上傳》），頁266。

〔註111〕參見〔漢〕京房：《京氏易傳》，卷上，葉5。

〔註112〕案：這裡所說的「全陰變爲全陽」，是針對下體三爻爲全陰的「游魂」卦；倘若「游魂」卦下體三爻爲「陰、陰、陽」，則其「歸魂」卦下體三爻即成「陽、陽、陰」的型式，其餘仿此。

茲將其「八宮卦」內容以表圖呈現如下：

兌	離	巽	坤	艮	坎	震	乾	←八宮 ↓世魂
困	旅	小畜	復	賁	節	豫	姤	一世
萃	鼎	家人	臨	大畜	屯	解	遯	二世
咸	未濟	益	泰	損	既濟	恒	否	三世
蹇	蒙	无妄	大壯	睽	革	升	觀	四世
謙	渙	噬嗑	夬	履	豐	井	剝	五世
小過	訟	頤	需	中孚	明夷	大過	晉	游魂
歸妹	同人	蠱	比	漸	師	隨	大有	歸魂

　　至於京氏對《易》卦六爻的詮釋，基本上與《易緯・乾鑿度》所謂「元士」、「大夫」、「公」、「諸侯」、「天子」、「宗廟」〔註113〕的說法相類，而此說實本於《繫辭傳》所載「爻有等，故曰物」（〈下傳〉）及「列貴賤者存乎位」（〈上傳〉）二語。在將此位階等級與貴賤尊卑的觀點納入到「世魂」的爻變模式後，其對政治倫常與社會關係的各種詮釋，也跟著有了理論依據。因此，在《京氏易傳》一書中，「以少為尊」、「五爻為尊」、「世位為尊」的論點，可說是京房詮釋卦義的重要概念，也是其「成卦」、「卦主」說的主要關鍵；而這種概念、關鍵，正凸顯其內在思維對晚周以來禮制敗壞的批判，以及欲重新建構一個有序社會的心態，此可從「《易》所以斷天下之理，定之以人倫而明王道」〔註114〕一語窺知，這在道德理性與社會價值的發揚上，是可以加以肯定的。因此，若謂京房主於卦氣五行之術，而流於災異之說，恐怕是站在單一面向所發出的評論，而未對其《易》學整體觀作全面而深入的探究，這對京氏來說，顯然有失公允。

　　除了上述的「世魂」爻變思維外，「飛伏」是京房在爻位對應關係上的重要概念。京房以為，「飛」者，「世之所位，而陰陽之肆者」；「伏」者，「以隱顯佐神明者」〔註115〕。「肆」，在此蘊涵著開闊性思維，即「非定於一式」的意思，此當是對〈乾〉九五爻「飛龍在天」的詮釋推衍〔註116〕；至於「隱顯」，

〔註113〕參見〔日〕安居香山、中村璋八輯：《緯書集成》，頁20～21。
〔註114〕參見〔漢〕京房：《京氏易傳》，卷下，葉4。
〔註115〕同前註，葉7。
〔註116〕案：對此，唐李鼎祚於《周易集解》中引荀爽語，謂「飛者，喻无所居」（釋

則是陰陽質性的呈現。簡單地說,「飛伏」就是陰陽互動關係的各種變化型態,是陰陽變通之道的應用。茲將其內容大要列表如下:

爻之飛伏	卦之飛伏				
子:八宮世卦所當之爻,各與其本宮純卦之爻為飛伏。例如:	戊:八宮之歸魂卦與其本宮三世卦之*內卦*為飛伏	丁:八宮之游魂卦與本宮五世卦之*外卦*為飛伏	丙:八宮之四、五世卦與其*外卦*為飛伏	乙:八宮之一、二、三世卦與其*內卦*為飛伏	甲:八宮純卦*旁通*為飛伏
1.〈遯〉六二爻 ↓↑ 〈乾〉九二爻	〈大有〉→〈坤〉	〈晉〉→〈艮〉 〔註117〕	〈觀〉→〈巽〉	〈姤〉→〈巽〉	〈乾〉 ↓↑ 〈坤〉
			〈剝〉→〈艮〉	〈遯〉→〈艮〉	
2.〈鼎〉九二爻 ↓↑ 〈離〉六二爻				〈否〉→〈坤〉	
	〈隨〉→〈巽〉	〈大過〉→〈坎〉	〈升〉→〈坤〉	〈豫〉→〈坤〉	〈震〉 ↓↑ 〈巽〉
			〈井〉→〈坎〉	〈解〉→〈坎〉	
3.〈夬〉九五爻 ↓↑ 〈坤〉六五爻				**〈恒〉**→〈巽〉	
	〈師〉→〈離〉	〈明夷〉→〈震〉	〈革〉→〈兌〉	〈節〉→〈兌〉	〈坎〉 ↓↑ 〈離〉
			〈豐〉→〈震〉	〈屯〉→〈震〉	
4.〈蒙〉六四爻 ↓↑ 〈離〉九四爻				〈既濟〉→〈離〉	
	〈漸〉→〈兌〉	〈中孚〉→〈乾〉	〈睽〉→〈離〉	〈賁〉→〈離〉	〈艮〉 ↓↑ 〈兌〉
			〈履〉→〈乾〉	〈大畜〉→〈乾〉	
				〈損〉→〈兌〉	
	〈比〉→〈乾〉	〈需〉→〈兌〉	〈大壯〉→〈震〉	〈復〉→〈震〉	〈坤〉 ↓↑ 〈乾〉
			〈夬〉→〈兌〉	〈臨〉→〈兌〉	
				〈泰〉→〈乾〉	
	〈蠱〉→〈震〉	〈頤〉→〈離〉 〔註118〕	〈无妄〉→〈乾〉	〈小畜〉→〈乾〉	〈巽〉 ↓↑ 〈震〉
			〈噬嗑〉→〈離〉	〈家人〉→〈離〉	
				〈益〉→〈震〉	
	〈同人〉→〈坎〉	〈訟〉→〈巽〉	〈蒙〉→〈艮〉	〈旅〉→〈艮〉	〈離〉 ↓↑ 〈坎〉
			〈渙〉→〈巽〉	〈鼎〉→〈巽〉	
				〈未濟〉→〈坎〉	
	〈歸妹〉→〈艮〉	〈小過〉→〈坤〉	〈蹇〉→〈坎〉	〈困〉→〈坎〉	〈兌〉 ↓↑ 〈艮〉
			〈謙〉→〈坤〉	〈萃〉→〈坤〉	
				〈咸〉→〈艮〉	

〈乾・象辭〉),意即「飛」為居無定所、不受約束。

〔註117〕案:原文作「金方以火土運用事,與〈離〉為飛伏」,恐誤!

〔註118〕案:原文作「土木配象,吉凶從六虛,與〈震〉為飛伏」,恐誤!

　　由此看來，京氏的「飛伏」說，其內涵誠屬多元；而從上表所呈現的關係中，筆者試以型式探究的角度，歸納出「飛伏」說背後所蘊涵的四種互動模式：

1. <u>平行式的陰陽對應</u>。如「中」類，這是宮卦與宮卦之間的互動；「子」類，這是世爻與宮爻之間的互動（本宮系統）。這種互動模式，對虞翻的「旁通」說，當有關鍵性的影響。

2. <u>截體式的自我分化</u>。有「乙」、「丙」二類，這是世卦自體的同質衍化；前者動「內」（下卦），後者動「外」（上卦）。

3. <u>交叉式的卦體合成</u>。「丁」類屬之，為二卦（游魂卦與五世卦）上、下體的交互作用（本宮系統）。如圖：

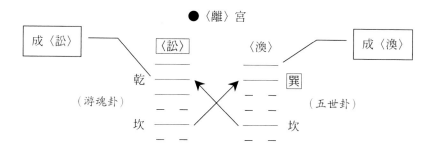

　　這種透過彼此交互作用而游走於〈訟〉、〈渙〉之間的變化模式，或可作為「游魂」二字的另一種詮釋！

4. <u>複合式的卦體互動</u>。「戊」類屬之，這是同時兼具交叉與平行關係的變化模式（本宮系統），如圖：

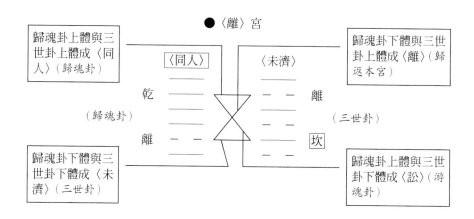

筆者以為,「歸」是由外至內,故歸魂卦〈乾〉、〈離〉二體,分別與三世卦上體（離）成〈同人〉、〈離〉,與三世卦下體（坎）成〈訟〉、〈未濟〉。這種由本宮（離）出發,經一連串變化後（本宮→世卦→游魂→歸魂）,再歸返本宮（離）的過程（歸魂→游魂→世卦→本宮）,或可為「上下往來」、「循環往復」的《易》道精神作註腳。

在上述的歸納中,「乙」、「丙」二類,可視為「封閉式」的自體運動,而「甲」、「丁」、「戊」、「子」等四類,則可歸為「開放式」的對應關係。此外,從表中可以發現:若宮卦與宮卦之間成為「飛伏」,其一至三世卦上體、四至五世卦下體之間,也會各自形成「飛伏」。例如,宮卦〈艮〉、〈兌〉相飛伏,其「一世」內卦（下體）分別為「離」、「坎」;其「五世」外卦（上體）,分別為「乾」、「坤」;皆本於〈艮〉宮與〈兌〉宮之間的「飛伏」關係。至於在本宮系統內,亦可看出:一世的外卦與四世的內卦為飛伏;二世的外卦與五世的內卦為飛伏。例如,宮卦〈乾〉,其「一世」外卦與「四世」內卦分別為「乾」、「坤」;其「二世」外卦與「五世」內卦亦分別為「乾」、「坤」。

由此看來,表面上「飛伏」說的內容雖僅為宮卦與宮卦、本宮與世卦、魂卦與世卦之間的互動,然實際上,世卦與世卦（包括「本宮系統」及「宮卦間系統」）之間的關係亦非常緊密;尤其是在本宮系統內所呈現的一四、二五對應關係,或可作為承乘比應中「應」概念的另一種思維模式。總之,對京房來說,「飛伏」模式是以「陰陽升降」為主體,而寓「時空」概念於其中,是一種有機的聯繫體系,也是天地間一切變化的縮影;而這種「體系」、「縮影」,當是對《象傳》「剛柔互動」及「自體變化」所作的進一步發揮!

荀爽謂:「陽升陰降,天道行也。」〔註119〕又說「乾升於坤,曰『雲行』;坤降於乾,曰『雨施』」〔註120〕,可知荀爽是以「陽升陰降」為天地運行與萬物化生的基本原則及條件。例如,其解〈臨〉九二爻象辭「咸臨」,即言「陽感至二,當升居五,群陰相承,故无不利」〔註121〕;而解〈井〉九三爻辭「不食」,則謂「不得據陰,喻不得用」〔註122〕;解〈巽〉九三爻象辭「頻巽之吝」,

〔註119〕參見〔唐〕李鼎祚輯:《周易集解》（臺北:臺灣商務印書館股份有限公司,1996 年）,卷一,頁 18。
〔註120〕同前註,頁 19。
〔註121〕同前註,頁 110。
〔註122〕同前註,頁 238。

說：「乘陽（陽指九二爻）無據，爲陰所乘（陰指六四爻），號令不行，故志窮也。」〔註123〕由此看來，在陰陽互動的關係中，荀爽是以「陽據陰」、「陰承陽」爲利〔註124〕，而以「陰乘陽」爲咎〔註125〕，這是對《象傳》「柔皆順（承）乎剛，是以『小亨，利有攸往，利見大人。』」（〈巽〉）、「无攸利，柔承剛」（〈歸妹〉）概念的承襲與發揚。至於其解〈困〉九二爻辭「利用享祀」，則說「二升在廟，五親奉之，故利用享祀」〔註126〕，這顯然是根據《易緯·乾鑿度》與京房「上爻」爲「宗廟」的論點所作的詮釋；又解「征凶，無咎」，說：「陰動而上，失中乘陽，陽下而陷，爲陰所弇，故曰『征凶』。陽降來二，雖位不正，得中有實；陰雖去中，上得居正，而皆免咎，故曰『無咎』。」〔註127〕依其意，當謂「陽降陰升」則有咎，然以其動而「得中」、「得正」（得位），故終無咎。

凡此，皆發端於「陰陽升降」說，而其中心思維，當以「中」、「正」爲依歸。荀爽說：「陽位成於五，陰位成於二；五爲上中，二爲下中。故《易》成位乎其中也。」〔註128〕這基本上是以二、五爻爲陰陽變化的樞紐，最後則擷取「中」（居中）、「正」（得位）的涵義，由此形成上〈坎〉下〈離〉，陰陽各得其正，是爲〈既濟〉，因此又說「離坎者，乾坤之家，而陰陽之府」〔註129〕。以此看來，荀爽是以乾、坤二卦爻位（二、五爻）的升降，作爲說解六十四卦的基礎，正是京房「乾坤者，陰陽之根本；坎離者，陰陽之性命」概念的推展，也是《象傳》「剛柔正而位當」（〈既濟〉）理念的發揚。此外，其解〈升〉上六「利于不息之貞」，謂：「陰用事，爲消；陽用事，爲息。陰正在上，陽道不息，陰之所利，故曰『利于不息之貞』。」〔註130〕這是站在「陰升」不利於己、反利於他人的角度來立說的；其中對「陰消」、「陽息」的看法，是以「用事」爲其先決條件，屬於「用」的概念，因此又說「息卦爲進，消卦爲退」〔註131〕。這種「息進消退」的觀點，一方面是對京房「世

〔註123〕同前註，頁 280。
〔註124〕同前註，頁 247。
〔註125〕同前註，頁 165、294。
〔註126〕同前註，頁 231。
〔註127〕同前註。
〔註128〕同前註，頁 314。
〔註129〕同前註，頁 4。
〔註130〕同前註，頁 228。
〔註131〕同前註，頁 315。案：〈乾·文言〉載：「知進退存亡而不失其正者，其唯聖

卦」理論的發揮，另一方面對虞翻的「十二消息」說，也產生了一定程度的啓示作用。

今觀其解〈坤·文言〉「玄黃者，天地之雜」，謂：「消息之卦，坤位在亥，下有伏乾，陰陽相和，故言天地之雜也。」〔註132〕解〈恒·彖辭〉「亨，无咎」，謂「〈恒〉，〈震〉世也，〈巽〉來乘之，陰陽合會，故通无咎」〔註133〕；解〈隨·彖辭〉「大亨」，謂：「〈隨〉者，〈震〉之歸魂。〈震〉歸從〈巽〉，故大通。」〔註134〕又於〈蠱·彖辭〉「元亨」下言：「〈蠱〉者，〈巽〉也。〈巽〉歸合〈震〉，故元亨也。」〔註135〕總此，顯然皆承自京房的「世魂」及「飛伏」理論而加以融合發揚；而從文中對《彖傳》所載「亨，无咎」、「大亨」、「元亨」的詮釋來看，荀爽更進一步對「飛伏」所蘊涵的正面功能，作了較爲明確的宣示，這是京房所欠缺的。

除了以上有關「消息」、「升降」的論述外，荀爽的另一項重要「爻變」觀，就是「卦變」思維的確立。例如，其解〈屯·彖辭〉「動乎險中」，謂「物難在始生，此本坎卦也」〔註136〕；解〈蒙〉，謂「此本艮卦也」〔註137〕；解〈賁〉，謂：「此本泰卦，謂陰從上來，居乾之中。」〔註138〕解〈萃〉，謂：「此本否卦。」〔註139〕解〈困·彖辭〉「險以說」，謂「此本否卦。陽降爲險，陰升爲說」〔註140〕；解〈井·彖辭〉「往來井井」，謂：「此本泰卦。陽（初爻）往居五，得〈坎〉爲井；陰（五爻）來在下（初爻），亦爲井。故曰『往來井井』。」〔註141〕這些「卦變」說例，除了「〈萃〉卦變自〈否〉」、「〈蒙〉卦變

人乎！」所謂「知進退存亡而不失其正」，意即知所進退而正其位，這是「治世」之道；既是「治世」，則其爲「用事」概念，亦可明白。

〔註132〕同前註，頁37。

〔註133〕同前註，頁163。案：所謂「〈恒〉，〈震〉世」，是指〈恒〉爲〈震〉宮的三世卦；而「〈巽〉來乘之」，則是指三世卦〈恒〉與其內卦〈巽〉爲「飛伏」。

〔註134〕同前註，頁101。案：所謂「〈震〉歸從〈巽〉」，是指〈震〉宮的歸魂卦〈隨〉與三世卦〈恒〉的內卦（巽體）爲「飛伏」。

〔註135〕同前註，頁106。案：所謂「〈蠱〉者，〈巽〉也」，是指〈蠱〉爲〈巽〉宮歸魂卦；而「〈巽〉歸合〈震〉」，則指〈巽〉宮的歸魂卦〈蠱〉與三世卦〈益〉的內卦（震體）爲「飛伏」。

〔註136〕同前註，頁38。

〔註137〕同前註，頁43。

〔註138〕同前註，頁120。

〔註139〕同前註，頁225。

〔註140〕同前註，頁229。

〔註141〕同前註，頁236。

自〈艮〉」及「〈屯〉卦變自〈坎〉」外，餘皆直承自《象傳》所載上、下卦爻的剛柔互動，而賦予「卦源」。此種透過乾坤升降而產生變化的「卦變」說，在型式上雖據《象傳》內容而來，然並非《易》卦生成原理的本質，這是必須加以澄清的概念。

總之，不可諱言，荀爽於升降、消息、世卦、飛伏等爻變思想，確有承襲京房的痕跡，然歸結其思想根源，仍多本於《象傳》而加以發揮；而其於承、乘、據、應，以及切人事、明政治的哲學理論，亦有突破性的見解。例如，解〈革〉九三爻辭「征凶，貞厲」，謂「三應於上，欲往應之，爲陰所乘，故曰『征凶』。若正居三，而據二陰，則五來危之，故曰『貞厲』也」〔註142〕；解〈睽‧象辭〉「君子以同而異」，謂：「大歸雖同，小事當異，百官殊職，四民異業，文武並用，威德相反，共歸於治。」〔註143〕解《繫辭上傳》「樂天知命，故不憂」，謂：「坤建於亥，乾立於巳，陰陽孤絕，其法宜憂。坤下有伏乾，爲樂天；乾下有伏巽，爲知命。陰陽合居，故不憂。」〔註144〕此正象徵《周易》爻變思想在應用上的進一步深化。

參、虞翻的爻變觀

虞翻的爻變觀，主要表現在其「卦變」思想上。所謂「卦變」，是就整體性來說；而「爻變」，則是逐爻而論。二者在名稱上雖有不同，然其實質則無異，皆須透過時空的轉變始能成就其變化意涵。如前面所述，「卦變」的思維，在表面上是先由京房發跡（八宮卦），再經過荀爽的確立，至虞翻而大成。然仔細推敲，可以發現其概念仍脫胎自《象傳》，只是變化的內在本質及精神有所不同而已。茲將其「卦變」內容臚列於下〔註145〕：

1. 卦變自〈乾〉、〈坤〉二五互動者，爲〈坎〉、〈離〉二卦。
2. 卦變自〈乾〉息者，有〈復〉、〈臨〉、〈泰〉、〈大壯〉、〈夬〉五卦；卦變自〈坤〉消者，有〈姤〉、〈遯〉、〈否〉、〈觀〉、〈剝〉五卦。合〈坤〉、

〔註142〕同前註，頁242。案：所謂「爲陰所乘」，即指九三爻爲上六爻所乘，二者由「應」變「敵」，故對九三爻而言，當爲「凶」；而「據二陰，則五來危之」，是指九三爻雖據六二爻，然以九二爻爲九五爻所「應」，即有臨「危」之象，故爲「厲」。
〔註143〕同前註，頁188。
〔註144〕同前註，頁319。
〔註145〕案：《周易集解》所引虞翻卦變說，缺〈師〉、〈大有〉、〈同人〉三卦；前人雖補以蜀才所述，此則不採。

〈乾〉二卦,以及所消、息的十卦,即一般所說的「十二消息卦」或「十二辟卦」。

3. 卦變自〈泰〉〔註 146〕者,有〈蠱〉、〈賁〉、〈恆〉、〈損〉、〈井〉、〈歸妹〉、〈豐〉、〈節〉、〈既濟〉等九卦;卦變自〈否〉者,有〈隨〉、〈噬嗑〉、〈咸〉、〈益〉、〈困〉、〈漸〉、〈旅〉〔註 147〕、〈渙〉、〈未濟〉等九卦;合〈否〉、〈泰〉二卦,共計二十。此即虞翻所說的「三陽三陰」的卦。

4. 卦變自〈臨〉者,有〈明夷〉、〈升〉、〈解〉、〈震〉四卦。

5. 卦變自〈觀〉者,有〈晉〉、〈萃〉、〈蹇〉、〈艮〉、〈坎〉〔註 148〕五卦。

6. 卦變自〈大壯〉者,有〈需〉、〈大畜〉〔註 149〕、〈大過〉、〈睽〉、〈鼎〉、〈兌〉六卦。

7. 卦變自〈遯〉者,有〈訟〉、〈无妄〉〔註 150〕、〈離〉〔註 151〕、〈家人〉、

〔註 146〕案:陳恩林於〈略論《周易》的卦變〉(收入《周易研究》第二期,頁 15)一文中,以虞翻解〈大壯〉爲「陽息〈泰〉」,故謂〈大壯〉卦變自〈泰〉。觀虞翻解〈剝〉,謂「陰消〈乾〉」;解〈復〉,謂「陽息〈坤〉」;解〈泰〉,謂「陽息〈坤〉」;解〈否〉,謂「陰消〈乾〉」。若以陳氏的論點,則〈剝〉、〈否〉二卦依例當卦變自〈乾〉;〈復〉、〈泰〉二卦當卦變自〈坤〉。但實際上,〈剝〉、〈否〉二卦是〈坤〉消(陰消)所成,〈復〉、〈泰〉二卦是〈乾〉息(陽息)所生,皆以前面「陽息」或「陰消」二字爲解卦原則、依據,故其說實不可據!此外,虞翻解〈遯〉,謂「陰消〈姤〉二」,陳氏即以「〈遯〉由〈姤〉來」論述,也是沿此謬誤。

〔註 147〕案:虞翻解〈旅〉,謂「〈賁〉初之四,〈否〉三之五」,又說「與〈噬嗑〉之〈豐〉同義」。則〈旅〉可卦變自〈賁〉、〈否〉。故卦變自〈否〉應爲九卦,而非宋朱震於《漢上易傳・卦圖》所說的「八卦」(四庫本,卷上,葉25)。此外,朱震又謂〈旅〉「或生於噬嗑」,恐誤解「與〈噬嗑〉之〈豐〉同義」一語,此句當解爲「與〈豐〉卦變自〈噬嗑〉之義同」,即其例如同〈噬嗑〉上來之三,成〈豐〉。

〔註 148〕案:《周易集解》引虞翻解〈坎〉,謂「〈乾〉二五之〈坤〉,與〈離〉旁通。于爻〈觀〉上之二」。依其意,則〈坎〉或卦變自〈乾〉二五之〈坤〉,或來自〈觀〉。故宋朱震《漢上易傳・卦圖》述虞翻卦變,未將〈坎〉列入卦變自〈觀〉,恐有待商榷!此外,虞翻解〈頤〉,謂「〈晉〉四之初」,又說「或以〈臨〉二之上」。以此看來,〈頤〉當卦變自〈晉〉、〈臨〉,而非自〈觀〉。故朱震述虞翻卦變,謂〈頤〉卦變自〈觀〉,其說恐誤!

〔註 149〕案:唐李鼎祚《周易集解》引虞翻語,謂〈大畜〉卦變自〈大壯〉初之上」。然「〈大壯〉初之上」,當爲〈鼎〉,而非〈大畜〉。因此,題作「〈大壯〉初之上」,恐是虞氏援筆上的差失,或撰者抄錄時的謬誤!

〔註 150〕案:唐李鼎祚《周易集解》引虞翻語,謂〈无妄〉卦變自「〈遯〉上之初」。然「〈遯〉上之初」當爲〈革〉,而非〈无妄〉。若以〈无妄〉必自〈遯〉而來,

---

　　〈革〉、〈巽〉六卦。

　8. 卦變自〈兌〉者，爲〈大過〉。

　9. 卦變自〈无妄〉者，爲〈睽〉。

　10. 卦變自〈訟〉者，有〈中孚〉、〈履〉二卦。

　11. 卦變自〈賁〉者，爲〈旅〉。

　12. 卦變自〈噬嗑〉者，爲〈豐〉〔註152〕。

　13. 卦變自〈剝〉者，爲〈謙〉〔註153〕。

　14. 卦變自〈需〉者，爲〈小畜〉。

　15. 卦變自〈艮〉者，爲〈蒙〉。

　16. 卦變自〈臨〉者，爲〈頤〉〔註154〕。

　17. 卦變自〈坎〉者，爲〈屯〉。

　18. 卦變自〈晉〉者，有〈頤〉、〈小過〉二卦。

　19. 卦變自〈師〉者，爲〈比〉。

　20. 卦變自〈復〉者，爲〈豫〉。

　21. 卦變自〈豫〉者，爲〈復〉。

　　上述 1～3 項中，1、2 項基本上受到京房與荀爽的影響，此於前文皆已陳述過；而第 3 項——卦變自〈否〉、〈泰〉者，表面上雖似承自荀爽，而實本於《彖傳》以上、下卦爻的剛柔互動爲陰陽變化的說例，而加以「系統化」。例如〈噬嗑〉，虞翻說「〈否〉五之〈坤〉初，〈坤〉初之五，剛柔交」（頁 115），而《彖傳》謂「剛柔分，動而明，雷電合而章，柔得中而上行」；

　　　　　則當謂「〈遯〉三之初」；然此又與《无妄・象辭》「剛自外來而主於內」一語
　　　　　不合。

〔註151〕案：虞翻解〈離〉，謂「〈坤〉二五之〈乾〉，與〈坎〉旁通。於爻，〈遯〉初
　　　　　之五」。由此看來，虞氏認爲〈離〉不僅是〈乾〉、〈坤〉二卦所生，也是〈遯〉
　　　　　所成。故宋朱震於《漢上易傳・卦圖》述虞翻卦變，謂「自〈遯〉來者五卦」
　　　　　（四庫本，卷上，葉 25），恐非！

〔註152〕案：參見註 147，依虞翻之意，則〈豐〉當可視爲卦變自〈噬嗑〉。此又可見
　　　　　於〈豐〉，虞翻即言「〈豐〉三從〈噬嗑〉上來之三，折四於坎獄中成〈豐〉」；
　　　　　句中「坎」爲〈噬嗑〉互體（三～五爻）之象。

〔註153〕案：李鼎祚《周易集解》引盧氏語，謂〈剝〉「本乾卦」；而虞翻說：「此卦
　　　　　（〈剝〉）〈坤〉變〈乾〉也。」以此看來，〈剝〉上九爻應爲「乾卦」及「〈坤〉
　　　　　變〈乾〉」的指標。今觀虞翻解〈謙〉，稱「〈乾〉上九來之〈坤〉」，則所謂
　　　　　「〈乾〉上九」當指〈剝〉上九而言，即〈謙〉卦變自〈剝〉。

〔註154〕案：參見註 148 的說明。

〈恆〉，謂「〈乾〉初之〈坤〉四，剛柔皆應」〔註155〕，而《彖傳》言「剛上而柔下〔……〕剛柔皆應」；〈損〉，謂「〈泰〉初之上」〔註156〕，而《彖傳》載「其道上行」；〈益〉，謂「〈否〉上之初」〔註157〕，而《彖傳》稱「自上下下」等。

至於4～21項的卦變型式，或直接源自〈否〉、〈泰〉以外的「消息卦」，或輾轉由「十二消息卦」（〈夬〉、〈姤〉二卦除外）卦變出來的「別卦」所產生；也有不是從「消息卦」衍生出來，如〈比〉（卦變自〈師〉）、〈小畜〉（卦變自〈需〉）、〈小過〉（卦變自〈晉〉）、〈蒙〉（卦變自〈艮〉）、〈中孚〉、〈履〉（此二卦自〈訟〉產生）等。此外，虞氏以〈坎〉或卦變自〈觀〉，或來自〈乾〉二五之〈坤〉；〈離〉或卦變自〈遯〉，或來自〈坤〉二五之〈乾〉；〈大過〉或卦變自〈大壯〉，或來自〈兌〉；〈睽〉或卦變自〈大壯〉，或來自〈无妄〉；〈旅〉或卦變自〈否〉，或來自〈賁〉；〈豐〉或卦變自〈泰〉，或來自〈噬嗑〉；〈頤〉或卦變自〈晉〉，或來自〈臨〉；〈復〉或卦變自〈豫〉，或來自〈乾〉息。如此兼有二種卦變型態的共計八卦。又有互為「卦變」的說例，如解〈小畜〉，謂「與〈豫〉旁通；〈豫〉四之〈坤〉初為〈復〉」（頁 66）；解〈豫〉，謂「〈復〉初之四」（頁 96）。前者謂〈復〉卦變自〈豫〉，後者則謂〈豫〉卦變自〈復〉〔註158〕。可見其體例無統，模稜兩可。

觀其「卦變」內容，基本上是以「二爻變」（陰陽互動）為主體；至於「一爻變」，則僅〈履〉（〈訟〉初六變初九）、〈小畜〉（〈需〉上六變上九）二卦。此一現象，正說明其「卦變」說是建立在陰陽升降的基礎上，而此基礎正原生於《彖傳》的「剛柔互動」；然其以「別卦」生「別卦」，以及以〈乾〉、〈坤〉二卦（純卦）為〈坎〉、〈離〉及「十二消息卦」本源的「卦變」說，是建立在六十四卦的互動基礎上，是屬於「用《易》」的範疇，而非《易》卦生成變化的本質。此外，其說也有可議之處。例如，其解〈无妄〉「〈遯〉三之初」為「〈遯〉上之初」，此恐是為強合〈无妄·彖辭〉「剛自外來而主於內」一語

〔註155〕參見〔唐〕李鼎祚輯：《周易集解》，頁 163。
〔註156〕同前註，頁 199。
〔註157〕同前註，頁 204。
〔註158〕案：宋朱震於《漢上易傳·卦圖》述虞翻卦變，只說「自〈復〉來者一卦〈豫〉」（四庫本，卷上，葉 24），而不說「自〈豫〉來者亦一卦〈復〉」，恐疏於所見！

而枝生的謬誤。筆者以爲，所謂「剛自外來」，是指〈无妄〉外卦上九下行；「主於內」，是指反居內卦的初爻，而爲〈震〉主。這種變化的模式，並不必然是「陰陽互動」始能形成，亦可爲陰、陽的自體移動，此於前文「《彖傳》的爻變觀」一節中即已論及。又如〈睽〉，《彖傳》謂「柔進而上行，得中而應乎剛」；而虞翻解爲「〈大壯〉上之三」，既無「進」與「上行」之名，又無「得中」、「應剛」之實，完全違背《彖傳》的內涵。筆者以爲此當解爲〈睽〉下卦六三爻上行，越四爻成六五之柔中，而與九二之剛相應，才符合《彖傳》的意旨。

虞翻之後，宋儒如程頤、李挺之、朱震、朱熹等所說的「卦變」，亦循此模式，雖或有差異，而皆以乾坤升降所呈現的各種面貌，模糊了《易》卦的生成原理。例如，朱熹言卦變，有以就近二爻發論，如〈泰〉自〈歸妹〉來，〈否〉自〈漸〉來，〈訟〉自〈遯〉來，〈无妄〉自〈訟〉來，〈賁〉自〈損〉來，〈噬嗑〉自〈益〉來……等。甚至有卦變來自三卦，如〈隨〉卦變自〈困〉、〈噬嗑〉、〈未濟〉，〈蠱〉卦變自〈賁〉、〈井〉、〈既濟〉，〈睽〉卦變自〈離〉、〈中孚〉、〈家人〉等（以上見《周易本義》）；其中卦變來自〈未濟〉、〈既濟〉、〈家人〉，是採用二組「就近二爻」的型態，即四爻同時變化，這不僅較虞翻複雜，也愈來愈偏離《彖傳》的精神。

除了「卦變」外，「互體」、「納甲」與「旁通」說也是虞翻在爻變思維上的重要輔助內容。「互體」說雖非虞翻原創〔註159〕，卻是其詮釋卦象的重要概念。其論互體，非僅取三爻；如解〈蒙〉，謂「二至上有〈頤〉養象」〔註160〕，此互體（〈頤〉）取五爻；又如解〈小畜〉，謂「初至四體〈夬〉」〔註161〕，此互體（〈夬〉）取四爻。可見其「互體」說，有三爻、四爻、五爻等不同型態，且運用到初、上爻，而非止中爻（二～五爻）而已。此外，又有「半象」說，

〔註159〕案：京房謂〈大過〉「互體象乾」（二～四爻、三～五爻皆乾象）、〈中孚〉「互體見艮」（三～五爻爲艮象）、〈无妄〉「內互（二～四爻）見艮，止於純陽；外互（三～五爻）見巽，順於陽道」（以上見於《京氏易傳》卷上、卷中）；又如〈大畜・彖辭〉載「利涉大川，應乎天也」，唐李鼎祚《周易集解》引京房語：「謂二變五體〈坎〉（二～四爻），故利涉大川；五，天位，故曰『應乎天』」。宋王應麟《困學紀聞》卷一中引京房語，謂「二至四爲互體，三至五爲約象」（「約象」即京氏所說的「外互」）。由此看來，「互體」名稱，當始於京氏。

〔註160〕參見〔唐〕李鼎祚輯：《周易集解》，頁45。

〔註161〕同前註，頁66。

如解〈需〉，即謂「四之五，〈震〉象半見」〔註162〕。「納甲」之法，一般多以其始於京房的「積算法」〔註163〕；而其思維或肇端於對〈蠱〉卦辭「先甲三日，後甲三日」及〈巽〉九五爻辭「先庚三日，後庚三日」的進一步推衍，以及受到《呂氏春秋》（〈十二紀〉）、《淮南子》（〈天文訓〉）等律曆學說的啓發。至東漢魏伯陽《參同契》一書，對「納甲」的論述已較爲詳細〔註164〕，而虞翻以此說《易》。

　　至於「旁通」說，當是虞翻對京房八宮卦「飛伏」關係的進一步發揮，並時與「互體」、「納甲」、「卦變」並用，試圖探究存在於天地萬物之間的各種對待關係，以建立其蘊涵象數哲理的宇宙觀。例如，解〈蒙·九二〉，謂「應五據初，〔……〕震剛爲夫，伏巽爲婦」〔註165〕；「應五據初」或承自荀爽的「以陽據陰」，「震剛爲夫，伏巽爲婦」則兼用「互體」（二～四爻爲〈震〉）、「飛伏」（〈震〉與〈巽〉）的理論。又如解〈鼎〉卦辭「元吉，亨」，謂「〈大壯〉上之初，與〈屯〉旁通。天地交，柔進上行，得中應乾五剛，故『元吉，亨』也」。其過程如下圖所示：

〔註162〕同前註，頁48。案：五爻爲〈震〉體。
〔註163〕案：持此論者，諸如黃宗羲《易學象數論·納甲》、劉大鈞先生《納甲筮法》、尚秉和先生《周易古筮考》、呂紹綱先生主編《周易辭典》、張其成先生主編《易學大辭典》、余敦康先生〈漢代易學〉（收入《內聖外王的貫通——北宋易學的現代闡釋》一書中）……等。而所謂「積算法」，可以《京氏易傳·卷下》所載「分天地乾坤之象，益之以甲乙壬癸。〈震〉〈巽〉之象配庚辛，〈坎〉〈離〉之象配戊己，〈艮〉〈兌〉之象配丙丁。八卦分陰陽，六位五行，光明四通，變易立節」一段作註腳。
〔註164〕案：《參同契》載：「三日出爲爽，〈震〉庚受西方。八日〈兌〉受丁，上弦平如繩。十五〈乾〉體就，盛滿甲東方，蟾蜍與兔魄，日月氣雙明。蟾蜍視卦節，兔者吐生光。七八道已訖，屈折低下降。十六轉就統，〈巽〉辛見平明。〈艮〉直于丙南，下弦二十三。〈坤〉乙三十日，東北喪其朋。節盡相禪與，繼體復生龍。壬癸配甲乙，乾坤括始終。」
〔註165〕參見〔唐〕李鼎祚輯：《周易集解》，頁45。

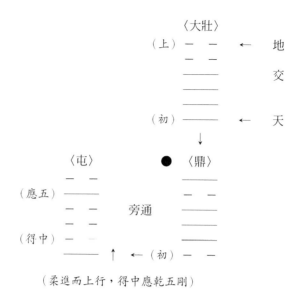

（柔進而上行，得中應乾五剛）

觀其詮釋此卦，基本上是以〈鼎〉初六爻（柔）與〈屯〉初九爻旁通後，上行至二爻得中，而上應於九五爻（剛）；即以「卦變」（〈鼎〉）與「旁通」（〈屯〉）並論，以成就陰陽對待的多元功能。

又如〈革〉卦辭「己日乃孚」，虞翻解釋說：「〈遯〉上之初，與〈蒙〉旁通。〔……〕四失正，動得位，故悔亡。離爲日。孚謂坎。四動體〈離〉，五在〈坎〉中，故己日乃孚，以成〈既濟〉。」〔註166〕其過程如下圖所示：

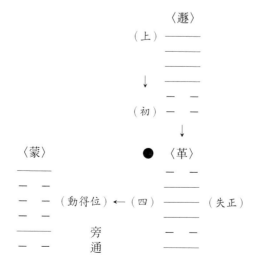

〔註166〕同前註，頁240。

依其意，所謂「四動體離」，當指〈革〉四爻在變動得位後（由旁通而來），
與三、五爻成互體（〈離〉）之勢；「五在坎中」，則謂五爻與四（得位）、上二
爻成爲〈坎〉體。故緊接著說「己（〈離〉納己）日乃孚，以成〈既濟〉」。然
〈革〉下體本離，與變化後的坎體（上卦）亦成〈既濟〉，如此一來，豈不造
成詮釋上的相互矛盾？筆者以爲，前者當是根據「變化」的本質內涵而立說，
後者則是站在整體卦象（上坎下離）的角度來判斷，但無論如何，二者基本
上皆以「四」爻變化爲成就〈既濟〉的關鍵。這種由陰陽失正、動而得位而
終能轉危爲安的思維，除了導源於《象傳》所載的「剛柔正而位當」（〈既濟〉）
外，在某種程度上，當受到荀爽「動而得正」，故「利貞」、「无咎」〔註167〕
概念的影響。

又其解〈大畜〉「利貞」，謂：「〈大壯〉四之上，其德剛上也。與〈萃〉
旁通。二五失位，故利貞。此〈萃〉五之〈復〉二，成〈臨〉。臨者，大也，
至上。有頤養之象，故名〈大畜〉也。」〔註168〕其過程如下圖所示：

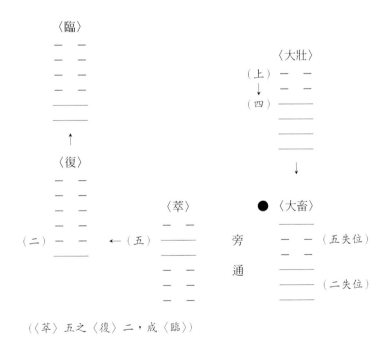

（〈萃〉五之〈復〉二，成〈臨〉）

〔註167〕同前註，頁101。

〔註168〕同前註，頁137。案：《周易集解》引虞翻語作「〈大壯〉初之上」，今正，請
　　　　參見註149。

如同對〈革〉的詮解，〈大畜〉二、五爻本失位，然與〈萃〉旁通後，各得其正，故能「利貞」；這種模式運用在虞翻對卦象的詮解上，是很常見的。至於以二卦（〈萃〉、〈復〉）的爻位互動（五、二）而成就新卦（〈臨〉）的觀點，當是虞翻所創發。雖然如此，其以「〈乾〉為積善」、「〈坤〉積不善」為「積善之家」、「積不善之家」立論〔註169〕，恐拋不開「扶陽抑陰」的封建迷思。

　　從以上所舉的例子看來，虞翻在解卦上，運用到「飛伏」、「卦變」、「互體」、「納甲」、「旁通」、「升降」，甚至是「異卦互動」等方式，可見其詮釋角度已有別於京、荀二人，而更趨於複雜、多元。雖然如此，三人的「爻變」思想皆肇端於乾坤、陰陽的相互推移、摩盪，是屬於剛柔、動靜的質性應用，其意旨則在使陰陽各得其正，以成就天地變化的最終完善，此即曹元弼所說的「漢儒說《易》，一義貫通全經，各有師法，殊途同歸。蓋其說異，而所以為說者不異，皆本夫子〈既濟〉傳之旨也」〔註170〕。筆者以為，《周易》六十四卦，其「生成原理」與「用的哲學」是二種不同的思維模式，故吾人若視京、荀、虞的爻變思想是一種「用」《易》的概念，則長久以來的「門戶之見」，或可稍減！

〔註169〕同前註，頁33。

〔註170〕參見〔清〕曹元弼：《復禮堂文集》，冊一，卷二，頁81～82。

第三章　《周易》爻位變化的基本原理

　　筆者以爲，天地間萬事萬物的各種變化與發展，固然會隨著外在環境及自身條件而呈現出複雜、多元的面貌，但無論如何，總是有跡可尋，並且離不開「型式」與「內容」二者所指涉的範疇；對《周易》六爻的變化來說，也是如此。至於型式、內容的判定與理解，則繫於詮釋者對事物發展過程所作的觀察與分析。也就是說，詮釋者所切入的角度不同，則事物發展變化的型式即不同，其陳述的內容也會隨之改變；這也是爲何歷來學者在面對同樣的命題或研究對象時，卻仍然有許多不同見解與發揮空間的主要原因。四庫館臣於《四庫全書總目·周易集注》提要中所說的「《易》道淵深，包羅眾義，隨得一隙而入，皆能宛轉關通，有所闡發」〔註1〕，即是對此理念的強調；而這也反映出《周易》所具有的宏觀性與包容性，能讓歷來治《易》學者藉以闡發個人的思想、觀念，甚至建立其哲學體系，這可從前一章對《周易》爻變思想的發展歷程所作的逐層分析及論述而獲得印證。

　　有鑑於此，在《周易》「爻位變化」這個命題上，除了運用陰陽變化與剛柔相推的方式予以詮解外，本章欲從時間的推移與空間的轉換，以及爻辭之間的聯繫發展與互動關係著手；並以《周易》經文（爻辭）爲主軸，兼採部分傳文（如《象傳》、《繫辭傳》等），透過分析、歸納的梳理過程，以及運用推演、類比等方法，將《周易》「爻位變化」所蘊涵的「規律性」、「統合性」、「結構性」等三種基本原理、向度，具體地呈現出來，以爲治《易》同好參考。

〔註1〕參見〔清〕紀昀等編：《欽定四庫全書總目》，經部·易類五，頁47。

第一節　爻位變化的規律性

　　《繫辭下傳》載：「天地之道，貞觀者也；日月之道，貞明者也；天下之動，貞夫一者也。」〔註2〕所謂「觀」，不僅是「觀物」，也是「自觀」〔註3〕；所謂「明」，非止「明物」，亦能「自明」〔註4〕。天地的一切變化與日月的消息盈虛，盡在聖人仰觀俯察的「觀照」過程中呈顯。因此，所謂「天下之動」，可說是對天地、日月變化的統稱，也是對《周易》六十四卦三百八十四爻（另有〈乾〉用九、〈坤〉用六）內在意涵的詮釋，故《繫辭下傳》謂：「道有變動，故曰爻。」又說：「爻也者，效天下之動者也。」〔註5〕這種效法天地之道的變化內涵，雖是浩瀚龐雜，然亦循著乾坤動、兩儀分、天地成、萬物生的過程演化，而不失其序；即以「乾元」、「坤元」為萬物「資始」、「資生」的憑藉，這就是「貞夫一」的真諦，也是《繫辭上傳》所載「天下之至動而不可亂」一語的本質內涵。此外，《易緯・乾鑿度》言「八卦之變，象感在人」〔註6〕；《繫辭上傳》謂「立象以盡意，設卦以盡情偽」、「六爻之動，三極之道」。可見爻位變化與自然、人事一樣，具有共同的規律性。因此，本節乃以「上下一體」、「內外成章」及「輾轉相承」等三個命題為主軸，就爻辭的內容加以分析、歸納，以印證此觀點。茲分述如下。

壹、上下一體

　　《易》卦六爻的排列，由初、二、三、四、五、上等依序完成，此為基本認知。這種由低而高、由小至大、從近而遠、自微至顯的漸次發展，即

〔註2〕參見〔魏〕王弼注，〔唐〕孔穎達疏，〔清〕阮元校勘：《周易正義》，《十三經注疏》，卷八，頁296。

〔註3〕案：〈觀・九五〉爻辭載「觀我生」，所謂「生」，非僅指「民」而已，而是囊括天地萬物；在觀物（民）的過程中，君子也能自我反觀，以求所施所為能合乎天地正道。

〔註4〕案：《尚書・周書・泰誓》載：「日月之照臨，光于四方，顯于西土。」《毛詩・國風・邶風・日月》謂「日居月諸，照臨下土」；《禮記・中庸》載「四時之錯行，如日月之代明」；《孟子・盡心上》言「日月有明，容光必照焉」；此皆闡釋「日月」能照臨下土的功能。而《左傳・宣公十二年》所載「日月之食焉，何損於明」一語，則凸顯日月「明者自明」的本質。

〔註5〕參見〔魏〕王弼注，〔唐〕孔穎達疏，〔清〕阮元校勘：《周易正義》，《十三經注疏》，卷八，頁303。

〔註6〕參見〔日〕安居香山、中村璋八輯：《緯書集成》，頁7。

《易緯・乾鑿度》所載「天地之氣，必有終始；六位之設，皆由下上」〔註7〕的眞正意涵，此正標識著天地萬物的各種變化，有其不可紊亂的自然規律，簡單地說，就是「變而不失其序」。在《周易》六十四卦中，其爻辭內容由下而上緊密聯繫者，如〈乾〉、〈師〉、〈同人〉、〈小畜〉、〈謙〉、〈豫〉、〈隨〉、〈蠱〉、〈臨〉、〈觀〉、〈賁〉、〈復〉、〈剝〉、〈咸〉、〈遯〉、〈大有〉、〈益〉、〈萃〉、〈升〉、〈豐〉、〈旅〉、〈巽〉、〈家人〉、〈困〉、〈井〉、〈革〉、〈艮〉、〈節〉、〈小過〉等皆是，這種六爻內容前後相繫、渾然一體的現象，可說是理（爻辭）、數（六爻）的進一步結合，當可視爲爻位變化的一種形式規律。茲舉數例，說明如下：

〈乾〉：

初九——潛龍勿用。

九二——見龍在田。

九三——夕惕若，厲。

九四——或躍在淵。

九五——飛龍在天。

上九——亢龍有悔。

〈乾〉六爻內容，由下而上，歷「潛」、「見」、「惕」、「躍」、「飛」的正向發展過程，而至「亢」的逆向轉化階段，這是一種由量變（初至五爻）到質變（上爻）的連續性循環系統，也是事物發展、變化的完整歷程。以人事來說，亦經由韜光養晦、潛心修德的養成階段，繼以戒懼謹愼、伺機而動的奮鬥歲月，而至治事有功、飛黃騰達的黃金時期；這就是所謂「成功者」的心路歷程；但凡事「物極必反」、「盛極而衰」，因此要懂得「適可而止」、「知所進退」，否則不免走向悔恨的地步。

〈師〉：

初六——師出以律，否臧，凶。

九二——在師中，吉，无咎，王三錫命。

六三——師或輿尸，凶。

六四——師左次，无咎。

六五——田有禽，利執言，无咎。長子帥師，弟子輿尸，貞凶。

〔註 7〕案：其下注：「氣從下生也。」「下上」二字，原文作「上下」，此據張惠言之說逕改。

上六──大君有命，開國承家，小人勿用。

〈師〉六爻內容皆圍繞在「征戰」這個主題上。初六「師出以律」，闡明軍律是征戰前所必須具備的先決條件，也是鞏固軍心、維繫生命的基本憑藉；九二「王三錫命」，前置作業（軍律）完成後的征戰宣言；六三「師或輿尸」，兩軍相遇，既戰，則傷亡在所難免；六四「師左次」，征戰之際，必有進退，進則攻，退則守，然將士用命，耗力甚多，必有蓄養，始能成事，故須擇時而宿，擇處而息，以待敵軍；六五「田有禽」，養精蓄銳後的再次征戰，果然獲致勝功，然不可因此輕敵、戀戰，而為敵軍所乘，以致載尸而歸；上六「開國承家」，在征戰獲勝後，君王論功行賞，封諸侯，立都邑，並對害事無成的人，不再任用，以呈顯君王的不凡氣度及過人智慧。這種由下而上，循著「征戰」主軸逐次發展的變化過程，在數與理的聯繫上，可說是彼此密合，一氣呵成。

〈同人〉：

初九──同人于門。

六二──同人于宗。

九三──伏戎于莽，升其高陵，三歲不興。

九四──乘其墉，弗克，攻，吉。

九五──同人先號咷而後笑，大師克相遇。

上九──同人于郊。

「同人」，意謂著彼此能相互合作、共同發展，是一種「榮辱與共」的依存關係。初九「同人于門」，闡釋步出家門與人合同，這是「同人」過程的發端，其時人數尚少；六二「同人于宗」，隨著人際關係的培養與建立，合同的對象也逐漸擴大至「宗族」，此時人數已具規模，活動範圍日趨擴大；六三「伏戎于莽，升其高陵，三歲不興」，所謂「樹大招風」，鄰敵見同人者日眾，必有所備，故同人雖伏兵於叢莽之中，並不時登高以察敵情，但由於未能有效掌握敵營虛實，致久久不敢出兵攻敵；六四「乘其墉，弗克，攻，吉」，同人見時機成熟，於是登城攻敵，雖初期遭敵人頑強抵抗，未能即時攻下，然同人前仆後繼，持續進攻，終有所成；九五「先號咷而後笑」，這是敘述大勢底定前、後，同人所呈顯的情緒反應；上九「同人于郊」，經過此次戰役後，合同的對象更為穩固，同人的範圍也更加擴大，這莫非就是所謂的「大難不死，必有後福」？由此看來，〈同人〉的變化模式是循著由親而疏、由寡而眾、由

內而外漸次發展，其彼此聯繫的程度，有如一部緊湊的迷你「奮鬥史」！

〈困〉：

初六——臀困于株木。

九二——困于酒食。

六三——困于石。

九四——困于金車。

九五——困于赤紱。

上六——困于葛藟。

〈困〉六爻內容，由下而上，皆以「困」字立論，而以「食、衣、住、行」爲內涵。初六「困于株木」（行），九二「困于酒食」（食），六三「困于石」（住），九四「困于金車」（行），九五「困于赤紱」（衣），上六「困于葛藟」（行），這是敍述人的一生當中，在「食」、「衣」、「住」、「行」四大方面可能遭遇到的各種困境，其一致性，不言可喻。然「困境」是如何形成的呢？對生命個體——「人」來說，「困境」的型式可分自然形成與人爲造就二種。前者多源自於洪水、大火、地震等人力不可抗拒的天然災害；後者則多肇端於個人的剛愎自用、進退無方、不知反躬自省、不明利害得失等，並缺乏正向的群體互動。雖然如此，「自然困境」既非人力所能掌控，而「人爲困境」卻可因個人努力而獲得排解。因此，「困境」的本質內涵當以「人爲」立論，而要改變這種人爲的困境，必須從「修身」、「修德」作起，始能達到「治本」的目標，這就是〈困〉所要表達的概念；此又可從本卦六爻之數「行」居其三的現象看出端倪。總之，〈困〉爻辭內容正是在突破困境的反思下，用以揭示道德實踐的重要性，其積極鼓舞人生的用心，顯露無遺！

〈艮〉：

初六——艮其趾。

六二——艮其腓。

九三——艮其限。

六四——艮其身。

六五——艮其輔。

上九——敦艮。

此卦從初爻至五爻，皆以人身立論；唯獨上爻，似乎偏離人身主體，與上述五爻內容迥異。然而進一步探究，則不難發現上爻與前五爻之間仍是聯

繫的整體。首先由前五爻說起，「趾」、「腓」（腿）、「限」（腰）、「身」（上體）、「輔」（面頰）等五個部位，各自代表生命成長的一個階段，由下而上、由低而高，循序漸進，最後構建了完整的「生命體」，其彼此緊密聯繫的關係自不待言；而從〈艮〉所蘊涵的「止」義來看，所謂「艮其趾」、「艮其腓」、「艮其限」、「艮其身」、「艮其輔」，無異是作為規勸言行之用，也就是說，這五個人身部位的背後，亦各自代表著不同的「訓戒」過程。至於上九「敦艮」的「敦」字，《周易正義》詮釋為「厚」，而所謂的「厚」，正是一種積累的過程，故「敦艮」可說是這種「訓戒過程」（前五爻）的積累成果，也是對〈艮〉內涵所作的總結性論斷。

總之，此以人身作為取譬的訓戒方式，具有較為直接而深刻的特性，尤其是在眾多詮釋事物發展階段的模式中，其功能性更為明顯，這可說是《繫辭傳》「近取諸身」的思想本源與最佳寫照。

〈小過〉：

初六——飛鳥以凶。

六二——過其祖，遇其妣。

九三——弗過，防之；從或戕之，凶。

九四——弗過，遇之。往厲，必戒。

六五——密雲不雨，自我西郊；公弋，取彼在穴。

上六——弗遇，過之，飛鳥離之。

本卦六爻由下而上，內容顯然皆與「飛鳥」有關，而以「過」、「遇」立論；「過」有「錯失良機」的意涵，「遇」則能「掌握時機」，二者雖是相對的概念，但是其主旨無非都在強調「與時偕行」的重要性，可見其過程的整體性是非常強烈而鮮明。對「飛鳥」而言，從初爻發跡，在「飛」的過程中，難免會受到不良氣候的影響，或面臨覬覦者的襲擊，而導致行程延誤，甚至喪命；但是若能時時注意周遭變化，謹慎以對，亦能全身而退；這就是接下來二爻到上爻的一連串遭遇。二爻是飛行方向的擬定與確立；三、四爻代表飛行過程中所作的防範措施；五爻則是在飛行過程中所面臨的人為攻擊；上爻則由於事前已有警戒，故能逃過此劫而安然離開。整個發展過程形同一齣「飛鳥歷險記」，讓人有身歷其境的感覺！

綜上所舉，無論是從物象發跡，或藉人身取譬，或以事理立論，皆呈顯《易》卦六爻在變化過程中所具有的緊密聯繫特性；而這種緊密關係是可以

從六爻數序與理象內涵的結合而獲得印證，即如《四庫全書總目·易類序》所載：「盈虛消息，理之自然也。理不可見，聖人即數以觀之，而因立象以著之。」〔註8〕藉由這種證成過程，吾人對於天地間萬事萬物的變化模式與內涵，將更爲清晰，並能予以確切掌握及運用。例如，《周易》六十四卦，若依科學的代數原理，其六爻變化模式當如下：

$$(a+b)^6 = a^6 + 6a^5b + 15a^4b^2 + 20a^3b^3 + 15a^2b^4 + 6ab^5 + b^6$$

（a→陽爻，b→陰爻；小數字代表爻數，大數字代表卦數）

即六爻的陰陽組合必成六十四卦，但是這種組合模式並不等同於《易》卦的「生成」原理（即太極演化系統），而且也沒有次序可言；這站在古代禮制社會的角度來看，並不符合人文的發展需求，其功能性顯然不足。因此，《序卦》作者根據對天地萬物的直觀經驗與對卦義的理性分析及反復的證成，逐漸將六十四卦之間的關係（指〈乾〉、〈坤〉到〈既濟〉、〈未濟〉的原始「卦序」）作了有機的聯繫，而形成一套完整的事物變化發展體系，這不僅符合聖人勸民修德的信念，更有益於人文社會的正向發展。

貳、內外成章

所謂「內外成章」，是指卦的上、下體各自成一階段終始。這種模式的特點在於跳脫單一整體思維，而以較具開闊性的觀點切入；即事物發展的主體性可以用不同層次的角度來加以析分，而不必局限於既有「直貫」式的思考模式，就如同前文「《象傳》的爻變觀」一節中所傳達「上、下卦體互動」的訊息，天地萬物變化的多元性，是可以透過後天的人文詮釋與分析而獲得進一步的認識。在《周易》六十四卦中，具有「內外成章」特性者，如〈蒙〉、〈比〉、〈泰〉、〈歸妹〉、〈漸〉、〈大過〉、〈大壯〉、〈睽〉、〈損〉等皆是，此亦爲「爻位變化」的形式規律之一。茲舉數例，以供參考。

〈蒙〉：

初六——發蒙，利用刑人，用說桎梏，以往吝。

九二——包蒙，吉。納婦，吉。子克家。

六三——勿用取女；見金夫，不有躬，无攸利。

六四——困蒙，吝。

六五——童蒙，吉。

〔註8〕參見〔清〕紀昀等編：《欽定四庫全總目》，卷六，經部·易類六，頁72。

上九──擊蒙，不利爲寇，利禦寇。

所謂「蒙」〔註9〕，可以是「蒙受」，也可以是「啓蒙」，其義有負面，亦有正面，端看事件本質及其發展脈絡來決定。例如，以「蒙受」來說，蒙受不白之冤──負面，蒙受他人恩澤──正面；以「啓蒙」而言，心存惡念的啓蒙──負面，心存善念的啓蒙──正面。〈蒙〉初爻「發蒙」，代表入獄服刑的人即將獲得釋放，可說是一件好事，但由於過去與世隔離，對於現實社會的動向，無法即時掌握，尤其是個人在身、心方面，亦須重新調整，不宜就此貿然行事，以免重蹈覆轍；二爻「包蒙」，家人爲了要讓剛出獄的兒子能早日回復正常生活，於是用迎親納媳的方式來「沖喜」，並寄望其能興旺家門；三爻「勿用取女」，雖然家人出於一片好意，用心良苦，但是卻忽略當事人的身心狀況與意願，故此婚姻不是無法長久，就是不能成功。以上從初爻至三爻，可說是對「刑返者與家人之間在婚姻觀上相互矛盾心態」的一種刻劃。

至於四爻、五爻、上爻，則可以「事業發展」這個命題來看待。四爻「困蒙」，即遭遇困難，這是創業過程中的普遍現象；五爻「童蒙」，一般皆以「童蒙之年」解釋，然筆者以爲，「童」字在此與「蒙」連用，基本上是古代對「惑者」的一種泛稱，這可從卦辭「初筮告，再三瀆，瀆則不告」的用語窺知，

〔註9〕 案：「蒙」字，《說文・艸部》謂「王女也」；《爾雅・釋草》也說：「蒙，王女。」注：「蒙即唐也，女蘿別名。」郝懿行《爾雅義疏》引錢大昕語：「女蘿之大者名王女，猶王彗、王蒭也。」則「蒙」的本義爲「王女」（草名）。此外，《說文・冖部》載「冡，覆也」，段玉裁注：「凡蒙覆、僮蒙之字，今字皆作『蒙』；依古當作『冡』。『蒙』行而『冡』廢矣。」「蒙」、「冡」二字同音，故古人多假借「蒙」爲「冡」。今觀《序卦傳》所謂「蒙者，蒙也，物之穉也」（穉：稚也），以及《爾雅・釋言》釋「蒙」爲「奄也」，注：「奄，奄覆也。」皆見《詩》等，也應視爲「假借」義；而筆者於此所說的「蒙受」、「啓蒙」（蒙：暗昧、蒙蔽），則是以「假借」義作引申。至於黃玉順先生在所撰《易經古歌考釋》（成都：巴蜀書社，1995年）一書中，稱卦名「蒙」字是用其本義（即「女蘿」，頁25），而說占（卦）辭的「蒙」字是作《易》者的引申發揮（即「蒙昧」，頁28），又指「蒙爲詩題，摘自歌辭」（歌辭中的「蒙」字亦用本義，頁28），但歌辭（發蒙、包蒙、困蒙、擊蒙）中獨排「童蒙」（六五爻）。若此，則「卦爻辭」與「卦名」之間的聯繫關係，如何詮解呢？黃氏既言「蒙」爲「詩題」（即「卦名」，晚出），摘自「歌辭」（即「爻辭」，早有），則二者在指涉上自有其一致性（「卦名」是對「卦爻辭」分析、歸納的結果，如同「詩眼」，此可參照其它《易》卦）；然而獨將卦爻辭「童蒙」中的「蒙」字排除在「本義」之外的作法，或有「選擇性詮釋」的疑慮！儘管如此，以「詩歌」型態詮解《易》卦的創意，仍具參考價值。

即人在面對困難時，有自身可加以克服的，但也有能力未逮的，能力未逮時則須尋求別人的協助，以獲得解決；上爻「擊蒙」，即代表從別人身上獲致解決方法，而能順利除去創業過程中所遭遇到的疑難、困惑，但是不能因此就放縱自己、恣意妄爲、肆無忌憚，而應採取步步爲營的謹慎態度，以應付未來挑戰。

　　由此看來，〈蒙〉上、下二體，正各自代表「事業」及「婚姻」；雖然二者是人生發展的一連串過程，但彼此亦可從「屬性」的角度分別看待，其完整性並不會因此遭到破壞。

　　〈漸〉：

　　初六──鴻漸于干，小子厲，有言，无咎。

　　六二──鴻漸于磐，飲食衎衎，吉。

　　九三──鴻漸于陸，夫征不復，婦孕不育，凶。利禦寇。

　　六四──鴻漸于木，或得其桷，无咎。

　　九五──鴻漸于陵，婦三歲不孕，終莫之勝，吉。

　　上九──鴻漸于陸，其羽可用爲儀，吉。

　　歷來治《易》學者多解〈漸〉上九爻「鴻漸于陸」的「陸」爲「逵」（大陵），此無非欲藉以成就卦體「由下而上」、「由低而高」的連續發展過程，然而這樣的解釋恐有待商榷！筆者以爲，南移、北回是候鳥（鴻雁）的習性，具有整體性，然從其往返的過程中，則呈現二種不同的面貌；「南移」時重於覓食，北移時旨在返歸。故卦體初爻至三爻，由「低」而「高」，分別以「干」（水涯岸邊）、「磐」（水上磐石）、「陸」（高平之地）來描述鴻雁覓食的南移過程；卦體四爻至上爻，由「高」而「低」，分別以「木」（高林）、「陵」（小丘）、「陸」（高平之地）來描寫鴻雁返家的北回歷程。而從爻辭的內容來看，下卦多與水有關，這是因爲南方多沼澤，擁有豐富魚蝦，可供鴻鳥覓食、過多，但也由於這時期的鴻鳥勤於覓食，其警戒性較弱，且飽食之後，往往不能高舉，易爲獵人所覬覦而遭到捕捉、射殺，故整個覓食過程無不強調「防護措施」的重要性；上卦爻辭則多涉林丘，這是由於北方少水澤、多丘陵，而時寒冬已過，於是鴻雁乃高舉其羽而向北回，且由於鴻雁經過南移覓食階段，其羽翰可謂高潔無瑕，可作爲吉士、淑女的婚娶儀文，故整個返歸過程無不凸顯「事竟功成」的喜悅。

　　總之，〈漸〉內、外二體雖是描寫鴻雁南移北回的漸次發展過程，具有

整體性；然而從其動機與行徑來說，二者是可以加以區分的；即在發展變化過程中，各自形成了獨特的屬性（覓食、返歸）與風格（由低而高、由高而低）。

〈比〉：

初六──有孚，比之，无咎。有孚盈缶，終來有它，吉。

六二──比之自內，貞吉。

六三──比之匪人。

六四──外比之，貞吉。

九五──顯比。王用三驅，失前禽，邑人不誡，吉。

上六──比之无首，凶。

「比」雖有「親附」的意涵，但其層次、範圍有別。〈比〉上、下二體即說明「親附」層次、範圍不同，其所呈現的結果也會不同。卦體初爻至三爻，主要是談論內在的修養；四爻至上爻，則是著重於外在的表現。二者之間雖息息相關，但由於彼此關注的焦點不同，因此可以分別來看。

初爻「有孚比之」，「有孚」代表順從者，能得到順從者的親附，本是件好事，但由於「順從」的真正動機不明，故此時仍應抱持謹慎態度；二爻「比之自內」，如何對「順從」的動機加以判別呢？宜從審視自己作起，即反躬自省，若自身修德有成，當可確定順從者是誠心悅服，故為可喜之事；三爻「比之匪人」，若經過反思，認為自己尚無足德以顯，而順從者依就來附，則其必為「佞人」可知，此雖不利，然亦可作為日後行事的借鏡。

四爻「外比之」，這是親附範圍的擴大，也是發展面向的一種轉化，其特徵即是在事功上的表現，如士、大夫、卿、諸侯的親附，甚至是外邦的相繼來服；五爻「顯比」，臣民的親附若是出於誠心，則君王必能相對以待，廣被其澤，故以「三驅」（田獵）之道取譬，說明所轄邑民與君王的彼此信任；上爻「比之無首」，但是如果臣民的親附、甚至異族的來服，是出於心懷不軌，則這種「信任」關係便會遭到破壞，居心叵測的人也將因此惹來殺身之禍。

自古以來，親附者有善有不善，其間得失，端看自身的取捨與價值判斷，這也是事物發展變化過程中的普遍現象。由此看來，〈比〉所要傳達的是一種「和諧」的概念，而這種概念是透過下卦的「內在修養」（親附範圍較小）與上卦的「外在表現」（親附範圍較大）來呈顯；雖然如此，「比之匪人」可為

借鏡之資，而「比之无首」卻無可取之處，此當是個人與國家在衡量得失與價值判斷上的最大差異。

〈大過〉：

初六——藉用白茅，无咎。

九二——枯楊生稊，老夫得其女妻，无不利。

九三——棟橈，凶。

九四——棟隆，吉。有它吝。

九五——枯楊生華，老婦得其士夫，无咎无譽。

上六——過涉滅頂，凶。无咎。

首先要予以澄清的是，本卦爻辭「棟橈」、「棟隆」中的「棟」字，歷來治《易》學者多釋為「棟宇」；惟郝仲輿以「橋梁」解，清黃宗炎亦贊同其說法，並謂「澤中之木，橋也，非屋也」〔註10〕。筆者以為，「棟」字，當如郝、黃二氏所解，此亦可從上六爻「過涉滅頂」一語加以證成，而此「棟」字亦為〈大過〉所立論的物象主體。至於爻辭中的「枯楊生稊」、「枯楊生華」，或為當時俚語，其性質猶如今日所說的「鐵樹開花」、「梅開二度」、「老蚌生珠」、「老來得子」，具有戲謔效果。

因此，就整個卦體來說，初爻「藉用白茅」（白茅為祭儀之物）、四爻「棟隆」（隆：慎重），皆表示敬慎態度；二爻「枯楊生稊」、五爻「枯楊生華」，皆比喻年齡差距；三爻「棟橈」（橈：曲折而弱）、上爻「過涉滅頂」，皆代表橋樑崩壞。由此看來，〈大過〉上、下體各自以「敬慎態度」、「年齡差距」、「橋樑崩壞」而形成一個完整系統。這種系統若以物質生命概念來詮釋，可說是一種由「盛」而「衰」的直貫發展變化模式，而其主旨則在說明凡事不僅要慎始，也要慎中、慎終，即闡述「慎」的重要性。

從以上所舉的例子可以看出，「內外成章」的爻變形式是以微觀的角度對卦體上、下內容，諸如所持動機、側重方向、事件特性及運用範圍等，進行分析、比對，而以宏觀的整體思維作為立論的依據，以求其變化的規律、原則；也就是說，卦體六爻的發展變化，並不必然循著彼此緊密聯繫的單一模式進行，其運動的軌跡也可以是上、下體的「雙向發展」。透過這種不同角度析解而形成的「雙向發展」概念，吾人對於天地萬事萬物可能存在的演變模式及發展過程，將能更進一步予以掌握，並加以運用；而其重要性與功能性

〔註10〕〔清〕黃宗炎：《周易象辭》，卷九，葉15。

也會隨著社會型態的瞬息萬變而大幅提升。

參、輾轉相承

　　爻位變化的形式規律，除了「上下一體」及「內外成章」外，尚有「輾轉相承」。所謂「輾轉相承」，指的是爻辭內容並非循著彼此緊密聯繫的直貫方式發展，或依上、下體自成一階段終始模式進行，而是在事物發展的過程中，其主體性雖然不變，但因中間過程曲折，致使整個發展脈絡、結構產生變化，呈現如文章寫作所運用的「起承轉合」。這種變化模式的特點，在於首、尾的爻辭內容有前、後呼應的效果，使得事物的整體發展不會因中途轉折而趨於複雜，甚至混沌不明。在《周易》六十四中，爻辭內容之間形成「輾轉相承」者，如〈明夷〉、〈噬嗑〉、〈恆〉、〈姤〉、〈蹇〉、〈既濟〉等皆是。茲略舉數例，說明如下。

　　　　〈明夷〉：

　　　　初九──明夷于飛，垂其翼〔註11〕。君子于行，三日不食。

　　　　六二──明夷，夷于左股，用拯馬壯，吉。

　　　　九三──明夷于南狩，得其大首。不可疾貞。

　　　　六四──入于左腹，獲明夷之心，于出門庭。

　　　　六五──箕子之明夷，利貞。

　　　　上六──不明晦。初登于天，後入于地。

　　「明」、「夷」二字，是明與暗的對比，也是正面與負面的對峙；而從爻辭內容來看，〈明夷〉的六爻變化，直以「明」、「晦」二字貫穿。例如，初爻「明夷于飛」是明，「垂其翼」是晦；二爻「夷于左股」是晦，「用拯馬壯」是明；三爻「明夷于南狩」是明，「得其大首」亦是明；四爻「入于左腹」是晦，「獲明夷之心」是明；五爻「箕子之明夷」，是明、晦相參〔註12〕；上爻「初登于天」是明，「後入于地」是晦。

　　由此看來，此卦二爻至五爻，旨在描述疆場戰役的艱苦歷程，有失有得，有喜有悲，其間變化，涉及生理、心理等不同層面，可說是多面向的發展。至於初爻與上爻，無論是以「鳥」的飛、落來詮釋，或以「日」的昇、降來

〔註11〕案：帛書作「垂其左翼」。觀其整體辭構，則「明夷于飛，垂其左翼。君子于行，三日不食。」或為當時詩諺。

〔註12〕案：此可從二方面來說：一是生命，二是人格。前者為箕子遭紂王迫害，危及生命，故晦；後者則呈顯箕子的忠貞不二，故明。

看待，皆呈顯其先「明」後「晦」的發展變化模式，而且彼此緊密聯繫，相互呼應，這與其餘四爻的曲折變化相比較，其在主體架構內涵的脈絡發展上，顯然更爲簡明、清晰。

〈噬嗑〉：

初九──屨校滅趾，无咎。

六二──噬膚滅鼻，无咎。

六三──噬腊肉，遇毒，小吝，无咎。

九四──噬乾胏，得金矢。利艱貞，吉。

六五──噬乾肉，得黃金。貞厲，无咎。

上九──何校滅耳，凶。

卦體初爻「屨校滅趾」、上爻「何校滅耳」，旨在描述身體受到「刑具」的限制、禁錮，但「滅趾」僅是行動上受到約束而已，雖對人際互動（獄中的人）會造成負面影響，然涵蓋層面當不致太大；「滅耳」則是聽覺受到禁錮，內外溝通管道受阻，消息不得進聞，有如「與世隔絕」，其嚴重性及影響層次，實遠勝於前者。二爻「噬膚」、三爻「噬腊肉」、四爻「噬乾胏」、五爻「噬乾肉」，則說明「利害得失」全繫於身體對「食物」的需求，即「役於物」之後的各種可能結果。

因此，以六爻的發展脈絡來說，其整體性固然不可隨意分割，但從爻辭內容所關注的角度有所不同切入，卻可以作如下的理解：初爻是「起」，事物發展的開端；二至五爻是「轉」，事物發展的曲折過程；上爻則是「合」，事物發展的最後顯象。這種前、後輾轉相承的發展模式，不僅不會破壞卦體內涵的完整性，更能收到曲折變化的「戲劇」效果。

對初爻、上爻而言，被「刑具」所制、所害，可能肇端於過去在社會上的違法亂紀；對三至五爻來說，爲「食物」所害、所利，則可能取決於眼前獄中的貪婪行爲或一時的僥倖。由此看來，〈噬嗑〉爻辭內容是以「身」、「物」爲主體，而所蘊涵的思維則是：凡事要謹愼而行，不可急功近利，以免因「物」害「身」。

〈恆〉：

初六──浚恆，貞凶，无攸利。

九二──悔亡。

九三──不恆其德，或承之羞，貞吝。

九四──田无禽。

六五──恆其德。貞，婦人吉，夫子凶。

上六──振恆，凶。

「恆」有「常」義，但「常」並非不變；不變的「常」是一種「執念」，此念既生，則凡事往往不能順暢、通達，何能長久？故「常」不拘於形制，而是貴知變。能知變者，其待人處事圓融而多元，沒有專斷、遲滯的弊病，因此能立足天地而不傷，至於久長，這就是〈恆〉的意涵；此亦可從六爻占辭（吉、凶、无攸利、悔亡、貞吝）所呈顯的多變性看出端倪。儘管如此，六爻內容的發展變化亦有跡可尋。

卦體初爻「浚恆」，「浚」有鑿深、疏通涵義，無論是河渠的疏浚，或人際關係的鑿通，其原始意念本善，但若不能謀定而後「動」，掌握正確的處理方向，對症下藥，而直以固定模式，率性而為，剛愎自用，則終將功虧一簣，事無所成，甚至未蒙其利，反遭其害。上爻「振恆」，「振」有「動」義，「動」是一種狀態，本包括「抽象」的動，如意念的形成、心靈的震撼、計畫的構思……，以及「具體」的動，如肢體的運動、方位的移動、事件的演變……，但前者充其量只能視為「醞釀階段」，尚未有實質的「利害得失」呈現；後者則不然，事、物既動，則「吉凶悔吝」隨之而來，尤其是不知「適可而止」的動，其結果必然歸於負面，例如一顆石頭，雖然可以從滾動的過程中造就出它渾圓亮麗的外表，但若不能適時停息，則終究會因過度運轉而消磨殆盡，此即「動靜有常」一語所蘊涵的深義，故本爻的「振恆」當是承繼初爻的「浚恆」而來，是一種前、後相承的動態發展模式，此亦可從占辭皆「凶」的情況加以證成。

至於二爻「悔亡」、四爻「田无禽」，基本上皆為「無失」、「無得」的狀態，其形式如同修辭中的「互文」，有相成的作用；三爻「不恆其德」、五爻「恆其德」，則是一種錯綜關係──「不恆其德，必有凶吝；恆其德，未必皆吉」。這種現象類似於今日的諺語──「努力，未必就會成功；不努力，則絕對不會成功」；而之所以會如此，當歸結於所處「時」、「位」的得當與否。由此看來，二至五爻雖以交叉對應的錯綜關係構成其曲折變化的發展模式，但此模式仍然是順著「常」道而行，這也是〈恆〉所要傳達的訊息。

總之，六爻內容固以「常」為依歸，其本一體，然從其形式來看，是以前、後相承的動態發展涵蓋中間的曲折變化。換句話說，全卦是用一種「極

道」的辯證模式來詮釋事物發展的變化過程；而所謂的「極道」，即用事物所蘊藏的深層內涵作爲闡釋事理的依據，而以「反向思考」的形態出現。這種極道的變化過程，正是〈恆〉所要強調的「變通」之道。

〈既濟〉：

初九——曳其輪，濡其尾，无咎。

六二——婦喪其茀，勿逐，七日得。

九三——高宗伐鬼方，三年克之；小人勿用。

六四——繻有衣袽，終日戒。

九五——東鄰殺牛，不如西鄰之禴祭，實受其福。

上六——濡其首，厲。

「濡」有「沾溼」意涵，故卦體初爻「濡其尾」與上爻「濡其首」，其內容皆涉及「水」。即使如此，前者所涉的水尚淺，僅沾濕其「尾」，其危險性自然較小，甚至無關緊要；後者則不然，涉水既深，而至於沾濕其「首」，可見其危險性已大幅提高，實有別於前者。這種「首」、「尾」相承，且寓「層遞」作用的發展變化模式，類似於上面所舉〈噬嗑〉的例子。

卦體二至五爻，其內容則皆與「火」有關，且蘊涵可能遭遇的各種狀況及因應之道。二爻「婦喪其茀」，「茀」是古代婦女的飾物，其值非厚，但以祭燭求示於神祇，故不致因此而逐勞，這是生活哲學的凸顯。三爻「高宗伐鬼方」，征「戰」過程必涉及「火」事，而於勝敵之後，當反觀自省，以避小人，這是政治智慧的闡發。四爻「繻有衣袽」，前人多解「繻」爲「濡」、「袽」爲「絮」，以成「塞漏」之說，然黃宗炎以爲，「袽」當作「短衣」，以其適身，故便於作事、防患〔註13〕，其言當有所據；且「戒」以「終日」，其時必及暮夜，則持「火」爲戒，自是合乎常理，其性質猶如《繫辭下傳》所說的「重門擊柝，以待暴客」，是一種族人禦寇的合作關係。五爻「殺牛」、「禴祭」，二者皆爲祭祀禮儀，既是「祭禮」，則其過程自然不免用到「火」；然前者祭「厚」，後者祭「薄」，這當是價值觀的一種轉化，也是人文發展的進一步提升。

由此看來，初、上爻以「水」立論，二至五爻以「火」發跡，正合於〈既濟〉以水、火成卦的整體觀，而其精神亦於爻辭中呈顯，即「豫」（防患未然）的工夫。初、上爻分別以「无咎」、「厲」呈顯「豫」的必要性；二至五

〔註13〕參見〔清〕黃宗炎：《周易象辭》，卷十七，葉55。

爻則以「勿逐」、「小人勿用」、「終日戒」、「實受其福」傳達「豫」的作用。雖然如此，以事物發展變化的脈絡及其聯繫程度來說，初、上爻的關係實較為緊密而直接，足可呈顯〈既濟〉卦辭「初吉終亂」及物極必反所蘊涵的深義！

在整個「爻位變化」的形式規律中，「輾轉相承」的變化模式雖然未必居於主流，而其首、尾相應的直承發展與中間轉折的錯綜變化，卻如同寫作技巧，不僅能增添敘述內容的靈活度，並可豐富主題的思想內涵；尤其是藉著對這種概念的認知，人們將更容易理解所處的多元社會，以及愈來愈複雜的人際關係，而適時發揮其「應變」的實用功能。

由此看來，「爻變」的形式規律雖以《易》卦為立論基礎，然其所涉及的相關事物卻非常廣泛而龐雜，且隨著人文的不斷詮釋、分析、歸納而呈現不同的面貌。儘管如此，過度的詮釋也難免會有「多頭馬車」的弊病，甚至可能淪為虛浮的意識爭辯；此不僅容易模糊所關注的焦點，即其主體性，並且也不符合「易簡而天下之理得」的《易》道精神。因此，站在事物發展有其整體性的角度來思考，本節所依序論述的「上下一體」、「內外成章」及「輾轉相承」等三種變化模式，足可概括《易》卦六爻變化所具有的「規律性」，同時也不致有過度詮釋的負面問題產生。

第二節　爻位變化的統合性

《繫辭上傳》載：「設卦以盡情偽，繫辭焉以盡其言。」又謂：「繫辭焉以斷其吉凶，是故謂之爻。極天下之賾者存乎卦，鼓天下之動者存乎辭。」〔註14〕可見「卦」能極盡天下幽微，是天地萬物各種面貌的縮影，而其具體內涵的呈現，就是六十四卦的「卦名」；「卦名」是對全卦內涵予以最簡明的刻劃，其性質猶如詩文中的「文眼」、「詩眼」，是掌握主體思想的的關鍵。至於「爻辭」，不僅是論斷「吉凶」的依據，更是闡述天下一切變動內涵的主要憑藉；而其「內容」或直涉「卦名」，或部分相契，或彼此無關，此亦呈顯爻辭所具有的多元性面貌。這種「刻劃主體思想」與「闡述多元性面貌」並存的現象，或有助於在「爻位變化」這個命題上作不同面向的發揮。

〔註14〕參見〔魏〕王弼注，〔唐〕孔穎達疏，〔清〕阮元校勘：《周易正義》，《十三經注疏》，卷七，頁293。

有鑑於此，本節將從「名實相符」、「虛實相參」及「象徵涵攝」等三個不同角度，對「爻辭」與「卦名」之間的微妙關係與互動模式作進一步探討，以證成「爻位變化」在形式上所具有的「統合性」。茲分述如下。

壹、名實相符

所謂「名實相符」，是指《易》卦六爻中，其「爻辭內容」（實）有五爻以上皆涉「卦名」（名）。這種模式的最大特點，在於讀者掌握爻辭中五則以上連續出現的相同字詞，即可輕易判斷此卦的卦名〔註15〕；也就是說，六爻的變化內容明顯具有「統合性」。在《周易》六十四卦中，隸屬「名實相符」者，計有〈蒙〉、〈需〉、〈師〉、〈比〉、〈履〉、〈謙〉、〈蠱〉、〈臨〉、〈觀〉、〈賁〉、〈剝〉、〈復〉、〈頤〉、〈咸〉、〈遯〉、〈明夷〉、〈蹇〉、〈損〉、〈困〉、〈井〉、〈革〉、〈鼎〉、〈震〉、〈艮〉、〈漸〉、〈旅〉、〈兌〉、〈渙〉等二十八卦。茲舉數例，說明如下：

〈需〉：

初九——需于郊。

九二——需于沙。

九三——需于泥。

六四——需于血。

九五——需于酒食。

上六——入于穴，有不速之客三人來，敬之，終吉。

本卦從初爻至五爻，皆有「需」字，此現象凸顯全卦的主體精神（卦名）即在於「需」。「需」有「等待」意涵，故初爻「郊」、二爻「沙」、三爻「泥」、四爻「血」，皆指所待命的位置、地點，且由於地理環境殊異，各爻所採取的對應方式隨之不同；五爻「酒食」，則是指待命時期的生理需求，這是維持生命、戰力的必要條件。至於上爻，表面上雖無「需」字，但「入于穴」一語即寓有「止而不進」的概念，因此仍具有強烈的「等待」意涵。由此看來，六爻所表達的是一種駐防的策略，而其主體精神在爻辭中即已標舉出來；也就是說，六爻具有明顯的統合性。

〔註15〕案：至於「卦爻辭」與「卦名」之間的關係，當是「卦爻辭」早有，「卦名」晚出；對此，孫師劍秋教授於〈焦循「假借說易」方式之商榷〉（收入《易理新研》一書）一文中即已論述過。

〈咸〉：

初六——咸其拇。

六二——咸其腓。

九三　　咸其股。

九四——憧憧往來，朋從爾思。

九五——咸其脢。

上六——咸其輔、頰、舌。

此卦除九四爻外，其餘五爻內容均含「咸」字，可見「咸」即爲全卦的中心內涵。「咸」有「感」義〔註16〕，故初爻「拇」、二爻「腓」、三爻「股」、五爻「脢」、上爻「輔、頰、舌」，皆指所感應的「身體」部位，而且由下而上，代表其產生的作用、效果是隨著層次、階段的不同而有所差異。至於四爻，內容雖無提及「咸」字，而「憧憧往來，朋從爾思」二句，儼然已將朋友離闊的情思詮釋得淋漓盡致；這種對「形相離」而「志相應」的期望，讓讀者更能從中體會「精神」感應的意涵。由此可見，〈咸〉內容當涵蓋身體（物質）與心理（精神）二個層面，而此正凸顯六爻彼此在「感應」這個主題上所具有的「統合」功能。

〈遯〉：

初六——遯尾。

六二——執之用黃牛之革，莫之勝說。

九三——係遯。

九四——好遯。

九五——嘉遯。

上九——肥遯。

本卦除六二爻外，其餘五爻內容皆有「遯」字，可見「遯」即表全卦的主體精神（卦名）。「遯」有「隱藏」義，而初爻「尾」，是指所隱藏的物類、對象，故「遯尾」寓有不欲其行的意涵；二爻「係」、三爻「好」、五爻「嘉」、

〔註16〕案：有關「咸」字，一般多作「感」義。但也有詮釋爲「鍼灸」，如香港中文大學周策縱先生（見《古巫醫與六詩考》，臺北：聯經出版社，1986 年）、武漢大學蕭漢明先生（見〈易經中的醫學萌芽〉，收入《濟南國際周易討論會論文集》，北京：文化藝術出版社，1991 年）等；孫師劍秋教授於〈周易卦爻辭中所見周初醫療文化〉（收入《易理新研》，2000 年版，頁 168）一文中，亦持此論，並就周、蕭二氏的說法加以補充陳述，頗具參考價值。

上爻「肥」，則皆表隱藏行爲所帶來的各種變化、效果，且從其漸趨佳境的狀況看來，〈遯〉所要表達的眞正概念當是「韜光養晦」、「伺機而動」，一種「與時偕行」的積極思維，而非墨守成規、不知變通的消極隱退，因此是智慧的表現。至於二爻內容，雖不見「遯」字，但「執之用黃牛之革」一語已寄「隱藏」意涵於其中；且「黃牛之革」厚而順，用它來執物，物無不固，此正標識著此爻所蘊涵的固志（隱藏）效果。

　　以此來看，六爻內容無不圍繞在「遯」這個主題上，其彼此的統合性實不容置疑。

　　〈觀〉：

　　初六——童觀。

　　六二——闚觀。

　　六三——觀我生進退。

　　六四——觀國之光。

　　九五——觀我生。

　　上九——觀其生。

　　卦體初爻至六爻皆含「觀」字，則其以「觀」爲主體精神（卦名），至爲明顯，無所疑慮。「觀」有「觀物」、「觀心」二義；前者是外在感官的接觸功能，後者則是內在心靈的自我檢視。二者在層次及順序上，固有其本質差異與先後之別，即「觀物」（物理）在前，「觀心」（心理）在後，這是人類自出生到啓蒙階段所呈顯的自然現象，故〈觀〉以「童觀」（觀物）發端。然隨著智識的成長，這種結構也起了變化，即二者已無孰先孰後的問題，而只有彼此互動的緊密關係，故二爻「闚觀」、三爻「觀我生進退」、四爻「觀國之光」、五爻「觀我生」、上爻「觀其生」，是以「觀物」、「觀心」、「觀物」、「觀物亦觀心」、「觀物」的型態出現。

　　由此看來，「觀」字作爲本卦的主體精神，其內容當涵蓋「觀物」與「觀心」，始符合聖人「神道設教」的治世理念。

　　〈井〉：

　　初六——井泥不食。舊井无禽。

　　九二——井谷射鮒，甕敝漏。

　　九三——井渫不食，爲我心惻。可用汲，王明，並受其福。

　　六四——井甃，无咎。

九五──井洌，寒泉食。

上六──井收勿幕，有孚，元吉。

此卦六爻均以「井」字爲首，可見「井」是全卦的主體精神（卦名）。「井」爲「汲水之井」，可供飲水、灌溉之用，具有養民、養物的多元功能，其重要性不言可喻。因此，對於「井」，當有一套完善的建造方法及保護措施，始能達到「汲水無虞」、「養而不窮」的目標。儘管如此，但「井」也難免會因天災、人禍而陷入「汲窮」、「井毀」的困境，本卦爻辭一開始所透露的訊息即可作爲佐證。

全卦所描寫的當是一口飽經摧殘的「舊井」，在經過一番的整修後，又重新恢復它的生機。也就是說，卦體初爻「泥」、二爻「谷」、三爻「渫」、四爻「甃」、五爻「洌」、上爻「收」，是對「舊井」從「枯」到「榮」的演變過程所作的情狀摹寫。其中，初爻至三爻是描寫「舊井」在重修前的情況；五爻、上爻是重修後的成果；至於四爻，則是重修工作的進行階段。而從這種變化過程中，可以看出古人對「舊井」的真摯情懷；尤其是在朝代興廢、人事丕變的情況下，其堅守不移的「守常」特性，更是古人反思修德與學習仿效的對象。以此看來，〈井〉所要強調的概念當是「勸勞」與「修德」並重；此外，從「井泥不食」、「井渫不食」、「寒泉食」的爻辭中，亦可彰顯古人對飲水衛生的高度重視，這不能不說是一種進步的思想！

〈鼎〉：

初六──鼎顛趾，利出否。得妾以其子，无咎。

九二──鼎有實；我仇有疾，不我能即，吉。

九三──鼎耳革，其行塞，雉膏不食，方雨，虧悔，終吉。

九四──鼎折足，覆公餗，其形渥，凶。

六五──鼎黃耳，金鉉，利貞。

上九──鼎玉鉉〔註17〕，大吉，无不利。

卦體六爻皆以「鼎」字發跡，可見「鼎」是統合全卦的關鍵，其主體性至爲清晰。「鼎」是由金屬鑄成的器具，古人不僅用它來烹煮食物、祭祀鬼神，

〔註17〕案：關於〈鼎〉上九爻「鼎玉鉉」，廖名春先生於《周易經傳與易學史新論》一書中指出（頁131～132），「玉鉉」二字，帛書《二三子》作「王坓」（「王」即「玉」）；其中「坓」字爲「壁」之省文，而「壁」通「幣」，「幣」又與「罪」（鼎蓋）通用，故「鼎玉鉉」當可以「鼎玉罪」解。筆者以爲，廖氏校勘、考證甚詳，可備爲一說。

更用它作爲國家權威的象徵〔註18〕，可說是具有多重的功能；也因此，古人對「鼎」是抱持謹愼與敬畏的態度，這可從爻辭內容看出端倪。卦體初爻「顚趾」、二爻「有實」、三爻「耳革」、四爻「折足」、五爻「金鉉」、上爻「玉鉉（鼏）」，是對「鼎」的運用狀況所作的直接描寫，其中或有對疏失的告誡，或有對崇禮的讚譽，指涉雖有本質的不同，情節亦有輕重的差異，然皆可呈顯「鼎」的超凡與尊貴；而從其變化過程中，亦可以看出全卦所要表達的是一種實踐、創新的概念，即一方面發揮「鼎」器的實用功能，另一方面強化「鼎」器的象徵意涵（由「金鉉」至「玉鉉（鼏）」）。

從以上所舉的例子看來，讀者在透過對爻辭內容的檢視後，可以輕易發現六爻的統合關鍵（字詞），並藉此進一步與「卦名」形成連結，而對卦體內涵作更深入的探討、瞭解。由此可見，「名實相符」的《易》卦統合型態，其主體思想確實較爲清晰而易於掌握。

貳、虛實相參

在《易》卦六爻中，其爻辭內容有部分涉及「卦名」，有些則與「卦名」無關，這種內容部分異同的現象，筆者稱之爲「虛實相參」。其中爻辭僅二則（爻）涉及卦名者，有〈屯〉、〈隨〉、〈離〉、〈睽〉、〈解〉、〈夬〉等六卦；爻辭有三至四則涉及卦名者，則有〈訟〉、〈否〉、〈同人〉、〈豫〉、〈噬嗑〉、〈无妄〉、〈坎〉、〈恆〉、〈大壯〉、〈晉〉、〈家人〉、〈益〉、〈萃〉、〈升〉、〈歸妹〉、〈豐〉、〈巽〉、〈節〉、〈小過〉等十九卦。雖然如此，由於前者可供檢視的線索僅二則，在整個爻辭當中僅占三分之一，比例並不高，因此在與「卦名」聯繫的判斷上，尚有一定程度的困難；後者則不然，其與「卦名」的聯繫性雖然不如「名實相符」，但已具有相當程度的可靠性，故在判斷上實較前者容易。由此看來，二者在與「卦名」的聯繫上，其層次上是有差別的。因此，就詮釋卦畫的主體思想（卦名）來說，六爻內容在虛、實上的彼此「統合」，就顯得特別有意義。茲舉數例說明以上二種型態：

爻辭僅二則涉及卦名者

〈屯〉：

初九──磐桓，利居貞，利建侯。

六二── 屯 如邅如，乘馬班如。

〔註18〕案：禹以九鼎傳國；湯武革命，鼎遷於商、周。此皆以「鼎」爲政權的象徵。

六三——即鹿无虞，惟入于林中，君子幾，不如舍，往吝。

六四——乘馬班如，求婚媾，往吉，无不利。

九五——屯其膏。

上六　　乘馬班如，泣血漣如。

本卦僅二、五爻內容涉及「屯」字，因此讀者若要由此（實）確立「卦名」，並掌握該卦的主體思想，恐怕一時難以達到，而必須透過對其餘四爻內容（虛）的分析、比對後，始能獲致進一步的確認。例如，二、五爻皆含「屯」字，「屯」有「難出」〔註19〕義；而初爻、三爻、四爻、上爻中的「磐桓」、「入于林中」、「班」等字，亦均表因事（物）牽絆而不得順行，即有「不進」、「難出」的意涵。以此看來，爻辭在虛、實上是彼此統合的，即全卦的中心內涵（卦名）可以簡要的「屯」字作代表。儘管如此，「不進」、「難出」僅為〈屯〉的表面意義，其更深一層的意涵當是蓄養實力、以待良機；即不因一時困頓、難行徒生傷感，而應積極地從內在修身作起，只要時機一到，即可順勢而動。也就是說，全卦所要傳達的概念當是「謹言慎行」、「修德以待時」。

〈夬〉：

初九——壯于前趾，往不勝，為咎。

九二——惕號，莫夜有戎，勿恤。

九三——壯于頄，有凶。君子夬夬獨行，遇雨若濡，有慍，无咎。

九四——臀无膚，其行次且，「牽羊悔亡」，聞言不信。

九五——莧陸夬夬中行，无咎。

上六——无號，終有凶。

此卦「夬」字僅出現在三、五爻，若欲以此作為判定「卦名」的依據，則仍嫌不足；尤其在〈大壯〉的「壯」字亦出現二次（初、三爻）的情況下，其困難度顯然增加。因此，唯有從爻辭內容逐一探究、析解，在求得彼此所共同強調的思維、概念後，作出「統合性」的正確判斷。

首先，從「壯」、「夬」二字論起。「壯」代表陽剛，有「力壯」、「氣盛」義；「夬」通「決」，有「果決」、「決斷」義。二者皆顯現「陽剛」的特性，但前者須「剛柔並濟」，不可剛愎自用、一意孤行，否則難免會步入進退維谷

〔註19〕案：《說文》謂「屯，難也。屯，象艸木之初生屯然而難」。則「屯」當有「難出」義。

的境地；後者則當「以剛決柔」，避免優柔寡斷而喪失良機，即面臨突發狀況或重要關卡時，能及時作出果斷的決定。

其次，就爻辭內容來說，初爻「往不勝」、二爻「惕號」、三爻「獨行」、四爻「其行次且」、五爻「中行」、上爻「无號」，是對事物連續性發展的描述；「惕號」、「无號」代表號呼的情狀，「往不勝」、「獨行」、「其行次且」、「中行」則呈顯「行動」的漸入佳境；即全卦的主體內涵是由「行動」與「呼號」構成。這種組合猶如「揭竿起義」、「登高一呼」，是經過周詳的研擬、計劃後所採取的行動，過程雖不免危及生命，但也是改變現狀的契機。

由此看來，在以全卦所展現的內涵來評選「壯」與「夬」，則卦名自然以「夬」為善。這種透過對六爻虛、實的全盤性析解而求得其主體精神（卦名）的過程，更能凸顯爻位變化在內容上所具有的統合性。

爻辭有三至四則涉及卦名者

〈訟〉：

初六——不永所事，小有言，終吉。

九二——不克訟，歸而逋；其邑人三百戶，无眚。

六三——食舊德，貞厲，終吉。或從王事，无成。

九四——不克訟，復即命，渝，安貞吉。

九五——訟，元吉。

上九——或錫之鞶帶，終朝三褫之。

從本卦六爻中，可以看出「訟」字出現在二、四、五爻，其所占比例是二分之一，雖然尚不能以此確立卦名，但已具備相當條件，只需要再將其餘三爻的內容予以解析，必能獲致結果。「訟」有爭執、訴訟的意涵，今觀初爻「小有言」，意謂著與人有爭執、糾紛；三爻「食舊德」，代表食繼先人的封爵賞祿，然不能誠信待人，故「從王事，无成」；上爻「或錫之鞶帶，終朝三褫之」，標識著官運乖舛，奏令頻傳，一日三變，賞奪無常；此三爻均直接或間接涉及「訟」事。由此可見，「訟」為全卦主體內涵（卦名），誠然無疑。

而就全卦六爻的發展脈絡來說，從初爻的「小有言」至上爻的「終朝三褫之」，所要傳達的當是「戒之在言」與「誠信待人」的理念，這可從卦體二爻「歸而逋；其邑人三百戶，无眚」、四爻「復即命，渝，安貞吉」、五爻「元吉」的占辭中看出端倪，即「訟」事當循正道而為。至於三爻之所以能「貞

屬，終吉」，是因爲有「舊德」的庇蔭，而非能誠信待人。總之，「訟」字是統合全卦的主體，也是虛、實相參的主要關鍵。

〈大壯〉：

初六——　壯于趾，征凶。有孚。

六二——貞吉。

六三——小人用壯，君子用罔。貞厲，羝羊觸藩，羸其角。

九四——貞吉，悔亡。藩決不羸，壯于大輿之輹。

六五——喪羊于易，无悔。

上六——羝羊觸藩，不能退，不能遂，无攸利；艱則吉。

卦體初爻、三爻、四爻皆有「壯」字，其所占全卦比例亦爲二分之一。「壯」有「壯盛」義，今觀五爻「喪羊于易」、上爻「羝羊觸藩」，皆有「羊」字，《齊民要術・養羊》載：「大率十口二羝羝少則不孕，羝多則亂群，羝無角者更佳有角者喜相觝觸，傷胎所由也。」〔註20〕則此「羊」（羝羊）當指有角的「牡羊」，牡羊體壯性躁，易於觸藩，故往往用繩索纏繞其角，以利拘繫。由此看來，爻辭在「虛」、「實」上皆以「壯」爲主體，即「壯」字爲統合全卦的關鍵。即使如此，其精神內涵當爲凡事要知所進退，不可恃強而爲、一意孤行，否則難免自陷其身，入於險境，這可從六爻的發展變化中獲得更進一步的瞭解。

初爻「有孚」、二爻「貞吉」，表達的是「狠壯」所帶來的初期勝果；三爻「羸其角」、四爻「壯于大輿之輹」、五爻「喪羊于易」、上爻「不能退，不能逐，无攸利」，則是對一味「狠壯」而不知節制所形成的後果的一連串描述與警示。至於五爻之所以能「无悔」，以「羊」爲資財，失去尚不足以害身，若能以此爲惕，則當無所悔恨；上爻「艱則吉」，則是一種正面的勸戒，凡行動前必須要「三思」，即以「反躬自省」的修德工夫來節制躁動的本性，始能有成果可言。

〈无妄〉：

初九——无妄往，吉。

六二——不耕穫，不菑畬，則利有攸往。

六三——无妄之災，或繫之牛，行人之得，邑人之災。

〔註20〕參見〔後魏〕賈思勰撰：《齊民要術》（四庫叢刊初編子部，上海商務印書館縮印上元鄧氏群碧樓藏明鈔本），卷六，頁65。

　　九四——可貞，无咎。

　　九五—— 无妄 之疾，勿藥有喜。

　　上九—— 无妄 行，有眚，无攸利。

　　本卦初爻、三爻、五爻、上爻皆以「无妄」（實）二字發端，其於全卦所占比例已大幅提高。「妄」有「狂亂」、「悖理」義；反之，「无妄」即沒有狂亂、沒有悖理。今觀二爻「不耕穫，不菑畬」（虛），表面字義似為「不勤於耕耘」，但實際上，這是對「休耕」或「農閒」的描述，農作物因屬性各有不同，其在播種、生長上不免受到季節變化的限制，此所謂「農耕有時」，因此利用「農閒」或「休耕」時節遠行，尋求它法以供營生，自然是合乎情理的事；四爻「可貞，无咎」（虛），這是對「无妄」的階段性論斷，但所謂「謀事在人，成事在天」，故非能以此作為普遍性的概括。由此可見，六爻內容在「虛」、「實」上具有統合性，而以「无妄」貫串全卦。

　　至於「无妄」的深層內涵，則可從三爻「无妄之災」、五爻「无妄之疾」、上爻「无妄行，有眚，无攸利」的發展過程而獲得進一步瞭解，即人的言行舉止固然要能合乎正道，而對於外在環境的各種變化，亦須加以密切注意，始能臻於無眚、無咎的境地；也就是說，不僅行止要合宜，亦要能掌握時機。

　　〈升〉：

　　初六——允 升 ，大吉。

　　九二——孚乃利用禴，无咎。

　　九三—— 升 虛邑。

　　六四——王用亨于岐山，吉，无咎。

　　六五——貞吉， 升 階。

　　上六——冥 升 ，利于不息之貞。

　　本卦爻辭含「升」字者計有初、三、五、上等四爻，其餘二爻則無。「升」有「登上」、「上升」義。今觀二爻「孚乃利用禴」、四爻「王用亨于岐山」，均為祭祀儀式的描寫，而祭壇的設置當以高為敬，故整個享祀過程必涉及登高、進上，即此二爻亦皆寓「登」、「升」意涵。也就是說，本卦是以「升」字統合六爻的虛、實，其主體性不容置疑。而從六爻內容的發展來看，無論是「用禴」、「用亨」或「允升」、「升虛邑」、「升階」、「冥升」，皆呈顯〈升〉所要傳達的是敬慎、穩健與積極進取的概念，這可為「自強不息」的人生態

度作註腳。

此外，對於爻辭中的「孚」字，筆者特作補充說明。在《尚書》所記載的殷、周文獻，以及甲骨文、金文中，可以知道「孚」有「誠信」、「俘虜」二義〔註21〕；其中，「俘虜」義更爲後人欲探究殷、周奴隸制度提供有利條件。因此，就記載周初社會概況的《周易》經文來說，有關「孚」字的詮解亦當以「誠信」、「俘虜」並存，不可偏廢。而就本卦九二爻辭「孚乃利用禴」〔註22〕一語來說，「孚」字宜解釋爲「誠信」；畢竟用「俘虜」作爲禴祭（薄祭）的祭儀，對探究周朝人文思想的進路來說，是件令人難以理解的事。

綜上所述，對「虛實相參」的爻變統合模式而言，其於卦體思想的掌握上雖不如「名實相符」那麼輕易，且爻辭的虛、實比例又有層次上的差別，但是在「有跡可尋」的情況下，終不致造成理解上的困擾。而從另一個角度來看，這種必須透過進一步分析、歸納、比對的變化模式，在無形中也凸顯了爻辭彼此之間固有的緊密關係，此或可作爲吾人對其它事物發展變化模式的研究參考。

參、象徵涵攝

《莊子・天運》載：「弟子問曰：『夫子見老聃，亦將何規哉？』孔子曰：『吾乃今於是乎見龍！龍合而成體，散而成章，乘乎雲氣而養乎陰陽。』」〔註23〕文中先以「龍」比喻「老聃」，繼而將「龍」的形象表現出來，這是一種用象徵手法來闡述主體（老聃）內涵的詮釋模式，而此思維正出自《周易》乾卦。藉此，在《易》卦六爻中，其爻辭內容僅一則（爻）涉及卦名

〔註21〕 案：《尚書・商書・高宗肜日》載：「天既孚命正厥。」孔傳謂「天已信命正其德」；〈湯誥〉載：「上天孚佑下民。」孔傳謂「天信佑助下民」；《尚書・周書・呂刑》載：「獄成而孚，輸而孚。」孔傳謂「斷獄成辭而信，當輸汝信于王」；〈君奭〉載：「若卜筮，罔不是孚。」孔傳謂「如卜筮，無不是而信之」；〈洛誥〉載：「作周孚先。」孔傳謂「爲周家立信者之所推先」。凡此，皆解「孚」爲「信」。此外，「孚」字，甲骨文作「孚」，金文作「孚」，皆象人手抓住小子之狀，爲「俘」的本字，即古代軍獲的「俘虜」。

〔註22〕 案：此語亦出現於〈萃〉六二爻：「禴」通「礿」，爲周朝夏祭，王弼於〈既濟〉九五爻「東鄰殺牛，不如西鄰之禴祭」下注：「牛，祭之盛者也。禴，祭之薄者也。」（見《周易正義》）

〔註23〕 參見〔宋〕林希逸著，周啓成校注：《莊子鬳齋口義校注》（北京：中華書局，1997 年），頁 241。

〔註24〕或皆與卦名完全無關，讀者必須透過逐爻分析、歸納後，始能掌握全卦的主體內涵，這種詮釋過程，筆者稱之爲「象徵涵攝」，這也是爻位變化在「名實相符」與「虛實相參」之外的另一個統合模式。其中爻辭僅有一則涉及卦名者，爲〈中孚〉、〈姤〉、〈未濟〉三卦；爻辭完全與卦名無關者，則有〈乾〉、〈坤〉、〈泰〉、〈小畜〉、〈大畜〉、〈大過〉、〈大有〉、〈既濟〉等八卦。茲舉數例，以利說明。

〈姤〉：

初六——繫于金柅，貞吉。有攸往，見凶；羸豕孚蹢躅。

九二——包有魚，无咎，不利賓。

九三——臀无膚，其行次且，厲，无大咎。

九四——包无魚，起凶。

九五——以杞包瓜，含章，有隕自天。

上九——姤其角，吝，无咎。

　　本卦六爻僅上爻含「姤」字，並無其它可參照的對象，因此讀者僅能統合全卦爻辭或占辭的意涵，以窺其旨趣。例如，初爻「有攸往，見凶」，代表將有遠行，然所遇非善，故須謹慎以對，否則不免有「凶」；二爻「不利賓」，表示雖然家中庖廚有魚，但因時機不能掌握，致使賓主不能相遇；三爻「其行次且」，象徵行旅不順，進退無據，即無所遇合，但若能就此反思詳審，則必有可期，無須過度悲觀；四爻「包无魚，起凶」，是說宴客的事（賓主相遇）迫在眉睫，如今庖廚內卻沒有魚，這對賓客不僅失禮，更會因此破壞彼此友好的關係；五爻「以杞包瓜，含章，有隕自天」，標識著以「杞木」這種美材來烹煮平凡的蔬果，表面上成效是非常顯著，但實際上是一種糟蹋，且「杞木」性直，有「正」義，故此行爲當非上天所讚許，即其與天志不能遇合，故謂「有隕於天」；上爻「姤其角」，「姤」有「遇合」的意涵，「角」爲羊角，則「姤其角」當指二羊以角相鬥，雖有險象，但所資（角）旗鼓相當，故終能無傷，此與初爻「羸豕孚蹢躅」屬性相同，皆以畜養的動物（豬、羊）爲事物發展變化的象徵。

　　從六爻所呈現的內容來看，二爻、三爻、五爻皆象徵「不遇」；初爻、四

〔註24〕案：爻辭內容雖有一則涉及卦名，但讀者已經很難單從此爻來判斷其與「卦名」的關係；尤其是在關鍵字詞未全然合於卦名的情況下。例如，〈中孚〉六四爻的「有孚」，已無從辨識；「孚」字在許多卦爻辭中皆可見到。

爻、上爻雖象徵有「遇」，但所「遇」非凶即吝，亦可說是「不遇」。就此而言，全卦六爻當以「不遇」爲主體；然〈姤〉有「遇」義，如此一來，豈不造成卦與爻之間在主體精神上的衝突？對此，黃宗炎說：「遇合之，偶然適逢其時，雖庸眾亦可以表見；不得其機，雖聖賢，何所施其智力？」〔註25〕即「遇」與「不遇」的差別當在於「時機」的掌握，這也是〈姤〉所蘊藏的深層意涵。

〈坤〉：

初六──履霜，堅冰至。

六二──直方大，不習，无不利。

六三──含章，可貞。或從王事，无成有終。

六四──括囊，无咎无譽。

六五──黃裳，元吉。

上六──龍戰于野，其血玄黃。

此卦六爻內容皆與卦名無關，其主體內涵當從逐爻詮釋中求得。卦體初爻「履霜，堅冰至」，「霜」與「堅冰」可以是立足於不同地域的獨立情境，也可以是繫於季節轉換的因果關係；而皆由天道運行所決定，這正象徵大地的「順承」本質。二爻「直方大」，「直」、「方」、「大」都是對空間的表述，是大地無私（直）、守正（方）、包容（大）的象徵；大地對於萬物的生長，雖不矯其性，任其自然，而萬物終能各有所成，故言「不習，无不利」，此與老子所說的「天地不仁，以萬物爲芻狗」的無爲思想可說是相通。三爻「无成有終」，人臣服事於君，不敢僭越專擅，必以「順從」爲貴，雖即事「无成」，亦能努力不懈，不辱於國，此人君所期、人民所仰，故爲「有終」；猶如諸葛孔明，率師未捷而身死，然〈出師表〉震撼人心，千古不絕。四爻「括囊」，收束囊袋，無施無受、無出無入，這是「獨善其身」的作法，雖然能「无咎」，但也「无譽」；此與象徵「包容萬物」而能「順其發展」的大地精神，恰成強烈對比。五爻「黃裳」，黃裳爲帝王尊服，「黃」表大地，處「天」之下；「裳」爲下裙，繫「衣」之下；二者皆有「順承」之德，故藉以象徵帝王治民，猶如大地養物，不妄爲而功自成，因此「元吉」，這就是《繫辭下傳》所說「黃帝、堯、舜垂衣裳而天下治，蓋取諸乾、坤」〔註26〕的深

〔註25〕參見〔清〕黃宗炎：《周易象辭》，卷十三，「釋〈姤〉」，葉15。

〔註26〕參見〔魏〕王弼注，〔唐〕孔穎達疏，〔清〕阮元校勘：《周易正義》，《十三經

層意涵。上爻「龍戰于野，其血玄黃」，「龍」、「玄」象「天」，「野」、「黃」象「地」，「戰」象「天地氣交」〔註27〕，「血」是「生之源」，故此爻當以「天地化生萬物」爲其象徵意涵；而從「龍戰于野」的語法中，可知「龍」採取主動，「野」則爲被動，即「地」有順「天」之德，此亦本爻所欲傳達的概念。

由此看來，全卦六爻的表達方式雖有不同，而皆以「順承」、「包容」爲其象徵主體，此與〈坤〉「承天」、「載物」的精神內涵是緊緊相繫，其統合性毫無疑義。

〈大畜〉：

初九——有厲，利巳。

九二——輿說輹。

九三——良馬逐，利艱貞；曰閑輿衛，利有攸往。

六四——童牛之牿，元吉。

六五——豶豕之牙，吉。

上九——何天之衢，亨。

本卦六爻內容亦無一涉及卦名。卦體初爻「有厲，利巳」，人既處於世，則難免會遭遇到各種艱苦與危厲，但若能處之泰然、臨危不亂，則此遭遇何嘗不有利於心志的鍛鍊呢？二爻「輿說輹」，「說」通「脫」，「輹」爲固定車軸的物件〔註28〕，則「輿說輹」即謂車子因輪軸鬆脫而無法再繼續行進；但「輪軸鬆脫」只是事物發展的結果，對於醞釀過程的疏於觀察、預防，恐是最需要關注的課題、焦點；故此當告誡吾人應知「未雨綢繆」的防範之道。三爻「良馬逐」、「閑輿衛」，前者是對壯馬的操練，後者則是對馭車防衛的習演，二者有先後的依存關係。前者是基礎的奠定，其過程較爲艱辛；後者則是技術的養成，故有利於所往。此象徵凡事欲有所成，則當不辭辛勞以蓄積其力、知所涵養以應其勢；畢竟，力不濟則不足以行遠，德不備則不足以用

注疏》，卷八，頁300。

〔註27〕案：《說文・壬部》下載：「《易》曰：『龍戰于野。』戰者，接也。」所謂的「接」，即象徵天地陰陽二氣相交；即使如此，「接」是從「龍」的角度來說，對「野」而言，則當爲「承」。

〔註28〕案：《說文・車部》載：「輹，車軸縛也。」段注：「謂以革若絲之類纏束於軸，以固軸也。」又《左傳・僖公十五年》載：「車說其輹。」杜預注：「輹，車下縛也。」孔穎達疏：「《子夏易傳》云：『輹，車下伏兔也。』今人謂之『車屐』，形如伏兔，以繩縛於軸，因名『縛』也。」

事，所謂「任重道遠」，其義在此。四爻「童牛之牿」，「童牛」即「犝牛」，乃尚未長角的小牛〔註29〕；「牿」，前人多解爲「橫木」〔註30〕，唯黃宗炎以爲，童牛未角，豈能觝觸而預施橫木於其上？但以「竹籠」籠其口，防其殘害稼穡耳〔註31〕，即以「竹籠」釋「牿」，其說亦不無道理。總之，「童牛之牿」旨在說明「未雨綢繆」的重要，即能事先作好各種防範措施，則事無不成、功無不就，故能「元吉」。五爻「豶豕之牙」，「豶」字，《說文》謂「羠豕也」〔註32〕，即去勢（閹割）後的豬；而去勢後的豬性情轉趨溫順，其牙雖存而不傷人，且有助於加速成長、增大體型，故「吉」。此因事先預防而蒙利，是善於謀略、經營的象徵。上爻「何天之衢」，「衢」謂四通八達的道路，「天衢」即象徵「天道」，「天道」無所不通，但看吾人所取；「何」通「荷」，有「秉承」義。也就是說，此爻象徵凡事當能秉承「變通」的正道，不固守成規，也不被任何困境所限，即能豁達而無礙，故「亨」。

由此看來，卦體初爻至三爻象徵心志與能力的磨鍊、培養，是蓄養存德的過程；四爻至上爻則象徵變通思想的運用，是才能謀略的顯現。二者前後相成，具有明顯的統合性，此正符於〈大畜〉「剛健篤實」、「日新其德」〔註33〕的主體內涵，以及「利涉大川」〔註34〕的實踐精神。

綜上所述，《易》卦的主體內涵雖無法立即從爻辭內容看出，但透過逐爻的詮釋、分析與歸納後，其共同的象徵意涵便呈顯在讀者面前，無所遁形。《說卦傳》載：「乾，健也。坤，順也。震，動也。巽，入也。坎，陷也。離，麗也。艮，止也。兌，說也。乾爲馬，坤爲牛〔……〕。兌爲澤，〔……〕爲妾，爲羊。」〔註35〕這是對八經卦具有多元「象徵」的闡述；而由八經卦擴大至六十四卦，便是對《易》卦的全面性涵攝。因此，這種以象徵意義涵攝全卦的爻變模式，其統合性雖不如「名實相符」及「虛實相參」那麼容易看清與

〔註29〕案：《爾雅·釋畜》載有「犝牛」，郭璞注，謂「無角牛」。

〔註30〕案：例如虞翻說「以木楅其角」；朱子說「施橫木于牛角」；今人高亨也認爲是「牛角上所加之橫木」。凡此，皆以「橫木」釋「牿」。

〔註31〕參見〔清〕黃宗炎：《周易象辭》，卷八，釋〈大畜〉六四爻，葉52。

〔註32〕參見〔漢〕許慎撰，〔清〕段玉裁注：《說文解字注》（臺北：書銘出版社，1997年），頁459。

〔註33〕案：此爲〈大畜〉象辭內容。

〔註34〕案：此爲〈大畜〉卦辭內容。

〔註35〕參見〔魏〕王弼注，〔唐〕孔穎達疏，〔清〕阮元校勘：《周易正義》，《十三經注疏》，卷九，頁329～330。

掌握，但在過程中卻反映出事物發展變化的多元訊息，此不僅對於增進邏輯思考與分析能力有相當的助益，且更能凸顯《易》道深邃、玄妙的超凡思想，其功能性無庸置疑。

第三節 爻位變化的結構性

　　《繫辭傳》載：「《易》之為書也不可遠，為道也屢遷。變動不居，周流六虛，上下无常，剛柔相易，不可為典要，唯變所適。」〔註36〕這段話的文眼（關鍵）就在於「變」字，是對《周易》本質的強調；而「周流六虛」與「上下无常」則是「變」的表現形式，這種表現形式即為「時間」與「空間」的聯繫、組合，二者（時、空）構成了天地變化的內涵，故又謂「《易》與天地準，故能彌綸天地之道」〔註37〕。此外，又言「爻也者，效天下之動者也」〔註38〕、「六爻之動，三極之道也」〔註39〕；即「爻位變化」是對天地變化的模擬，天地間的各種變化可以透過「爻位變化」來呈顯。由此看來，「爻位變化」與天地變化一樣，亦具有結構性，而此結構性無疑是以「時間」（時）、「空間」（位）為主體。故本節將以「時間結構」、「空間結構」與「時空密合」等三個命題來闡述「爻位變化」所具有的結構內涵，以供治《易》同好參考。

壹、時間結構

　　《易》卦六爻的變化內涵固以「時」、「位」為整體，而從事物發展變化的微觀角度來看，亦可分別加以析解。例如〈乾・象辭〉所說的「六位時成」，即可用來闡述此一概念；依其意，則「位」的變化是憑藉「時」來堆動，「時」的比重較「位」為大，是「成」的關鍵。就如同孟子誇下海口，說出「如欲平治天下，當今之世，舍我其誰」〔註40〕的話，是基於對「時」（所

〔註36〕 同前註，《繫辭下傳》，卷八，頁315。
〔註37〕 同前註，《繫辭上傳》，卷七，頁266。
〔註38〕 同前註，《繫辭下傳》，卷八，頁303。
〔註39〕 同前註，《繫辭上傳》，頁263。「三極」，謂「天地人」三才；而「人」居「天地」之中，故「三極之道」是以人文概念對「天地之道」在變化與互動關係上的進一步梳理。
〔註40〕 參見〔漢〕趙岐注，〔宋〕孫奭疏，〔清〕阮元校勘：《孟子正義》，《十三經注疏》（臺北：藝文印書館，1997年），卷四下，〈公孫丑下〉，頁85。

謂「此一時，彼一時」）的掌握，並懂得應用之道，所以能獲致「亞聖」的名「位」，而流傳於世。王弼於《周易略例》中也說：「卦者，時也。爻者，適時之變者也。」〔註41〕「適時」二字，已揭示「主動」意涵，是人在認知概念下對「時間」所作的積極性掌握，且從這段話可以知道，不僅「六爻」（卦）有時間進程，「單爻」（爻）本身也有時間進程；而無論是「六爻」或「單爻」，這種時間進程必須憑藉事物的介入始能具體呈現。也就是說，透過事物的演進過程方能彰顯「爻位變化」的時間結構。

首先，就「卦時」來說。「卦時」是《易》卦六爻變化的時間概念，即事物發展從初爻至上爻依次演化的時間進程，屬於外在形式的表現，這是《周易》六十四卦所具有的共同特徵，也是卦體六爻變化的基本模式。例如，〈乾〉六爻以「龍」（事物）為象徵主體，由下而上，歷「潛」（「韜光養晦」階段）、「見」（「嶄露頭角」階段）、「惕」（「戒慎恐懼」階段）、「躍」（「進退應對」階段）、「飛」（「飛黃騰達」階段）、「亢」（「至極而反」階段）的演變過程，而成就其完整的時間結構；〈漸〉六爻以「鴻」（事物）為物象主體，由初而上，歷「干」、「磐」、「陸」（以上南移）、「木」、「陵」、「陸」（以上北歸）的漸次發展過程，其時間結構亦清晰可見。其餘過程或仿此，或有異，而皆依照由下而上（六爻）的時間序列進行，此不再贅述。另外，在《周易》中，對於時間進程的用語皆言「終始」，而不言「始終」〔註42〕；甚至《莊子》亦謂「時有終始，世有變化」〔註43〕。所以會如此，原則上是本於「循環往復」與「變動不居」的《易》道精神。

其次，就「爻時」而言。「爻時」是《易》卦單爻變化的時間概念，即事物發展的時間進程在單爻中呈顯。牟宗三先生曾說：「時即是六爻之生動，只一爻無所謂時。」〔註44〕此說恐有待商榷！觀《易》卦單一爻辭中，對於時間進程有明白記載的，如〈否〉上九爻「傾否，先否後喜」、〈旅〉上九爻「先笑後號咷」、〈訟〉初六爻「不永所事，小有言，終吉」、〈需〉九二爻「需于

〔註41〕參見〔魏〕王弼撰，樓宇烈校釋：《王弼集校釋》（北京：中華書局，1999年），頁604。

〔註42〕案：例如，《繫辭下傳》載「百物不廢，懼以終始」；〈歸妹・彖辭〉稱「歸妹，人之終始也」；〈乾・彖辭〉謂「大明終始」；凡此，皆不作「始終」。至於《繫辭下傳》所載的「原始要終」，其義亦當以「終始」解。

〔註43〕參見〔宋〕林希逸著，周啟成校注：《莊子鬳齋口義校注》，〈則陽〉，頁410。

〔註44〕參見牟宗三：《周易的自然哲學與道德函義》（臺北：文津出版社，1998年），頁201。

沙，小有言，終吉」、〈需〉上六爻「入于穴，有不速之客三人來，敬之，終
吉」、〈比〉初六爻「有孚盈缶，終來有它」、〈巽〉九五爻「无初有終；先庚
三日，後庚三日」、〈明夷〉上六爻「初登于天，後入于地」、〈履〉九四爻「履
虎尾，愬愬，終吉」、〈同人〉九五爻「先號咷而後笑」、〈蠱〉初六爻「幹父
之蠱，有子，考无咎。厲，終吉」、〈賁〉六五爻「賁于丘園，束帛戔戔，吝，
終吉」、〈家人〉上九「有孚，威如，終吉」、〈睽〉上九爻「先張之弧，後說
之弧」、〈蹇〉初六爻「往蹇來譽」、〈鼎〉九三「鼎耳革，其行塞，雉膏不食，
方雨，虧、悔，終吉」等皆是；而從爻辭內容來看，無論是動態（如〈需〉
上六爻）的描寫或靜態（如〈家人〉上九爻）的陳述，也不管是「事理」（如
〈明夷〉上六爻）的象徵或「物理」（如〈睽〉上九爻）的闡發，無不在說明
必須要有「事物」的介入，時間的「進程」始有具體意義。至於爻辭中未明
載「初」、「終」、「先」、「後」、「往」、「來」等字眼，並不是意謂著沒有「時
間進程」，而是需要讀者從中仔細研究、推敲後，始能窺其真貌，例如〈明夷〉
六二爻「夷于左股，用拯馬壯」，即說明左股受傷於前，用壯馬拯救在後；況
且《繫辭傳》「大衍之數」章所記載揲蓍成卦的方法，是經過十八次的變化，
即一爻有三變，則時間的流動自在一爻之中。由此可見，時間的流動非止於
六爻變化，各爻本身亦有此現象。

　　以上是對爻位變化的時間結構所作的簡要闡述；而從這種闡述過程中，
可以知道《周易》對「時間」的重視，此自《彖傳》所載即能獲得進一步證
明。《彖傳》對於「時間」的強調與讚頌，主要反映在〈豫〉、〈隨〉、〈遯〉、〈姤〉、
〈旅〉（以上五卦為「時義大矣哉」）、〈坎〉、〈睽〉、〈蹇〉（以上三卦為「時用
大矣哉」）、〈頤〉、〈大過〉、〈解〉、〈革〉（以上四卦為「時大矣哉」）等十二卦
中，此足以概括《易》卦的「時觀」。茲臚列於下：

　　　　〈豫‧彖辭〉：「天地以順動，故日月不過，而四時不忒；聖人以順
　　　　　　　　　　動，則刑罰清而民服。」──順時
　　　　〈隨‧彖辭〉：「天下隨時。」──隨時
　　　　〈遯‧彖辭〉：「剛當位而應，與時行也。」──偕時
　　　　〈姤‧彖辭〉：「天地相遇，品物咸章也。剛遇中正，天下大行也。」
　　　　　　　　　　──遇時
　　　　〈旅‧彖辭〉：「止而麗乎明。」──明時
　　　　〈坎‧彖辭〉：「水流而不盈，行險而不失其信。」──信時

〈睽‧彖辭〉：「天地睽而其事同也，男女睽而其志通也，萬物睽而
其事類也。」──得時

〈蹇‧彖辭〉：「見險而能止，知矣哉。」──知時

〈頤‧彖辭〉：「觀其所養」、「觀其自養」──觀時

〈大過‧彖辭〉：「剛過而中，巽而說行。」──及時

〈解‧彖辭〉：「天地解而雷雨作，雷雨作而百果草木皆甲坼。」
──待時

〈革‧彖辭〉：「天地革而四時成。」──應時

凡此，基本上是以「順」、「隨」、「偕」、「遇」、「明」、「信」、「得」、「知」、「觀」、「及」、「待」、「應」來呈顯「時」的多元意涵。然進一步推敲、比對，此「十二」意涵當可歸納為以下六大類：

一、隨時

併「順時」與「隨時」。黃宗炎於《周易象辭》中說：「隨時者，適當其幾宜之謂〔……〕。因之而千變萬化以施其經綸，因之而事半功倍以成其德業。」又謂：「天道、人事得其所隨，故無不善。」〔註45〕「因」有「順承」義，「因之」即因時、順時；「適其幾宜」，表示不墨守成規，知所變通，對時機能積極地掌握，此即《繫辭下傳》所說的「變通者，趣時者也」。由此看來，「隨時」當可概括「因時」、「順時」、「趣時」，而凸顯其主動意涵。

二、偕時

併「偕時」與「及時」。《孟子‧萬章下》載：「孔子，聖之時者也。」〔註46〕「時」者，能合時宜，即有「偕時」、「及時」的寓意，象徵所作所為能與四時並行，沒有「過」與「不及」的疏失，這就是〈蒙‧彖辭〉所說的「時中」，故《韓詩外傳》作「孔子，聖人之中者也」〔註47〕；《尚書‧胤征》所謂「先時者殺無赦，不及時者殺無赦」〔註48〕，就是在強調「偕時」〔註49〕

〔註45〕參見〔清〕黃宗炎：《周易象辭》，卷六，釋〈隨‧彖辭〉），葉31。

〔註46〕參見〔清〕焦循撰，沈文倬點校：《孟子正義》，卷二十，頁672。

〔註47〕參見〔戰國〕韓嬰撰（舊題），屈守元箋疏：《韓詩外傳箋疏》（成都：巴蜀書社，1996年），卷三，頁334。

〔註48〕參見〔漢〕孔安國傳，〔唐〕孔穎達疏，〔清〕阮元校勘：《尚書正義》，《十三經注疏》，卷九，頁183。

〔註49〕案：這裡所說的「偕時」，即〈乾‧文言〉、〈損‧彖辭〉、〈益‧彖辭〉所載的「與時偕行」。

（及時）、「時中」的重要性。

三、待時

併「遇時」與「待時」。《淮南鴻列‧詮言訓》載：「遇者，能遭於時而得之也，非智能所求而成也。」〔註50〕《荀子‧宥坐》亦言：「遇不遇者時也；死生者命也。今有其人不遇其時，雖賢其能行乎？苟遇其時，何難之有？故君子博學深謀，脩身端行，以俟其時。」〔註51〕「遇時」是一種機緣、巧合，非人所能強得；既然「時」無法強「遇」，則當退而修習養德以「待」來「時」，所謂「韜光養晦」、「伺機而動」，即是此意。

四、知時

併「明時」與「知時」。「明時」與「知時」同義；「知時」（明時）者，能不違其時、不廢其時，此即〈艮‧象辭〉所說的「時止則止，時行則行」的眞正意涵，亦爲《荀子‧仲尼》所載「君子時詘則詘，時伸則伸」〔註52〕一語所欲傳達的思維，故《呂氏春秋‧孝行覽》謂「事之難易，不在小大，務在知時」〔註53〕。

五、觀時

併「信時」與「觀時」。〈觀‧象辭〉載：「觀天之神道，而四時不忒。」「觀天」即「觀時」，是聖人「仰觀」、「俯察」的過程；「四時不忒」即「信時」，由「觀時」而知四時運行無違，萬事物萬各得其所宜，這是一種體悟工夫。因此，「觀時」可說是「信時」的前提、條件，以「觀時」概括「信時」，當無所疑。

六、得時

併「應時」與「得時」。「應時」即「得時」；畢竟，「時」勢所趨，必當起而「應」之，不可遲疑不決，否則時機一過，徒留遺憾而已，豈能有所

〔註50〕 參見劉文典撰，殷光熹點校：《淮南鴻烈集解》（合肥：安徽大學出版社，1998年），頁481。案：「訓」字，劉氏引姚範語：疑「訓」字高誘自名其注解，非《淮南》篇名所有，即誘〈序〉中所云「深思先師之訓」也。〈要略〉無訓字。

〔註51〕 參見〔唐〕楊倞注，〔清〕王先謙集解：《荀子集解‧考證》（臺北：世界書局，2000年），頁478

〔註52〕 同前註，頁98。

〔註53〕 參見陳奇猷校釋：《呂氏春秋校釋》（臺北：華正書局，1988年），頁768。

得？故《說苑‧談叢》謂「時乎時乎，間不及謀。至時之極，間不容息」〔註54〕。

至於「爻時」的深層意涵，主要表現在「得時」、「失時」與「待時」上。「得時」如〈屯〉初九爻「利居貞，利建侯」、〈隨〉初九爻「出門交有功」、〈益〉初九爻「利用為大作，元吉」、〈晉〉六五「失得勿恤。往吉，无不利」、〈大畜〉上九爻「何天之衢，亨」等，或吉、或利、或亨、或有功；「失時」如〈豫〉九三爻「遲有悔」、〈蠱〉六四爻「裕父之蠱，往見，吝」、〈井〉初六爻「舊井无禽」、〈節〉九二爻「不出門庭，凶」等，或悔、或吝、或凶、或无禽；「待時」則如〈蹇〉初六象辭「『往蹇來譽』，宜待也」、〈歸妹〉九四象辭「『愆期』之志，有待而行也」。

以此看來，無論是「卦時」的整體概念或「爻時」的個別意涵，都在彰顯《周易》「時觀」的多元性與周密性。此外，對於「時間結構」，吾人當抱持「恆」與「變」的態度。「恆」者，熊十力認為，道德的形式可隨倫類關係的擴大而創新，但其本質則**恆**常不變，沒有新舊的差別〔註55〕。由此，吾人亦可說：六爻的內容可隨不同的事物而呈現多元形式，但其依時間序列（即時間進程）而變化的本質則**恆**久不易，無古今之別。至於「變」，孔子說：「君子有三戒：少之時，血氣未定，戒之在色；及其壯也，血氣方剛，戒之在鬥；及其老也，血氣既衰，戒之在得。」〔註56〕這是在闡述不同的時間階段當有不同的作法，即時間的變化是同一個事件（人的變化）內容的改變，這就是「變通」之道。由此看來，孔子能說出「無可無不可」〔註57〕的話，當是瀟灑中帶著自信；但是這種瀟灑與自信，並非建立在放浪不羈或恃才傲物上，而是基於對「時變」意涵的體認與掌握，這也是聖人的處世之道。

貳、空間結構

一般來說，對於「空間」的意涵當可分為「空間性」與「非空間性」。前

〔註54〕參見〔漢〕劉向撰，向宗魯校證：《說苑校證》，卷十六，頁392。

〔註55〕參見熊十力述：《中國歷史講話》（臺北：明文書局股份有限公司，1994年），頁58。

〔註56〕參見〔魏〕何晏注，〔宋〕邢昺疏，〔清〕阮元校勘：《論語正義》，《十三經注疏》（臺北：藝文印書館，1997年），卷十六，〈季氏〉，頁149。

〔註57〕同前註，卷十八，〈微子〉，頁166。

者爲感官知覺所能掌握的具體概念，如遠近、高低、上下、左右、前後等；
後者則是人文發展過程中所產生的對待關係，如尊卑、貴賤、剛柔、動靜、
親疏等。《周易》的「空間」意涵，即是「空間性」與「非空間性」的結合；
而其具體表現則在於「空間結構」的建立。《易》卦所說的「位」，就是一種
「空間結構」，其產生條件與「時間結構」相同，必須憑藉事物的介入始能具
體呈現；而從《說卦傳》所載「分陰分陽，迭用柔剛，故《易》六位而成章」
〔註58〕的論述來看，爻位變化的「空間結構」是表現在「六爻」的定向、互
動（卦位），以及「單爻」的自我完成（爻位）上。以下就從這二個命題（「六
爻」與「單爻」）來探討爻位變化的「空間結構」。

首先，從「六爻」的空間結構談起，此可分二方面來說：

一、定向式的「空間結構」

《繫辭上傳》載：「天地設位，而《易》行乎其中矣。」〔註59〕這裡所說
的「位」，就是《易》卦六爻的「位」；《易》周行於天地所設的「六位」之中，
則天地萬物變化也盡在「六位」之中呈顯。因此，《易》卦六爻，從初、二、
三、四、五、上依次定向排列，每一爻即代表事物發展的一個階段；而在各
階段中，由於情境的改變，因而所扮演的角色、所持的立場，以及所處的地
位，也跟著不同，這是《周易》六十四卦的共同特徵，也是爻位變化在「空
間結構」上的基本形式。例如，〈艮〉六爻，從初六「艮其趾」、六二「艮其
腓」、九三「艮其限」、六四「艮其身」、六五「艮其輔」至上九「敦艮」，每
一爻就是一個發展階段，各有其所處的地位，而在六爻分別扮演不同角色的
前提下，全卦的空間結構也隨之建立；其中初爻至五爻是以「身體部位」來
闡述其獨特的功能與影響力，上爻則是前五爻成果的積累，具有厚實的力量
與內涵。又如〈困〉六爻，初六「臀困于株木」、九二「困于酒食」、六三「困
于石，據于蒺藜」、九四「困于金車」、九五「困于赤紱」、上六「困于葛藟」，
由於每一階段所處的環境、空間都不同，因而在發展上所受到的主、客觀限
制也會有差異；也就是說，隨著各階段的能力發揮與特色運用，整體發展的
全貌始能在此中呈顯。其餘各卦亦皆仿此（由下而上）而形成其空間結構，
此不再贅述。

〔註58〕參見〔魏〕王弼注，〔唐〕孔穎達疏，〔清〕阮元校勘：《周易正義》，《十三經
　　　　注疏》，卷九，頁326。
〔註59〕同前註，卷七，頁274。

二、互動式的「空間結構」

《繫辭下傳》載：「《易》之為書也，廣大悉備。有天道焉，有人道焉，有地道焉。兼三材而兩之，故六。六者非它也，三材之道也。」〔註60〕此即以《易》卦六爻（位）象徵「天」、「人」、「地」三材，而能包攬天地間的萬物萬象。也就是說，《易》卦初、二爻處「地」之位，三、四爻為「人」之位，五、上爻居「天」之位；三位（六爻）一體，形成一個完整而浩瀚的「空間結構」，天地間的一切對應關係盡在此中產生，故《繫辭上傳》謂「六爻之動，三極之道」〔註61〕，這是站在「宏觀」的角度上說的。例如，〈謙·彖辭〉謂：「天道虧盈而益謙，地道變盈而流謙，〔……〕，人道惡盈而好謙。」〔註62〕對〈謙〉來說，其所象徵的美與善，盡在天「益」、地「流」、人「好」的三合一空間中呈顯；而天人地三材的互動關係，也因「盈」（主體）的三種面向──「虧」、「變」、「惡」，而彼此聯繫，無所隱藏。至於「微觀」的六爻互動，則是以「承」、「乘」、「比」、「應」（包括「敵」）及「上下」關係所組成的「空間結構」。茲分別說明：

「承」、「乘」、「比」三者是以臨近二爻為互動關係，例如〈歸妹·彖辭〉「柔乘剛」，指的是五爻（陰）「乘」四爻（陽）；「承」與「比」，前者是陽爻居陰爻之上，後者則陰、陽相並。

「應」（含「敵」）是初爻與四爻、二爻與五爻、三爻與上爻的對應關係；其中「應」是陰陽對應，「敵」是陰對陰、陽對陽。例如，〈益·彖辭〉「損上益下，民說无疆」──初、四爻相「應」；〈損·彖辭〉「損下益上，其道上行」、〈咸·彖〉「柔上而剛下，二氣感應以相與」──三、上爻相「應」；〈臨〉、〈升〉、〈萃〉三卦，《彖傳》皆謂「剛中而應」──二、五爻相「應」；以上是對「應」的個別性闡述。至於〈未濟·彖辭〉「剛柔應」、〈恆·彖辭〉「剛柔皆應」，則是上述三種對應方式的綜合；〈艮·彖辭〉「上下敵應，不相與也」，意指三種對應方式皆為「敵對」，即陰對陰、陽對陽。

「上下」包含上、下卦的互動，以及上述四種互動模式外的所有上、下爻的往來。例如，〈明夷·彖辭〉「明入地中」、〈晉·彖辭〉「明出地上」、〈否·彖辭〉「內陰而外陽，內柔而外剛」、〈泰·彖辭〉「內陽而外陰，內健而外順」

〔註60〕同前註，卷八，頁318。
〔註61〕同前註，卷七，頁263。
〔註62〕同前註，卷二，頁80。

等，皆爲上、下卦互動關係；〈蠱・彖辭〉「剛上而柔下」、〈隨・彖辭〉「剛來而下柔」，則是初爻與上爻的互動。

此外，〈大有・彖辭〉謂「柔得尊位大中，而上下應之」，這裡的「應」是指以六五爻爲中心的陰（六五爻）陽（其餘五爻）相應；〈小畜・彖辭〉「柔得位而上下應之」亦仿此，而以六四爻爲中心；〈比・彖辭〉「剛中〔……〕，上下應也」，則以九五爻（陽）爲中心，其餘五爻（陰）應之。這種「應」的關係，是一種兼有「承」、「乘」、「比」、「應」及「上下爻往來」等模式的綜合性互動。

由此看來，「六位」的互動，無論是站在整體的宏觀角度或多元的微觀層面，其以簡御繁的「空間結構」當足以概括天地間的一切對應關係，並且爲人類所效法、取資；而隨著「六位」互動關係的展開，「位中」的概念亦從此產生。《繫辭下傳》載：「若夫雜物撰德，辯是與非，則非其中爻不備。」〔註63〕所謂「中爻」，本包含「全卦之中」與「上、下卦之中」；前者爲二、三、四、五爻並稱，後者則分指五、二爻；又謂「二與四同功而異位，其善不同。二多譽，四多懼〔……〕。三與五同功而異位。三多凶，五多功」〔註64〕。如此看來，爻位當以居「中」之「位」的二、五爻爲貴，這可從《小象傳》對此二爻的評語而獲得進一步證明；諸如「中不自亂」、「中以自考」、「中不自失」、「積中不敗」、「久中」、「中有慶」、「中无尤」、「未出中」、「中直」等，皆以積極、正面的口吻來加以肯定，並多所讚譽。所以會如此，當以二、五爻獲得「中道」〔註65〕的緣故！

其次，就「單爻」的空間結構來說。單爻的「空間結構」主要表現在陰、陽爻的自我完成上，其形式有「當位」與「失位」二種；前者爲「陰爻居陰位」、「陽爻居陽位」，後者則是「陰爻居陽位」、「陽爻居陰位」。在《周易》六十四卦中，六爻皆「當位」、「失位」者，唯〈既濟〉、〈未濟〉二卦，餘則「得」、「失」相間以成其六位；其中「五得一失」者六卦，「四得二失」者十五卦，「三得三失」者二十卦，「二得四失」者十五卦，「一得五失」者六卦。茲以代數的原理來呈現，「單爻」在空間結構上的變化模式當如下：

〔註63〕同前註，卷八，頁317。
〔註64〕同前註，頁318。
〔註65〕案：〈解〉九二爻、〈離〉六二爻、〈蠱〉九二爻、〈夬〉九二爻，《小象傳》皆謂「得中道」。如此看來，《小象傳》對「中道」的界定，當無涉其所處之位的正與否，僅以能避開「過」與「不及」的弊病，而爲其衡量的標準而已。

$$(a+b)^6 = a^6 + 6a^5b + 15a^4b^2 + 20a^3b^3 + 15a^2b^4 + 6ab^5 + b^6$$

（a：當位→陽爻居陽位或陰爻居陰位，b：失位→陰爻居陽位或陽

爻居陰位；小數字代表爻數，大數字代表卦數）

從上述的數字排列看來，「當位」與「失位」的爻數皆成對應關係。例如「五得一失」、「五失一得」的卦，其「當位」、「失位」的爻數皆爲三十爻（5×6）；此雖爲自然之理，卻反映出「對應」關係非僅止於「六爻」的互動，在「單爻」的空間結構中亦同樣獲得彰顯。

　　至於對爻位「得」、「失」的具體記載，則見於《彖傳》〔註66〕、《大象傳》〔註67〕與《小象傳》；但整體來說，主要還是表現在《小象傳》中。雖然如此，《小象傳》對於「當位」與「失位」，並非三百八十四爻逐爻舉述，而是有所選擇。例如，《否》、《隨》、《巽》、《渙》、《比》、《兌》、《中孚》（以上爲九五爻）、《臨》、《家人》、《賁》、《蹇》（以上爲六四爻）、《豫》（六二爻）〔註68〕等，僅針對二、四、五爻而言其「當位」；〈履〉、〈否〉、〈臨〉、〈噬嗑〉、〈震〉、〈睽〉、〈兌〉、〈中孚〉、〈未濟〉（以上爲六三爻）、〈恆〉、〈晉〉、〈萃〉、〈旅〉、〈解〉、〈夬〉、〈萃〉、〈豐〉、〈小過〉（以上爲九四爻）、〈大壯〉（六五爻）等，僅針對三、四、五爻而稱其「失位」；而對於「初爻」、「上爻」〔註69〕，則皆不論其「當位」或「失位」。這種現象與作法，一方面反映出詮釋功能所具有的「隨機性」與「變化性」；另一方面也成爲王弼「初上无陰陽定位」〔註70〕

〔註66〕案：例如「柔得位得中」（〈同人〉）、「柔得尊位」（〈大有〉）、「剛當位而應」（〈遯〉）、「進得位，往有功也」（〈漸〉）、「當位貞吉，以正邦也」（〈蹇〉）、「柔得中而上行，雖不當位，利用獄也」（〈噬嗑〉）、「征凶，位不當也」（〈歸妹〉）、「剛失位」（〈小過〉）等。

〔註67〕案：《大象傳》所載「君子以正位凝命」（〈鼎〉），是對「爻位」得當與否的唯一評述。

〔註68〕案：〈豫〉六二爻「介于石，不終日，貞吉」，《小象傳》說：「『不終日，貞吉』，以中正也。」即居「中」又「當位」；至於〈未濟〉九二爻「曳其輪，貞吉」，《小象傳》說：「九二『貞吉』，中以正也。」此「正」字是說其行爲「端正」，而非指其「當位」而「正」。

〔註69〕案：〈需〉上六爻「入于穴，有不速之客三人來。敬之，終吉」，《小象傳》說：「『不速之客來，敬之終吉』，雖不當位，未大失也。」所謂「不當位」，恐針對爻辭「入於穴」而言；即本居上而往下（入于穴），故失其位，而非其本身的「位」（上六爻）「不當」。

〔註70〕參見〔魏〕王弼著，樓宇烈校釋：《王弼集校釋》，「辯位」，頁613。案：《繫辭下傳》載「二與四同功而異位，其善不同。二多譽，四多懼〔……〕。三與五同功而異位。三多凶，五多功」，文中不論「初爻」與「上爻」；又〈乾‧

所據以立說的材料之一。即使如此，「六位」的個別性及其空間結構，仍然不會被混淆、消解。

此外，對於爻位的陳述——「中正」（即居中得位），主要見於《彖傳》中，這是「六爻」互動形式與「單爻」自我完成的綜合概念，即「位中」與「位當」的合成。例如，〈益·彖辭〉「中正有慶」、〈家人·彖辭〉「正家而天下定」、〈同人·彖辭〉「中正而應，君子正也。唯君子爲能通天下之志」（以上指六二爻）、〈履·彖辭〉「剛中正，履帝位而不疚，光明也」、〈訟·彖辭〉「『利見大人』，尚中正也」、〈需·彖辭〉「『需有孚，光亨貞吉』，位乎天位，以正中也」、〈節·彖辭〉「當位以節，中正以通」（以上指九五爻）等，或有慶、或天下定、或通天下之志、或光明、或利見大人、或位居天位、或通達，都是由於獲致「中正」之位的緣故。如此看來，這種兼具「位中」與「位當」功能的合成體，不僅爲《彖傳》作者所強調、讚頌，並且可作爲「爻位變化」在「單爻」空間結構上的最佳代言。

綜上所述，無論是「六爻」的定向、互動，或「單爻」的自我完成，其「空間結構」必須配合事物發展始能彰顯；而從《繫辭傳》、《彖傳》與《象傳》對「爻位」的積極著墨與各種評述來看，古人不僅重視「位」所帶來的正負效應與影響，並且對其崇敬有加。例如，《繫辭下傳》載「天地之大德曰生，聖人之大寶曰位」〔註71〕；〈家人·彖辭〉謂「女正位乎內，男正位乎外，男女正，天地之大義也」。前者是將天地的「生生之德」與聖人的「寶位」聯繫在一起，即表明「生」與「位」的關係非常密切；後者則直接將「爻位」與天地之道相提並論。

由此可見，古人對「位」的依存度與認同感確實是非常強烈，這也可分別從《論語》「不在其位，不謀其政」（〈憲問〉）、《左傳·成公二年》「蔡侯、許男不書，乘楚車也，謂之失位」〔註72〕、《呂氏春秋·孟夏紀》「行爵出祿，必當其位」〔註73〕、《詩經·大雅》「不解于位，民之攸墍」（〈假樂〉）、

　　文言〉載：「上九曰『亢龍有悔』何謂也？子曰：『貴而無位，高而無民，賢人在下位而無輔，是以動而有悔也。』」凡此，當爲王弼立說所取資；至於「初上无陰陽定位」中的「无」字，或可作「超越」解。

〔註71〕參見〔魏〕王弼注，〔唐〕孔穎達疏，〔清〕阮元校勘：《周易正義》，《十三經注疏》，卷八，頁297。

〔註72〕參見〔周〕左丘明傳，〔晉〕杜預注，〔唐〕孔穎達疏，〔清〕阮元校勘：《春秋左傳正義》，《十三經注疏本》，卷二十五，頁430。

〔註73〕參見陳奇猷校釋：《呂氏春秋校釋》，頁185。

《詩經‧周頌》「明昭有周，式序在位」（〈時邁〉）及《荀子‧儒效》「明主譎德而序位，所以為不亂也」〔註74〕等論述而獲得證成。此外，對於如何「存位」、「守位」，《繫辭傳》也有明訓，即「謙」〔註75〕與「仁」〔註76〕；「謙」則能讓人，「仁」則能濟人，二者皆可化解無謂的爭端與衝突，並且獲得人民的敬愛與信賴，故其位可「存」、可「守」。

參、時空密合

前面說過，「爻位變化」的結構性是以「時間」（時）、「空間」（位）為主體，此亦可從《易》卦所冠稱的初爻、上爻而獲得證成。「初」與「上」分別是「時間」與「空間」的概念，故「六爻」是由「時」、「空」（位）交錯所構成的天地變化場域。以〈需〉為例，從初爻「需于郊」、二爻「需于沙」、三爻「需于泥」、四爻「需于血」、五爻「需于酒食」，至上爻「入于穴」，在時間序列的逐次發展下，分別代表不同空間、環境的「郊」、「沙」、「泥」、「血」、「酒食」、「穴」亦隨之而生；這種兼具「位」的轉移與「時」的流動的發展過程，即是六爻變化的整體結構，其彼此關係的緊密性自是不可否認。此外，《繫辭下傳》謂：「其初難知，其上易知，本末也。初辭擬之，卒成之終。」〔註77〕凡事物發展的開端，其跡象（包含時空）多難以窺知，只能擬議而已；待事物發展到最後，其全貌即灼然可見。這是透過具體事物的發展過程所獲致的理解。也就是說，「爻位變化」的時空結構是以「事物介入」為前提，如果沒有事物的介入，則「爻位變化」的結構性就不存在。

牟宗三先生認為，「時是表示創新，位是表示永恆」〔註78〕。倘若如此，則「時」與「位」恐將成為矛盾、對立的關係。筆者以為，宇宙的原貌為渾沌、太極、道，其間尚無「時」、「空」的分別；太極既判，則「時」、「空」便從此誕生，此即〈乾‧象辭〉所載「雲行雨施，品物流形」〔註79〕的內涵。也就是說，《周易》的「時」、「空」意涵表現在二方面：一是「自體存在性」，

〔註74〕參見〔唐〕楊倞注，〔清〕王先謙集解：《荀子集解‧考證》，〈儒效〉，頁112。
〔註75〕參見〔魏〕王弼注，〔唐〕孔穎達疏，〔清〕阮元校勘：《周易正義》，《十三經注疏》，卷七，《繫辭上傳》，頁278。
〔註76〕同前註，卷八，《繫辭下傳》，頁297。
〔註77〕同前註，頁316。
〔註78〕參見牟宗三：《周易的自然哲學與道德函義》，頁201。
〔註79〕參見〔魏〕王弼注，〔唐〕孔穎達疏，〔清〕阮元校勘：《周易正義》，《十三經注疏》，卷一，頁7。

這是太極初分兩儀（陰陽）的產生階段；二是「互動生成性」，這是陰陽相融之後，演化至四象、八卦的發展階段。前者的「時」、「空」具有永恆性，即其存在不因事物的有無而改變；後者則屬於互動的「時空結構」，必須藉由事物的介入始能完成，這也是本節所強調的概念。因此，牟氏所謂的「創新」，當是事物介入後的結構性變化，非「時間」原生本質；而在事物介入後，「空間」（位）亦將隨其改易，而非「永恆」不變，這才合乎「時位一體」與「六位時成」的《易》道精神。此外，唐華引述愛因斯坦的話，以為如果沒有內容，時空是根本不能存在的〔註80〕；但又說：「諸事物因空間而存在，空間卻不依諸事物而有無。」〔註81〕這種矛盾說法，恐是導源於對《周易》時空內涵的誤解。基本上，前者是站在科學唯物史觀的角度來說的，是一種感官的物理世界現象；後者則是立足於時、空的自體存在性，是對其超越現象界的一種陳述，這與高懷民先生根據《周易》的哲學理論，認為時空的發生是在「萬物形體產生以前的性命發生階段」〔註82〕的說法異曲同工。儘管如此，皆與「爻位變化」的時空結構有其本質上的差異。

　　吳澄在《吳文正集・時齋記》中說：「一卦一時，則六十四時不同也；一爻一時，則三百八十四時不同也。」〔註83〕文中雖僅提及「時」的變化，但「位」與「時」具有整體性，故以「卦時」而言，六十四「時」不同，則六十四「位」（卦位）亦有別；以「爻時」來說，三百八十四「時」不同，則三百八十四「位」（爻位）也會隨之而異。這種透過不同時間、空間組合的變化過程，就是「爻位變化」所要強調的基本概念；而藉由這種概念的建立，對於「卦」、「爻」之間的關係，可以如此說：爻因卦而動，這是「位」殊；卦隨爻而變，這是「時」異。所以傳統的「卦變」（由某卦而來）說，實與《易》道宏旨無涉。有學者以為六爻變動的三極（三材）之道，即時間、空間、人間〔註84〕，此恐有淆亂《易》道之嫌。筆者以為，所謂三極之道，乃「天、

〔註80〕參見唐華：《易經變化原理》（上海：上海社會科學院出版，1993年），頁88～89。

〔註81〕同前註，頁97。

〔註82〕參見高懷民：〈易經哲學的時空觀〉，《華岡文科學報》第十六期，頁22。案：所謂「性命發生階段」，即是筆者所說的「太極初分兩儀的產生階段」，其呈現方式就是萬物資始、資生的「乾元」與「坤元」；這是從時、空的原生本質來說。

〔註83〕參見〔元〕吳澄撰：《吳文正集》（四庫全書・集部），卷四十，葉19。

〔註84〕案：唐華於《易經變化原理》一書中所堅稱。

人、地」三者相互聯繫所構成的宇宙變化場域。天地本一體，既是空間，亦是時間，人（萬物）處其中，自然融入於時空的各種變化，因此「三材」爲整體概念，不得於時間、空間之外，另立「人間」〔註85〕。

在《周易》的思想體系中，「爻位變化」所具有的時空結構，無論就其整體性的聯繫或個別性的發揮，均能自然流露其「變」、「動」的特質，而這種特質無疑是《易》道「生生之德」所要傳達的深層內涵；《莊子・秋水》所說的「物之生也，若驟若馳，無動而不變，無時而不移」〔註86〕，雖是闡釋天地自然之道，然對於萬物的生長，亦循著這種變動模式發論，此當是在時空結構彼此緊密下所建立的概念。故《繫辭下傳》謂《易》「不可爲典要，唯變所適」〔註87〕，不僅說明天地萬事萬物皆隨時而變、因位而動，且間接否定了缺乏積極性與創造性的「宿命論」。例如，〈屯〉六二爻與六四爻皆言「婚」事，然六二爻「貞不字，十年乃字」，六四爻則「往吉，无不利」，這是時機掌握上的差異，也是空間變化後的結果。六二爻於位乘剛，雖有九五爻相應，然於時尚遠，故有不進之象；六四爻則不僅有初九爻相應（舊勢力），又能上承九五爻（新勢力），兩剛並濟，其銳實不可擋，可說是挾其勢、得天時，故能無往不利；此正與《孟子・公孫丑上》所載「雖有智慧，不如乘勢；雖有鎡基，不如待時」〔註88〕的思維不謀而合。

《繫辭下傳》載：「君子藏器于身，待時而動，何不利之有？」〔註89〕「時」即時間的改變；「動」即空間的轉換；「藏器于身」即「才」的展現；「待」字，則是指積極主動的觀察，而非消極的等待。整段話凸顯了對「時」、「位」、「才」的積極運用，故葛洪於《抱朴子外篇》中說：「時之得也，則飄乎猶應龍之覽景雲；時之失也，則蕩然若巨魚之枯崇陸。是以智者藏其器以有待也，隱其身而有爲也。」〔註90〕「有待」、「有爲」是反映「時」、「空」的結構變化，「藏

〔註85〕案：「人間」是一種以「人」爲主體所發展出來的綜合性概念（時空的變化即蘊涵其中），其內涵雖能涵蓋一切的現象界，但若與「時間」、「空間」並論，不僅在性質上無法聯貫，而且容易造成觀念上的模糊。

〔註86〕參見〔宋〕林希逸撰，周啓成校注：《莊子鬳齋口義校注》，頁268。

〔註87〕參見〔魏〕王弼注，〔唐〕孔穎達疏，〔清〕阮元校勘：《周易正義》，《十三經注疏》，卷八，頁315。

〔註88〕參見〔清〕焦循撰，沈文倬點校：《孟子正義》，卷六，頁183。

〔註89〕參見〔魏〕王弼注，〔唐〕孔穎達疏，〔清〕阮元校勘：《周易正義》，《十三經注疏》，卷八，頁306。

〔註90〕參見〔晉〕葛洪著，楊明照校箋：《抱朴子外篇校箋》（北京：中華書局，1996

其器」、「隱其身」則是適時變通下的權宜作法。至於《莊子・秋水》所載：「北海若曰：『井蛙不可以語於海者，拘於虛也；夏蟲不可以語於冰者，篤於時也。』」〔註91〕「拘於虛」，則所見狹而不明；「篤於時」，則所往塞而不通。這是執守於特定空間、時間的必然後果，也是對無法掌握時位、不知變通之道的一種訓戒。

由此看來，無論是人類或其他物種，在面對生命中各種不可預知的情境與變化時，除了依賴後天的才德培養與天生的自然本能外，對於環境的觀察、時空的掌握，更是重要；《繫辭上傳》所謂「廣大配天地，變通配四時」〔註92〕，即是對此思維的強調。因此，為落實這種觀察與掌握的能力，必須要具有超越現實的敏銳眼光與積極、主動的實踐精神。例如，《繫辭下傳》說：「乾，陽物也；坤，陰物也。陰陽合德而剛柔有體，以體天地之撰，以通神明之德。」〔註93〕乾坤所以為陽陰之物，陽陰所以具剛柔之性，這是在觀察天地（乾坤）消長與日月變化後所獲致的結論，此與《象傳》「君子尚消息盈虛，天行也」（〈剝〉）、「先甲三日，後甲三日，終則有始，天行也」（〈蠱〉）所要傳達的概念相同；而「體天地」、「通神明」則是在與天地的不斷互動過程中，得到合宜的對應方式，這不僅是對實踐精神的高度發揮，也是對天人相感的自覺與體悟，故〈乾・象辭〉謂「天行健，君子以自強不息」〔註94〕。

此外，對聖人來說，《易》是其「崇德」、「廣業」的精神依傍；而這種精神依傍是建構在《易》具有時間延續與空間擴大的特質上。「崇德」與「廣業」固以「仁」為主體內涵，即以實現「仁」德為最終目標，然表現方式自有不同。前者主於內在修養，後者偏於外在表現；「內在修養」須透過時間的延續來成就，「外在表現」則是在此基礎下對空間的逐步擴大。總之，二者是在積極與不息的認知下對時空結構所作的圓滿詮釋，這不僅是長期積累的成果，更是應變能力的一種提升。

綜上所述，無論透過《易》卦六爻直接呈顯的整體內涵或間接引申的各

年），頁275。
〔註91〕參見〔宋〕林希逸撰，周啟成校注：《莊子鬳齋口義校注》，頁260。
〔註92〕參見〔魏〕王弼注，〔唐〕孔穎達疏，〔清〕阮元校勘：《周易正義》，《十三經注疏》，卷七，頁273。
〔註93〕同前註，卷八，頁311。
〔註94〕同前註，卷一，頁10。

種思維，均足以闡釋「爻位變化」在時空結構上所具有的積極性與變化性；而這種兼具積極與變化的特性，當可用「密合」二字來加以詮解、概括，此亦可從《左傳·昭公五年》所載「穆子之生也，莊叔以《周易》筮之，遇〈明夷〉之〈謙〉〔……〕。明夷，日也。日之數十，故有十時，亦當十位」〔註95〕的一段話加以證明。筆者以為，一般對過去、現在、未來的「時間」認知，當是以空間（位）「不變」為其立論依據；然而實際上，一旦事物介入，空間（位）便會隨「時」而變，時間也會因「位」而遷，二者是不即不離的整體概念。因此，《論語》說「逝者如斯，不舍晝夜」（〈子罕〉），表面上對時間流逝的感歎，然而仔細思考「不舍」二字，則不難發現其所蘊涵的積極性變動思想。也就是說，聖人以「水的流動」現象，一方面象徵天地萬事萬物所具有的變化性，即生命是不斷創新的過程；另一方面則闡釋「空間」會隨著「時間」的流動而改易。以此看來，時間與空間的關係誠然密不可分，這是天地變化與四時運行的實質內涵，也是「爻位變化」在結構上所遵循的最高準則。

〔註95〕參見〔周〕左丘明傳，〔晉〕杜預注，〔唐〕孔穎達疏，〔清〕阮元校勘：《春秋左傳正義》，卷四十三，頁743。

第四章　《周易》爻位變化的玄妙義蘊

　　《周易》是先聖先賢的智慧結晶，更是中國古代思想的先驅，其被推爲群經之首，自是當之無愧；而《易》學則是通過對《周易》的各種解釋、論述所發展而成的綜合性統稱，且從中所散發出來的光芒，自先秦以至近代，始終不減。本章即是以此思維發端，並藉由前賢的努力成果，間以個人的粗略見解，試圖從「爻位變化」的認知結構中，進一步探討存在於天地萬物之間的各種玄妙義蘊。

　　《周易》講變化，實際上是由陰陽相推、六爻相雜的過程中，逐漸演化爲綜論「天人關係」〔註1〕及「人際互動」的哲理書。故統論「爻位變化」之道，即是申明《周易》「變動不居，周流六虛」的要旨。反過來說，在《周易》中，無論是直接涉及變動概念的論述，或由此概念所引申出來的各種思維，究其本源，亦當出於陰陽、六爻的互動與變化；此可以《說卦傳》所載「昔者聖人之作《易》也，幽贊於神明而生蓍，參天兩地而倚數，觀變於陰陽而立卦，發揮於剛柔而生爻，和順於道德而理於義，窮理盡性以至於命」〔註2〕

〔註 1〕　案：關於「天人關係」，丁四新先生於〈郭店簡書的天人之辨〉（收入《郭店楚簡國際學術研討會論文集》，頁 582～587）一文中指出，郭店簡書中的《窮達以時》及《語叢一》第 29、30 簡提出的「天人有分」、「察天人之分」思想，可能揭開了先秦諸子進行「天人之辨」（天人關係）並對其進行深入思考的序幕，其思想深度雖不能與莊、荀相比，但其始作的功勞則不能抹殺；並認爲「天人相分」與「天人合一」的思想往往往往是彼此紐結在一起，不應偏執一邊而作出極端的推論。此外，龐朴所撰〈天人三式——郭店楚簡所見天人關係試說〉（收入《郭店楚簡國際學術研討會論文集》，頁 31～36）一文，也可供參考。

〔註 2〕　參見〔魏〕王弼注，〔唐〕孔穎達疏，〔清〕阮元校勘：《周易正義》，《十三經

的論述作爲佐證。可見「爻位變化」不僅在形式上具備多元性與積極性，其在思想內涵方面也是如此。

有鑑於此，筆者即以「整體」、「感應」及「共性」等三個命題，分別析論「爻位變化」所蘊涵的玄妙思維，以作爲學者、同好的參考。

第一節　爻位變化所蘊涵的整體思維

天地間萬事萬物的表現方式雖呈多元且富於變化，然而就其整體內涵及精神來說，本有不可分割、動搖之處；尤其是天地陰陽及藉此所引發出來的六爻變化與各種詮釋，其背後所蘊藏的整體思維，自是非歷史演進所能加以改變或消解，這是《周易》所強調的基本概念。因此，本節乃從「陰陽和諧」、「象數與義理的融合」及「理氣歸元」等三方面著手，試就爻位變化在思想上所呈顯的整體性，作一粗淺的論述。

壹、陰陽和諧

有關「陰陽」的概念，考《山海經》載「狄山，帝堯葬于陽，帝嚳葬于陰」〔註3〕、「蒼梧之山，帝舜葬于陽，帝丹朱葬于陰」〔註4〕、「漢水出鮒魚之山，帝顓頊葬于陽，九嬪葬于陰，四蛇衛之」〔註5〕，「陰」、「陽」二字，在此都是「方位」的代稱，所謂「山南爲陽，水南爲陰」，這是古人從自然光所衍生出來的概念；至於〈大荒南經〉所稱「帝堯、帝嚳、帝舜葬于岳山」〔註6〕，又說「蒼梧之丘，蒼梧之淵，其中有九嶷山，舜之所葬」（〈海內經〉），則「狄山」、「九嚴山」、「岳山」三者，應是名異而實同。到了春秋時期，「陰陽」已被轉化爲「氣」的概念。例如，《國語‧周語上》載：

> 幽王二年，西周三川皆震。伯陽父曰：「周將亡矣！夫天地之氣，不失其序；若過其序，民亂之也。陽伏而不能出，陰迫而不能烝，於是有地震。今三川皆震，是陽失其所而鎮陰也。陽失而在陰，川源

注疏》，卷九，頁 323～325。

〔註3〕參見〔晉〕郭璞注：〈海外南經〉，《山海經》（北京：京華出版社，2000年），卷六，頁 51。

〔註4〕同前註，卷十，〈海內南經〉，頁 56。

〔註5〕同前註，卷十三，〈海內東經〉，頁 61。此說並見於〈海外北經〉，頁 54；然「鮒魚」作「務隅」，此諧音通假。

〔註6〕同前註，卷十五，頁 66。

必塞；源塞，國必亡。〔……〕。」是歲也，三川竭，岐山崩。十一

年，幽王乃滅，周乃東遷。〔註7〕

文中，「陰陽」已被賦予「氣」的質性，且分別獨立而存在，其對人事所造成的關鍵性影響，也間接強化了本身的功能屬性與實質效果。例如，《禮記‧樂記》言「地氣上齊，天氣下降，陰陽相摩，天地相蕩，鼓之以雷霆，奮之以風雨，動之以四時，煖之以日月，而百化興焉」〔註8〕，即是在此基礎下所建構出來的變動思維與衍生意識；《淮南鴻烈‧天文訓》謂「毛羽者，飛行之類也，故屬於陽。介鱗者，蟄伏之類也，故屬於陰」〔註9〕，這是對天地萬物各具有其陰、陽特質的概括性詮釋，而這種詮釋當源自《繫辭下傳》所載「乾，陽物也；坤，陰物也」的乾坤動靜觀；《穀梁傳‧定公元年》說「古之神人有應上公者，通乎陰陽，君親帥諸大夫道之而以請焉」〔註10〕，則是明白昭示陰陽二氣具有溝通天人、維繫上下的效能，其重要性與功能性不言可喻。可見在陰、陽（氣）概念確立後，古人便自然、廣泛地藉由它來詮解生活中所面對的各種現象，包括天地變化與人神互動，以獲得正確、有效的對應方法；甚至還進一步用來闡釋「養生」之道，如《禮記‧郊特牲》所說的「凡飲，養陽氣也；凡食，養陰氣也」〔註11〕。由此看來，陰、陽二氣實具有變化與創造的特性，且隨著時空的不斷演進而獲得更積極與多元的發揮。

在《周易》中，對「陰」、「陽」二氣的闡釋與運用，主要表現在傳文中，並以生成演化與循環互動爲論述主軸。例如，《繫辭上傳》說：「《易》有太極，是生兩儀，兩儀生四象，四象生八卦。」〔註12〕在這裡，陰陽（兩儀）已被賦予演化生成的神聖任務，具有高度的哲學意涵。又如《繫辭上傳》謂「陰陽之義配日月」，晝夜相倚、日月相成是天地變化與四時運行的自然法則；而此自然法則無疑涵藏循環往復與相倚相成的變動精神，這正是陰陽在本質內涵上的積極展現。由此看來，天地變化、四時運行與日月循環是以「陰陽」

〔註7〕 參見〔周〕左丘明撰，〔吳〕韋昭注：《國語》，頁26～27。

〔註8〕 參見〔清〕孫希旦：《禮記集解》，頁993。

〔註9〕 參見劉文典撰，殷光熹點校：《淮南鴻烈集解》，頁80。

〔註10〕 參見〔晉〕范甯集解，〔唐〕楊士勛疏，〔清〕阮元校勘：《穀梁傳》，《十三經注疏》（北京：北京大學出版社，1999年），頁317。

〔註11〕 參見〔清〕孫希旦：《禮記集解》，頁671。

〔註12〕 參見〔魏〕王弼注，〔唐〕孔穎達疏，〔清〕阮元校勘：《周易正義》，《十三經注疏》，卷七，頁289。

爲其精神主體。故《莊子・天下篇》稱「《易》以道陰陽」〔註13〕，即直接將《易》道本質以「陰陽」二字涵蓋，此與《繫辭上傳》所強調的「一陰一陽之謂道」，形成相互聯繫、照應的效果，這不僅爲後世《易》學提供了各種理論依據，並且隨著多元而廣泛的人文發展與社會需要，逐漸形成一股不可抗拒的研究風潮；朱熹認爲「大而天地萬物，小而起居食息，皆太極陰陽之理」〔註14〕，即是根據這種闡釋所作的進一步推衍。

既然「陰」、「陽」是《易》道的主體內涵，並且具有生成演化與循環互動的功能及特質，則彼此之間的對應關係究竟如何呢？以下即針對這個問題來作說明：

前面說過，晝夜變化是陰陽本質內涵的外在表現，故《繫辭上傳》謂「剛柔者，晝夜之象也」〔註15〕，即表明「柔剛」與「陰陽」是相同的概念；這也可以從〈否・象辭〉所記載的「內陰而外陽，內柔而外剛」而獲得進一步理解。而從剛柔所呈顯的對應關係中，當可看出二者（陰、陽）是處於和諧的互動狀態，且經由這種和諧的互動，天地萬物始能蓬勃發展、不斷繁衍。例如，〈大有・象辭〉載「柔得尊位，大中而上下應」，即呈顯六五爻（柔）雖處尊位，然能以虛下的態度「和諧」於其餘五爻（剛），故「應」無所遺；此與《繫辭下傳》所稱「陰陽合德而剛柔有體」〔註16〕的思維緊緊相扣。又如〈臨・象辭〉謂「剛中而應，大亨以正，天之道也」、〈无妄・象辭〉言「剛中而應，大亨以正，天之命也」，皆以剛柔相應爲天地的正道、正命，這是對陰陽和諧的本質意義所作的最簡要而明確的詮釋；而〈咸・象辭〉所載「柔上而剛下，二氣感應以相與〔……〕。天地感而萬物化生，聖人感人心而天下和平。觀其所感，而天地萬物之情可見矣」的論述，則是以宏觀的思維及開闊的胸襟來闡釋天地陰陽相感、相諧所帶來的實質效果。這種蘊涵天地一體、陰陽和諧的哲學思維，亦可從歷代古籍所載而獲得印證。茲略舉如下：

> 天地訢合，陰陽相得，煦嫗覆育萬物。（《禮記・樂記》）
>
> 陰陽變化，一上一下，合而成章。（《呂氏春秋・仲夏記》）

〔註13〕參見〔宋〕林希逸撰，周啓成校注：《莊子鬳齋口義校注》，頁490。

〔註14〕參見〔宋〕黎靖德編：《朱子語類》，卷六，〈性理三・仁義禮智〉，頁99。

〔註15〕參見〔魏〕王弼注，〔唐〕孔穎達疏，〔清〕阮元校勘：《周易正義》，《十三經注疏》，卷七，頁262。

〔註16〕同前註，卷八，頁311。

舉事慎陰陽之和，種樹節四時之適，無早晚之失，寒溫之災，則入多。（《韓非子·難二》）

大師：掌六律、六同，以合陰陽之聲。〔註17〕（《周禮·春官·宗伯》）

陰陽長短，終始相巡，以致天下之和。（《禮記·祭義》）。

樂由陽來者也，禮由陰作者也，陰陽和而萬物得。（《禮記·郊特牲》）

陰陽爭，諸生蕩。君子齊戒，處必掩身。身欲寧，去聲色，禁耆慾。安形性，事欲靜，以待陰陽之所定。〔註18〕（《禮記·月令》）

天地交而萬物通，陰陽和而四時序。〔註19〕（《全唐詩》卷三）

陰陽降大和，宇宙得其中。舟車滿川陸，四國靡不通。〔註20〕（《全唐詩》卷一九二）

凡此，或從正面直接標舉，或由反面間接傳達（如〈月令〉），皆能積極展現陰陽彼此之間相互依存與和諧互動的特性。對此，劉熙載於《持志塾言》中亦言：

〈坤〉道之「順」，「順」〈乾〉之「健」也，若解作與「健」字相反，失之遠矣。〔註21〕

此即說明陰（坤）、陽（乾）二者並非處於對立的狀態，而是既消既長、無消無長、相輔相成的對待關係。由此看來，天地萬物所以能久長而生生不息，當是陰陽相諧的結果，而非陰陽對立或矛盾所致，如此才符合《繫辭上傳》所載「富有之謂大業，日新之謂盛德，生生之謂《易》」〔註22〕的創世精神。而透過對陰陽彼此和諧共榮的體認，可以明確知道陰陽本是一體，非陽自陽、陰自陰。故黃宗炎認為世儒以「扶陽抑陰」、「進君子退小人」發論者，不但

〔註17〕 案：「陽聲」爲黃鐘、大蔟、姑洗、蕤賓、夷則、無射；「陰聲」則是大呂、應鐘、南呂、函鐘、小呂、夾鐘。
〔註18〕 案：此段話亦見於《呂氏春秋·仲春紀》。
〔註19〕 案：此爲唐明皇在〈春中興慶宮酺宴·并序〉一文中所言。
〔註20〕 案：此爲韋應物〈同德寺閣集眺〉詩中的句子。
〔註21〕 參見劉熙載：《持志塾言》，《劉熙載文集》（南京：江蘇古籍出版社，2000年），頁44。
〔註22〕 參見〔魏〕王弼注，〔唐〕孔穎達疏，〔清〕阮元校勘：《周易正義》，《十三經注疏》，卷七，頁271。

扭曲經傳的原旨，也局限、矮化了天地、聖賢的度量與胸襟〔註23〕！筆者以爲，「扶陽抑陰」固然是違逆自然的人爲造作，但宣稱「陽大陰小」或「陽貴陰賤」、「陽尊陰卑」，也未嘗不是囿於封建人文的階級觀，即禮義化成的後設認知，此實非天地厚生之道。

《朱子語類·理氣上·太極天地上》載：

> 陰以陽爲質，陽以陰爲質。水內明而外暗，火內暗而外明。橫渠曰
> 「陰陽之精，互藏其宅」，正此意也。〔註24〕

「水」外陰而內陽，「火」外陽而內陰，陰陽互動之間，明暗自然呈顯，因此說「陰以陽爲質，陽以陰爲質」；而所謂「互藏其宅」，即闡釋陰陽彼此不僅是相互依存的關係，並且處於平等的地位。這種彼此平等、相互依存的緊密關係，一方面可用來澄清陰陽之間並沒有所謂的「大小」、「貴賤」、「尊卑」之分；另一方面也能彰顯《易》道所強調的「生成原理」，即「陰陽」（兩儀）並出「太極」。高懷民先生於〈易經哲學的時空觀〉一文中說：「兩儀之生，有先後之差別。」〔註25〕這恐怕是誤解了〈坤〉卦辭「先迷，後得主」的意涵；而對於「兩儀」的詮釋也有待釐清。筆者以爲，說「兩儀」爲陰陽、乾坤，此無疑義；但說它是〈乾〉、〈坤〉，則有待商榷！基本上，前者象徵天地、自然的原始質性，後者則代表化生後的變化模式；二者所指涉的意涵有本質上的差異。此外，「先迷，後得主」爲利於君子的占辭，是先人經驗的歸納，屬於「用」的概念；而〈坤·文言〉所謂「〈坤〉道其順乎？承天而時行」〔註26〕，旨在闡釋〈坤〉有「順」〈乾〉涵義，這是就其性質而言。然以太極演化原理來說，「兩儀」的生成，究竟沒有先後的分別；也就是說，卦辭（「先迷，後得主」）中的「先」、「後」二字，實無關於太極生成原理的原貌。對此，朱子即明白指出，「動靜無端，陰陽無始，不可分先後」〔註27〕，這與《易緯·乾鑿度》所載「乾坤相並俱生」〔註28〕的乾（陽）坤（陰）並生觀，皆可作爲後學在陰陽概念與認知上的導引與參照，此對《易》道精神

〔註23〕參見〔清〕黃宗炎：《周易象辭》，釋〈大壯〉、〈解〉六五爻。

〔註24〕參見〔宋〕黎靖德編：《朱子語類》，卷一，頁10～11。

〔註25〕參見高懷民：〈易經哲學的時空觀〉，《華岡文科學報》第十六期，頁24。

〔註26〕參見〔魏〕王弼注，〔唐〕孔穎達疏，〔清〕阮元校勘：《周易正義》，《十三經注疏》，卷一，頁31。

〔註27〕參見〔宋〕黎靖德編：《朱子語類》，卷一，〈理氣上·太極天地上〉，頁1。

〔註28〕參見〔日〕安居香山、中村璋八輯：《緯書集成》，頁13。

的傳達及詮解來說，實具有積極、正向的實質功能與意義。至於《淮南子‧天文訓》載：「陽生於陰，陰生於陽。陰陽相錯，四維乃通。」〔註29〕筆者以為，陰陽（兩儀）既然並出於太極，則「太極」為母、「陰、陽」為子，豈有二子相生的道理？因此，說「陰陽相錯」以成其變化，是可以的；但如果說「陽生於陰，陰生於陽」，則萬萬不可。基本上，後者與周子《太極圖說》所載「一動一靜，互為其根，分陰分陽，兩儀立焉」〔註30〕的論述相類，皆違背《易》道的基本精神內涵。

總之，《易》道的本質內涵是以「陰」、「陽」為主體，而所散發出來的生命氣息，則積極表現在彼此（陰、陽）之間相倚相成的和諧互動上，且透過這種和諧的互動關係，吾人對於天地萬物所以能循環往復、生生不息，便能獲得合理而確切的解釋；而對於抱持陰陽對立的說法、論點，亦能予以堅決駁斥。此外，站在宇宙生成的角度來看，陰、陽並出太極，彼此之間不僅沒有先後的問題，也非彼生此、此生彼的化生關係。

貳、象數與義理的融合

《四庫全書總目‧易類序》載：

> 《易》之為書，推天道以明人事者也。《左傳》所記諸占，蓋猶太卜之遺法。漢儒言象數，去古未遠也，一變而為京、焦，入于磯祥，再變而為陳、邵，務窮造化，《易》遂不切于民用。王弼盡黜象數，說以老、莊，一變而胡瑗、程子，始闡明儒理，再變而為李光、楊萬里，又參證史事，《易》遂日啟其論端。此兩派六宗，已互相攻駁。〔註31〕

「兩派六宗」，這是清代對《易》學流派演變的綜合性評論，為概括性的表述，並非《易》學的全貌。然而評論中所說的「互相攻駁」，則是不爭的事實；也因此，如何解決這種窘況並加以釐清，應是後學義不容辭的事。

《左傳‧僖公十五年》載：「龜，象也；筮，數也。物生而後有象，象而後有滋，滋而後有數。」〔註32〕文中「象數」二字所代表的意義，前後並不

〔註29〕參見劉文典撰，殷光熹點校：《淮南鴻烈集解》，頁122。
〔註30〕案：所謂「互為其根」，即標識其以陰陽為「相生」關係。
〔註31〕參見〔清〕紀昀等編：《欽定四庫全書總目》，頁3。
〔註32〕參見楊伯峻編著：《春秋左傳注》（臺北：洪葉文化事業有限公司，1993年），頁365。

相同。前者爲隨機感應的作用，具有解析符號的特徵；後者則是對客觀事物的探索，爲對原始直觀經驗的一種傳承，屬於歸納統計的性質。至於龜在筮先，此亦可見於《左傳‧僖公四年》所載「晉獻公欲立驪姬爲夫人」一段〔註33〕。考《尚書‧洪範》載：

> 乃命卜筮〔……〕三人占，則從二之言。……汝則從，龜從，筮從，卿士從，庶民從，是謂之大同。〔……〕汝則從，龜從，筮從，卿士逆，庶民逆，吉。卿士從，龜從，筮從，汝則逆，庶民逆，吉。庶民從，龜從，筮從，汝則逆，卿士逆，吉。汝則從，龜從，筮逆，卿士逆，庶民逆，作內吉，作外凶。〔註34〕

這是箕子回答周武王問政時所說的話。文中對「龜在筮先」的強調可見一斑，而箕子是殷商的王室貴族〔註35〕，因此「龜在筮先」應爲殷商舊制。在另一方面，《周禮‧筮人》記載：「凡國之大事，先筮而後卜。」〔註36〕這是表明「筮在龜先」。由此看來，對卜筮一事，無論是「龜在筮先」或「筮在龜先」，皆可詮釋爲「對存在價值理解的主觀意識作用」。但無論如何，卜筮對古人來說，實具有特殊意涵。

《繫辭下傳》謂「定天下之吉凶、成天下之亹亹者，莫大乎蓍龜」〔註37〕，這是對卜筮具有窺探幽昧玄理功能的陳述，也蘊涵了古人對卜筮行爲的普遍認同；又《史記‧日者列傳》載：「自古受命而王，王者之興何嘗不以卜筮決於天命哉！其於周尤甚，及秦可見。」〔註38〕這種將「興國」與「天命」作緊密的結合，是造就古代卜筮興盛不衰的主要原因，也因而讓後世得以窺見先人承天建業的初貌。例如，《禮記‧曲禮上》記載：

> 卜筮者，先聖王之所以使民信時日、敬鬼神、畏法令也；所以使民決嫌疑、定猶與也。故曰：疑而筮之，則弗非也；日而行事，則必

〔註33〕 同前註，頁295。
〔註34〕 參見〔漢〕孔安國傳，〔唐〕孔穎達疏，〔清〕阮元校勘：《尚書正義》，頁314～315。
〔註35〕 案：《尚書‧洪範》載「武王勝殷，殺受，立武庚，以箕子歸，作〈洪範〉」，則箕子應爲殷商的王室貴族。
〔註36〕 參見〔清〕孫詒讓撰：《周禮正義》，頁1965。
〔註37〕 參見〔魏〕王弼注，〔唐〕孔穎達疏，〔清〕阮元校勘：《周易正義》，《十三經注疏》，卷八，頁289～290。
〔註38〕 參見〔漢〕司馬遷撰，〔唐〕司馬貞、〔唐〕張守節、〔宋〕裴駰等三家注：《史記》，卷一二七，頁3215。

踐之。〔註39〕

從文中可以發現，卜筮對古人來說，不僅能夠決嫌疑、定猶豫，更可用來教化百姓、凝聚民心、鞏固政權，實具有高度的人文思想，且在本質上與「巫術」是有極大的差異。今人鄭剛在《中國人的精神》一書中指出，「巫術是林立的事物的變幻關係和變幻作爲事物的基礎這兩個觀念的結合」〔註40〕，它是「沒有嚴格意義的哲學」〔註41〕；詹鄞鑫先生也認爲巫術的目的「在于影響或改變外部自然世界或想像中的鬼神世界」，而占卜的目的則是「爲了判斷，它並不直接企圖改變事物發展的進程」〔註42〕。這裡所說的「判斷」，是對客觀事件（占卜過程中所呈現的「象」、「數」）的分析、解讀，也是一種對直覺經驗與心靈感悟現象的陳述，因而可說具有哲學的思辯性質，這與「義理」（哲學）所強調的形上理序概念，在本質上可以互通，故《說苑‧辨物》稱「占變之道，二而已矣。二者，陰陽之數也」〔註43〕。所謂「占變之道」，即卜筮過程中（象數）所蘊涵的「道」（理），這是對「一陰一陽之謂道」〔註44〕的進一步詮釋。因此，「陰陽」可說是「占變」的實質內涵，也是「理」的同義詞。《朱子語類‧鬼神》載：

> 鬼神不過陰陽消長而已。〔……〕鬼神只是氣。屈伸往來者，氣也。天地間無非氣。〔……〕。人心才動，必達於氣，便與這屈伸往來者相感通。如卜筮之類，皆是心自有此物，只說你心上事，才動必應也。〔註45〕

在這裡，朱子是將卜筮與「氣」（經轉化後的陰陽概念）相提並論，而「氣」是朱子理學的重要概念，可見卜筮（象數）與「氣」（義理）之間可以相互聯繫。此外，《禮記‧祭義》記載：「宰我曰：『吾聞鬼神之名，不知其所謂。』子曰：『氣也者，神之盛也。魄也者，鬼之盛也。合鬼與神，教之至也。』」〔註46〕

〔註39〕參見〔清〕孫希旦：《禮記集解》，頁94。

〔註40〕參見鄭剛：《中國人的精神》（廣州：廣東旅游出版社，1996年），頁36。

〔註41〕同前註，頁37～38。

〔註42〕參見詹鄞鑫：《心智的誤區——巫術與中國巫術文化》（上海：上海教育出版社，2001年），頁68～69。

〔註43〕參見〔漢〕劉向撰，向宗魯校證：《說苑校證》，頁443。

〔註44〕參見〔魏〕王弼注，〔唐〕孔穎達疏，〔清〕阮元校勘：《周易正義》，《十三經注疏》，卷七，頁268。

〔註45〕參見《朱子語類》，卷三，頁34。

〔註46〕參見〔清〕孫希旦：《禮記集解》，卷四十六，頁1218。

鬼神合一，則氣魄實，即陰陽之氣絪縕凝聚成萬物，這就是《繫辭上傳》所說的「精氣為物」〔註47〕；而所以能達到這樣的至極境界，則全賴於聖人的教化。「陰陽」既為卜筮（占變）的實質內涵，又是聖人施教的原理，則「象數」與「義理」當不必強加劃分，以免徒增困擾。

皮錫瑞於《經學通論》中說：

> 朱子以《易》為卜筮作，非為義理作，其說大誤，然其誤亦有所自來。伏羲畫卦，雖有占而無文，而亦寓有義理在內。〔……〕孔子見當時之人，惑於吉凶禍福，而卜筮之史，加以穿鑿傅會，故演易繫辭明義理、切人事，借卜筮以教後人。所謂以神道設教，其所發明者，實即羲文之義理，而非別有義理，亦非羲文並無義理，至孔子始言義理也。〔註48〕

由此看來，皮氏以為《易》實為義理而作，即聖人「神道設教」的本質。然而此說亦不免有專斷之嫌！李學勤先生於《周易經傳溯源》一書中即指出：

> 孔子時人人以《易》為卜筮書，故孔子強調他與史筮之異；朱子時學者多忘記《易》為卜筮書，故朱子強調其本為卜筮而作。實際上，孔子、朱子都承認《易》為卜筮書，也都主張要從義理即哲學的角度來研究《易》，其態度不僅不相反，而且非常近似。〔註49〕

可見卜筮與義理原是處於和諧的平行關係，而經孔子的詮釋及後代的重新架構後，遂以「象數」、「義理」為中心而各自發展出一套思想模式；然而就其本源來說，二者始終密不可分。對此，可以帛書《要》篇中子貢與孔子的一段對話來加以說明：

> 子贛（子貢）曰：「夫子亦信其筮乎？」子曰：「吾百占而七十當，唯周梁山之占也，亦必從其多者而已矣。」子曰：「易，我後其祝卜矣！我觀其德義耳也。〔……〕後世之疑丘者，或以易乎？吾求其德而已，吾與史巫同涂而殊歸者也。」〔註50〕

乍看之下，象數與義理似乎「不相為謀」，然而予以仔細推敲，所謂「同涂」，

〔註47〕參見〔魏〕王弼注，〔唐〕孔穎達疏，〔清〕阮元校勘：《周易正義》，《十三經注疏》，卷七，頁266。

〔註48〕參見〔清〕皮錫瑞：《經學通論》（臺北：臺灣商務印書館，1989年），頁41～43。

〔註49〕參見李學勤：《周易經傳溯源》（高雄：麗文文化事業股份有限公司，1995年），頁92。

〔註50〕參見廖名春：〈帛書《要》釋文〉，《國際易學研究》第一輯，頁28。

即是同本同源；而「殊歸」，則是詮釋者對社會文化的功能向度與立場表述的差異，是思想在發展的過程中所不可避免的現象，雖聖賢如孔子，也是如此！誠如戴璉璋先生所說：「周人所建立的敬德觀念，改變了占筮活動發展的方向，也奠定了《易》學的義理基礎。」〔註51〕李學勤先生也認為「朱了指出孔子之《易》專講義理，與孔子以前之《易》不同，很是正確」〔註52〕。由此看來，在歷史演進過程中，同一屬性的事物，其隨著時間、空間的轉換而有不同理解的可能性確實非常高。

張善文先生在《象數與義理》一書中，將《周易》象數學與義理學的發展規律作了歸納，各分成四期〔註53〕：

象數方面：一為萌生期，以先秦《十翼》及《左傳》、《國語》所載筮例為代表；二為昌盛期，以漢魏《易》為代表；三為轉化期，以宋《易》為代表；四為批判總結期，以清代乾嘉《易》為代表。

義理方面：一為萌生期，亦以先秦《十翼》及《左傳》、《國語》所載筮例為代表；二為發展期，以魏王弼《易》及唐孔穎達為代表；三為鼎盛期，以宋《易》為代表；四為延續期，以清代《易》（如《周易折中》）為代表。

從上述歸納中可以明顯看出，象數與義理在先秦時期並不是對立關係，而是處於平行共存的和諧狀態。至漢魏時期，象數學（漢《易》）雖較強勢，然而義理學（魏王弼）亦極速發展，形成《易》學的戰國時代。到了宋代，象數學開始轉弱，而義理學則日益強盛，如日中天，此時期可說是《易》學分化最為嚴重且不均的階段。直至清代，義理《易》學始終處於優勢，而象數《易》則有「夕陽殘照」之感；此可從《四庫全書總目‧易類序》中看出端倪，〈序〉載：

> 夫六十四卦《大象》皆有「君子以」字，其爻象則多戒占者，聖人之情見乎詞矣。其餘皆《易》之一端，非其本也。今參校諸家，以因象立教者為宗，而其它「易外別傳」者，亦兼收以盡其變，各為條論。〔註54〕

〔註51〕參見戴璉璋：《易傳之形成及其思想》（臺北：文津出版社，1989年），頁29。
〔註52〕參見李學勤：《周易經傳溯源》，頁92。
〔註53〕參見張善文：《象數與義理》（瀋陽：遼寧教育出版社，1997年），頁305～307。
〔註54〕參見〔清〕紀昀等編：《欽定四庫全書總目》，頁3。

從上段引文中可以清楚看到,《四庫全書總目》是直指《象傳》(大、小象辭)為聖人的「嘉言錄」;而所謂的「以因象立教者為宗」,即視以《象傳》中所蘊涵的聖人嘉言來教化百姓的為主流,也就是義理《易》當道;而「易外別傳」之類的象數《易》(如京房、邵雍之學),則只在「兼收」之列。這種漠視「象數」的心態,對整體的《易》學發展而言,不能不說是一種遺憾!牟宗三先生曾說:「反象數者,固不知象數之功能,且也不知象數之意義。〔……〕象者乃運思言語之必具,不可忘,不能忘也。」〔註55〕當是有感而發。

如前所述,《易》學發展的嚴重不均,當始於宋代,而所以會產生這種現象,筆者以為政治的環境(鞏固民心)、學術的風潮(理學盛行)、詮釋的角度(門戶之見),以及不能逐本溯源,應是最主要的原因,故曹元弼謂「近世經學家好為苟難,舍通同之定論,而惟別異之是攻,或力申,或力駁,或盡棄古義別生異論,是皆志不在經,志不在天下國家,而惟求勝求名之為務」〔註56〕。雖然如此,幸有婺源朱子,能獨排眾議,在眾人皆醉我獨醒的情況下,呈現不同的《易》學風貌,難怪在歷經數百年後,仍能獲得帝王的讚譽。清康熙帝曾說:

> 自漢至明,解《易》者不止數百家,持論紛紜,各以己見為是。邵子惟精於數,故數有本;程子明於理,故理有據。獨朱子挺然違眾,斷邵子為是。兼占兼數兼理,所以六百年行之無弊,亦未嘗分剖先後天之卦。後儒各立門戶,彼此批駁,尋毛求疵,終無確見。
> 〔註57〕

康熙帝所說的「兼占兼數兼理」,即「象數」、「義理」的融合,而這種見解或來自對耶穌會士(如南懷仁、白晉)天文與幾何學知識的應用,而能對《周易》的內涵有更深的體會,這與《四庫全書總目》(乾隆帝所頒)把「象數」看作是「易外別傳」的作法,顯然有所差別。

朱彝尊於《經義考・易》中引楊慎的話說:

> 《易圖》、《先天》始於希夷(陳摶),《後天》續於康節(邵雍)。蓋康節因孔子《易傳》難明,因希夷之圖,又作《後天圖》以示人,

---

〔註55〕參見牟宗三:《周易的自然哲學與道德函義》,「自序」,頁6。
〔註56〕參見〔清〕曹元弼:《復禮堂文集》,冊一,頁91。
〔註57〕參見清聖祖:《聖祖仁皇帝御製文集》(四庫本),第四集,卷二十一,葉2。

　　　　如周子因孔子「《易》有太極」一句而作《太極圖》。朱子所以不明

　　　　言者，因其出於希夷而諱之，恐人疑其流於神仙也。〔註58〕

所謂的「恐人疑其流於神仙」，這是對現實環境（義理風潮）的妥協。然而根

據楊氏的說法，則朱子對先後天圖並非持否定態度，這個論點與宋胡方平的

看法是前後呼應。《四庫全書總目・易學啟蒙通釋》提要載：「朱子因程《傳》

專主明理，故兼取邵子之數以補其偏，非脫略《易》理，惟著此書以言數也。」

〔註59〕從文中對朱子《易》學的闡釋，可以看出胡氏也主張《周易》的內涵

是「象數」與「義理」並重。至於周子的《太極圖》，發端於「《易》有太極」，

則《易》「理」自是蘊涵其中，故清陸世儀讚譽它「彌綸天地，囊括萬物，究

陰陽始終之原，明天人合一之理」〔註60〕。唐明邦先生於《邵雍評傳》一書

中也指出，邵雍的先天圖，充實了太極圖，發展了易學象數思維方法，其理

論思維價值實不可忽視〔註61〕。《繫辭上傳》謂「君子居則觀其象而玩其辭，

動則觀其變而玩其占」〔註62〕，「居」是內在心理的感悟，「動」是外在直觀

的經驗，動靜之間，《易》理自明。因此，無論是觀象玩辭（義理）或觀變玩

占（象數），其本源無別，即陰陽變化之道。

　　綜上所述，筆者以為，若要在「義理」與「象數」之間強分主從，就《易》

道本質而言，可說是「庸人自擾」。在《易》文化的傳播過程中，常因客觀因

素的影響或主觀意識的介入而產生質變，這是「時勢」所造就出來的現象，

若以此作為「象數」與「義理」壁壘分明的憑藉，基本上已經否定了「《易》

道廣大，無所不包」的特質，這對《易》學的發展無疑是一大阻礙，誠如劉

熙載所說，「人心之蔽於天道」，是因為人「未知為陰陽之理之自然」〔註63〕。

因此，人若能掌握陰陽變化的道理，而從各種角度如天文、物理、幾何、社

會、心理、哲學……等多方面來思考，不為客觀環境所惑，那麼對於「象數」

與「義理」之間的紛紛擾擾，當可消弭於無形。

〔註58〕　參見朱彝尊著，許維萍等點校：《經義考》（臺北：中央研究院文哲所籌備處，
　　　　　1997 年），第一冊，頁 430。

〔註59〕　參見〔清〕紀昀等編：《欽定四庫全書總目》，頁 32。

〔註60〕　參見〔清〕陸世儀：《桴亭先生遺書》，《桴亭先生文集》（光緒二十五年大倉
　　　　　唐氏京師刊本），卷一，「太極圖說講義」。

〔註61〕　參見唐明邦：《邵雍評傳》（南京：南京大學出版社，1998 年），頁 120。

〔註62〕　參見〔魏〕王弼注，〔唐〕孔穎達疏，〔清〕阮元校勘：《周易正義》，卷七，
　　　　　頁 263～264。

〔註63〕　參見劉熙載：《持志塾言》，《劉熙載文集》，頁 45。

參、理氣歸元

《易緯‧乾鑿度》卷上載：

> 太易者，未見氣也。太初者，氣之始也。太始者，形之始也。太素者，質之始也。氣形質具而未離，故曰渾沌。渾沌者，言萬物相渾成，而未相離。視之不見，聽之不聞，循之不得，故曰《易》也。
>
> 〔註64〕

「太易者，未見氣也」，鄭玄注：「以其寂然無物，故名之為『太易』。」考《繫辭上傳》載「《易》無體」〔註65〕、「《易》無思也，無為也，寂然不動」〔註66〕，則「無體」、「寂然不動」與「寂然無物」義同，即「太易」與《易》無別；「渾淪」二字，鄭玄引《老子》語注：「有物渾成，先天地生。」所謂「有物渾成，先天地生」，即老子所說的「道」，則「道」與「渾淪」是同義詞，亦即「道」包含「太初」、「太始」、「太素」三者；又安氏案語則援引張惠言的解釋：「此《易》所謂太極也。」由此看來，老子的「道」與「太極」在本質上也相同，則「太極」亦為「太初」、「太始」、「太素」三者的總名；而「視之不見，聽之不聞，循之不得」三句與《繫辭上傳》所載「《易》無體」實為同義，故其後說「故曰《易》也」，此又可知《易》與「道」同。綜合以上的分析，則「《易》」、「太易」、「道」、「太極」、「太初、太始、太素」、「渾淪」等稱名雖不同，內涵卻無異。即使如此，這其中顯然有相互矛盾之處。

考《乾鑿度》卷上載孔子語：「易始於太極。」鄭玄注：「氣象未分之時，天地之所始也。」〔註67〕所謂「氣象未分」，即「質形氣具而未離」，這是「渾淪」的狀態，也是「道」與「太極」的原貌，為「天地之所始」；而根據上面所引《乾鑿度》的說法，「太易」是無氣無體，至「太初」而「氣」始生，又稱「太初」、「太始」、「太素」三者「具而未離」，是為「渾淪」，則「渾淪」當蘊涵「氣、形、質」等三種元素，是與「太易」有別，且處於其下。但是按照鄭、張二氏的解釋，「渾淪」與「道」實同，又與「太極」無異，如此一來，「道」與「太極」豈不是居於「太易」之下，而成為「氣」的性質？又

〔註64〕 參見〔日〕安居香山、中村璋八輯：《緯書集成》，頁11～12。
〔註65〕 參見〔魏〕王弼注，〔唐〕孔穎達疏，〔清〕阮元校勘：《周易正義》，《十三經注疏》，卷七，頁268。
〔註66〕 同前註，卷七，頁284。
〔註67〕 參見〔日〕安居香山、中村璋八輯：《緯書集成》，頁7。

《乾坤鑿度》卷上載「太易始著，太極成，太極成，乾坤行」，鄭玄注：「太易，無也。太極，有也。」〔註68〕所謂「無」，即「形而上」，也就是《繫辭傳》所說的「道」；「有」，即「形而下」，也就是《繫辭傳》所說的「器」。這麼一來，「太極」似乎被鄭氏視爲「器」，而置於「太易」（道）之下；然鄭氏於《繫辭上傳》「《易》有太極，是生兩儀」下注：「夫有必始于無，故太極生兩儀。太極者，無稱之稱，不可得而名，取有之所極，況之太極者也。」〔註69〕在此稱「太極」爲「無」、「陰陽」爲「有」，這與《老子》所載「此兩者（無、有），同出而異名，同謂之玄」（第一章）的意涵正好相符。由此看來，《乾鑿度》所說的「太易」，應可稱之爲「無」，而「具而未離」的「太初」、「太始」、「太素」，亦可視之爲「有」，其彼此的關係一如《老子》對「有無」的論述。

　　從上面的初步分析，筆者以爲，無論是「無」與「有」、「道」與「器」、「太極」與「陰陽」、或「太易」與「渾淪」，彼此之間可說是「不即不離」；而所以會有如此複雜的關係，實肇端於詮釋者對《易》道本質的不同理解，以及受到政治與學術環境不同程度的影響。《繫辭上傳》載：「陰陽不測之謂神。」〔註70〕「陰陽」是「氣」的概念，卻稱之爲「神」，旨在彰顯其所具有的「無形」特質，即上文所說的《易》無體。由此看來，「理」（太極）與「氣」（陰陽），其內涵本無分別，也應視爲一體。

　　王聘珍於《大戴禮解詁‧易本命》「子曰：夫易之生〔……〕」下注說：

　　　盧（辯）注云：「《易》曰：渾元之始，是曰太易，二象之所生，萬
　　　品之所生。」〔……〕〈禮運〉曰：「夫禮必本於太一，分而爲天
　　　地，轉而爲陰陽，變而爲四時。」然《禮》、《易》之說雖殊，而會
　　　歸一。〔註71〕

從文中可以看出，王氏認爲「太易」即「太一」；而〈禮運〉以爲「天地」是「太一」（即「太易」）所分（生），此與《白虎通疏證》卷九載《御覽》引《禮統》所說「天地者，元氣之所生，萬物之所自也」〔註72〕相較，則

〔註68〕同前註，頁66。

〔註69〕參見〔魏〕王弼注，〔唐〕孔穎達疏，〔清〕阮元校勘：《周易正義》，《十三經注疏》，卷七，頁289。

〔註70〕同前註，頁272。

〔註71〕參見〔清〕王聘珍：《大戴禮記解詁》（臺北：漢京文化事業有限公司，1987年），頁256。

〔註72〕參見〔清〕陳立撰，吳則虞點校：《白虎通疏證》（北京：中華書局，1997

「太一」（太易）又與「元氣」同義；《易緯・乾坤鑿度》卷上亦稱「得元氣，澄陰陽，正易大行，萬彙生」〔註73〕，這裡所說的「陰陽」即上文盧氏所引說的「二象」，其義實同於「天地」。北宋張君房在《雲笈七籤・混元》中說：

> 混元者，記事於混沌之前、元氣之始也，元氣未形，寂寥何有？至精感激，而真一生焉。〔註74〕

由此看來，「混元」是「元氣」尚未成形的狀態，其意涵應與「渾元」相同，是「太易」的異稱；但前面說過，「太易」與「元氣」實為一體，則「混元」亦當與「元氣」同質；然於〈太上老君開天經〉中又說「洪元既判，而有混元」〔註75〕，依其意，則「混元」是「洪元」所化生。筆者以為，「洪」、「混」二字，是作為「元」的修飾語，而且《說文》載「洪，洚水也」、「混，豐流也」〔註76〕，皆象徵「大水」，則「洪元」與「混元」在本質上可說是無別，因此對於這種疊床架屋的現象，實不敢苟同。雖然如此，其揚《道》、存《道》的用心，自有可取之處，故《四庫全書總目》提要稱該書「類例既明，指明略備，綱條科格，無不兼該，《道藏》菁華，亦大略具於是矣」〔註77〕。

總之，無論是「《易》」、「太極」、「太易」、「太一」、「陰陽」或「道」、「混元」、「洪元」、「渾淪」、「元氣」，其本質內涵並無差異，而所以會有如此複雜的稱謂，或起於對「理」（無形）、「氣」（有形）的詮釋不同吧！筆者以為，「氣」是一種神秘的象徵，即所謂的「陰陽不測」，具有多變性，是《易》道「變動不居」的本質；而「理」是支撐「氣」的一切變化的最後依據、準則，具有超越性、廣延性和包容性。理主靜，氣為動，故理氣具而能行，天地萬物從此而生，二者是聯繫而不可分割的整體，這可從朱子對「理」、「氣」概念的陳述，而獲得進一步的確認。《朱子語類》卷一載：

> 有是理便有是氣，但理是本，而今且從理上說氣。（〈理氣上〉，頁2）

年），頁420。
〔註73〕參見〔日〕安居香山、中村璋八輯：《緯書集成》，頁76。
〔註74〕參見〔北宋〕張君房：《雲笈七籤》（四庫本，子部・道家類），卷二，葉1右。
〔註75〕同前註，葉9左。
〔註76〕參見〔漢〕許慎撰，〔清〕段玉裁注：《說文解字注》，頁551。
〔註77〕參見〔清〕紀昀等編：《欽定四庫全書總目》，頁1949。

> 理未嘗離乎氣。然理形而上者，氣形而下者。自形而上下言，豈無
> 先後！（〈理氣上〉，頁 3）

> 此（理氣）本無先後之可言。然必欲推其所從來，則須說先有是
> 理。然理又非別爲一物，即存乎是氣之中；無是氣，則是理亦無掛
> 搭處。（〈理氣上〉，頁 3）

> 有是理，必有是氣，不可分說。都是理，都是氣。那箇不是理，那
> 箇不是氣。（〈鬼神〉，頁 46）

「理」是形上理序，「氣」是陰陽二氣，二者只因「形」有上下之別，故勉強
說有「先後」，就如同老子名「道」，是爲了使人在理解上有所依據。然而究
其意旨，朱子的「理氣」概念是以「相互依存」爲基礎，其本質爲「理氣合
一」，實不可強作理氣分殊（二元）之論。此外，黃宗炎於《周易象辭》中也
說：「非理無以行氣，非氣無以載理，理與氣固未嘗分。」〔註78〕即理氣合一。
因此，爲了改變這種舊觀，吾人應能不昧於文字表象，亦無必要執見於門戶，
在「溯本求源」的原則下，積極從事對《易》道作深入的探究，誠如《淮南
鴻烈‧要略》所載：

> 今《易》之乾、坤足以窮道通意也，八卦可以識吉凶、知禍福矣，
> 然而伏羲爲之六十四變，周室增以六爻，所以原測淑清之道，而攄逐
> 萬物之祖也。〔註79〕

文中所言萬物之「祖」，就是「本源」、「本始」，這與《爾雅‧釋詁》所說的
「元」同義，故《說文》謂：「元，始也。」〔註80〕段玉裁引《九家易》注：
「元者，氣之始也。」又《易緯‧乾鑿度》載「至哉《易》，一元以爲紀」，
鄭玄注：「天地之元，萬物所紀。」〔註81〕則「元」爲天地萬物賴以生存的
理序。

　　綜上所述，筆者以爲，「理」、「氣」本爲一體，而「元」既爲「氣」的本
始，又是「理」的本體，則以「元」統稱「理」、「氣」，即二者「歸元」，應

〔註78〕參見〔清〕黃宗炎：《周易象辭》，卷二，釋〈坤‧文言〉，葉 33。案：黃宗炎
　　　　的「理氣合一」論，基本上是承襲蕺山、宗羲的說法，其思路與朱子的「有
　　　　是理，必有是氣，不可分說」相似；所不同的是，朱子以「理」爲本，蕺山、
　　　　宗羲及宗炎則以「氣」爲尊。
〔註79〕參見劉文典：《淮南鴻烈集解》，頁 726。
〔註80〕參見〔漢〕許慎著，〔清〕段玉裁注：《說文解字注》，頁 1 上左。
〔註81〕參見〔日〕安居香山、中村璋八輯：《緯書集成》，頁 5。

是最能體現〈乾〉「大哉乾元，萬物資始」、〈坤〉「大哉坤元，萬物資生」的眞正意涵，也是最符合《易》「能彌綸天地之道」的廣備特質，即如班固論先秦諸子「其言雖殊，辟猶水火，相滅亦相生」、「今異家者各推所長，窮知究慮，以明其指，雖有蔽短，合其要歸，亦《六經》之支與流裔」〔註82〕，支流雖異，其本則同。因此，「理、氣」歸「元」，其義與「諸家」歸《六經》可說是相通。

第二節　爻位變化所蘊涵的感應思維

　　筆者以爲，任何型式、種類的文化演變，總擺脫不了受到時間與空間的影響；而對於中國哲學的源頭——《周易》來說，這種影響固然存在，然其所蘊涵的變化思想，卻能跳脫時空的限制，源源不絕地與與天地萬物化合，日新又新。基本上，在歷史的演進過程中，存在著人類意識層面所無法掌握的變數，這種變數具有超越理性思考的特質，且往往是來自心靈深層的集體無意識活動，它能源源不絕地出現在我們的日常生活中，與我們共生共榮；且透過這種心靈的交會，吾人對宇宙萬物存在的價值及其生命意義，當有另一種嶄新的看法！故本節擬從「文化傳播的限制」、「共時性與歷時性」及「原型的啓發」等三方面，進一步探討由爻位變化所引發出來的「感應」思維。

壹、文化傳播的限制

　　張政烺先生於〈帛書《六十四卦》跋〉一文中說：

> 筮法本來是東方人開創的，故筮數止于八，傳到西方，周人使用了
> 一段時期，逐漸修正，使它成爲合乎西方人風俗習慣的東西，筮數
> 中遂出現了九字。〔註83〕

由「承襲」→「修正」→「合乎風俗習慣」，這是筮法的原始意義發生質變的原因之一，也是文化在傳播的過程中必然會產生的異化現象。其它如「詮釋」、「引申」、「代言」等，也都是依附著此種演變模式。章學誠於《文史通義·易教上》中說：「《周官》太卜掌三《易》之法，夏曰《連山》，殷曰《歸

〔註82〕參見〔漢〕班固：《漢書》，卷三十，〈藝文略·諸子〉，頁1746。
〔註83〕張政烺：〈帛書《六十四卦》跋〉，《文物》，1984年第三期，頁11。案：文中「東方人」指的是殷人，「西方人」則是指周人。

藏》，周曰《周易》，各有其象與數，各殊其變與占，不相襲也。」〔註84〕所謂「各有其象與數，各殊其變與占」，應是卜筮過程中所用的術語、方法的不同，而「不相襲」則是經過修正後的結果，其本應屬同源，誠如鄭樵在《通志・藝文略・易》中所說：

> 三《易》皆始乎八，而成乎六十四，六十四卦非至周而備也，但法
> 之所立，數之所起，皆不相爲用。《連山》用三十六策，《歸藏》用
> 四十五策，《周易》用四十九策。誠以人事代謝，星紀推移，一代二
> 代，漸繁漸文。〔註85〕

《連山》、《歸藏》距今久遠，且經過歷史的層層洗禮，其原始面貌固不易詳知，然史籍所載，亦不能視爲「空穴來風」，而全盤予以否定。

　　至於鄭樵所說的「六十四卦非至周而備」，根據《繫辭傳》所載，神農時期已有〈益〉、〈噬嗑〉二卦，至黃帝、堯、舜時又增數卦〔註86〕，則「文王重卦」的論述可說不攻自破。雖然如此，六十四卦的定名，或成於文王。所謂「蓋取之〈益〉」，「蓋」是未定的意思，是一種象徵性的表述語言，並非指〈益〉定名於神農；而從「《易》之興也，其當殷之末世、周之盛德邪？」、「作《易》者，其有憂患乎？」的語法來看，所謂「周之盛德」，當指文王將《易》道用於修身、治國、德澤天下的事，是「《易》之興」一語的最佳寫照；而「作《易》」二字，當指創作《周易》而言，則《周易》六十四卦定名於文王，是可以理解的。由此可見，文化本身雖具有延續發展的特性，但在傳播過程中所產生的異化，則是吾人所必須面對的客觀事實。

　　《禮記・禮運》記載孔子的話說：「我欲觀夏道，是故之杞，而不足徵也，吾得《夏時》焉。我欲觀殷道，是故之宋，而不足徵也，吾得《坤乾》焉。」〔註87〕孫希旦引鄭玄注說：「得《夏時》，得夏四時之書也。其書存者有《小正》。得《坤乾》，得殷陰陽之書也。其書存者有《歸藏》。」又引熊氏安生語，謂「殷《易》以坤爲首，故曰《坤乾》」〔註88〕。以此看來，《歸藏》當以〈坤〉

〔註84〕參見〔清〕章學誠撰，葉瑛校注：《文史通義校注》（臺北：漢京文化事業有限公司，1986年），頁1。

〔註85〕參見〔宋〕鄭樵：《通志》（北京：中華書局，1995年），頁1449～1450。

〔註86〕參見〔魏〕王弼注，〔唐〕孔穎達疏，〔清〕阮元校勘：《周易正義》，《十三經注疏》，卷八，頁298～302。

〔註87〕參見〔清〕孫希旦：《禮記集解》，頁585。

〔註88〕同前註，頁586。

（陰）爲首，其與《周易》以〈乾〉（陽）爲首並不相同；而從「得《坤乾》，得殷陰陽之書」來看，「坤乾」與「陰陽」，前後相配，正合乎坤靜陰柔、乾動陽剛的特性。反觀《周易》慣稱的「陰陽」二字，若與本身〈乾〉前〈坤〉後的順承概念作一聯繫，則顯然格格不入；這種脫序的現象，誠如陳少明先生於《經典與解釋》一書中所說：

> 從「坤—乾」（商）時代走向「乾—坤」（周）時代，兩儀之序也就由「陰—陽」變成了「陽—陰」。社會意識會因爲其本身固有的相對穩定性而可以不隨產生它的社會存在同步變化，所以「陰陽」的習慣稱呼一直延續下來。〔註89〕

筆者以爲，朝代新建，其政治制度與社會意識（如文化、習俗）的轉變，基本上是無法同步完成。因爲從人類的心理層面來說，社會意識是經過無數歲月的洗禮而形成，自有其高度穩定性；而政治制度則可隨新成立的統治階層的取捨而有立即性的改變，其穩定性相對降低；這是文化傳播過程中所不可避免的現象。

至於學派或著作的傳承，同樣也會有這種情形。例如，《淮南鴻烈‧主術訓》載：「孔丘、墨翟，修先聖之術，通六藝之論，口道其言，身行其志，慕義從風，而爲之服役者不過數十人。使居天子之位，則天下遍爲儒、墨矣。」〔註90〕《隋書‧經籍志》謂「秦焚書，《周易》獨以卜筮得存，唯失〈說卦〉三篇」〔註91〕。孔、墨皆古代聖人；《周易》則爲群經之首，且以其獨特質性而得存。然而無論在學說的傳播或思想的傳承上，皆不免有窮途之悲、遺珠之憾，更何況是那些雜說末流及歷代被焚毀的書！而這都是歷史演變所造就出來的文化斷層。諸如此類的例子，可說隨處可見，此不再贅述。

《周易》在西方的傳播，早期多經由傳教士的書信轉介或西文翻譯；其中，比利時耶穌會士柏應理（P. Couplet，1623～1693）的《孔子與中國哲學》，內附六十四卦及卦意，可說是《周易》傳入西方的開端。但不可諱言，

〔註89〕參見陳少明：《經典與解釋》（廣東：廣東人民出版社，1999 年），頁 33～34。

〔註90〕參見劉文典：《淮南鴻烈集解》，卷九，頁 303。

〔註91〕參見〔唐〕魏徵等撰：《隋書》（北京：中華書局，1997 年），卷三十二，頁912。案：《經義考》卷九引朱震語，謂「秦、漢之時，《易》亡《說卦》。孝宣時，河內女子發老屋，得《說卦》」；又卷三十引仁傑語，認爲《說卦》三篇是「河內女子所得之數〔……〕，奈何後世猶疑其非全書，其失在傳注之家以《傳》參雜於《經》而然也」。即使如此，其因客觀環境改變而導致文化的傳播不明，依然沒有差別，更何況事實是否果真如上所言？

在傳播的過程中，除了如白晉（J. Bouvet，1656～1730）、萊布尼茲（Gottfried
Wilhelm Leibnig，1646～1716）、榮格（Carl Gustav Jung，1875～1961）等人
能發掘《周易》的深妙思想而有所發揮外，餘多普遍視《周易》爲一部占術
書，而著重其占卜的功能，這對《周易》傳播的根本意義來說，不能不說是
一種遺憾！

　　《周易》在日本的傳播，根據周昌松在《日本社會文化概覽》一書中所
說：

> 公元四世紀，百濟學者王仁將《論語》、《千字文》帶到日本，中國
> 典籍正式傳入日本，〔……〕接著曆學、占卦、醫學等相繼傳入日
> 本。〔註92〕

《千字文》是周興嗣於梁武帝天監時期（西元五世紀末～六世紀初）所進獻
的韻文作品〔註93〕，而周昌松先生以爲該書於公元四世紀即傳入日本，這顯
然與歷史記載不符。儘管如此，文中所論「占卦」傳入日本的事實，從《十
七條憲法》「大多採自《周易》、《尚書》、《左傳》、《論語》〔……〕等中國古
典」〔註94〕來看，則是值得信任。此外，《新唐書·日本傳》謂「開元初，粟
田復朝，請從諸儒受經，詔四門助教趙玄默即鴻臚寺爲師，〔……〕悉賞物貿
書以歸」〔註95〕，鴻臚寺主要職掌蕃客朝會、吉凶弔祭等，其中有關「吉凶」
的事，當涉及占卜，而占卜是《周易》的功能性之一；而且「四門助教」的
地位雖次於「四門博士」，但其性質則與國子學、太學等同，都是在教授儒家
經典。由此看來，上引「諸儒」所授的「經」，當包含《周易》或與《周易》
有關的書籍在內；而「貿書以歸」四字，則可作爲文化傳播的證據。至於《周
易》在韓國的流傳，根據《舊唐書·高麗傳》所載，韓國（高麗）「俗愛書籍
〔……〕。其書有《五經》及《史記》、《漢書》〔……〕」〔註96〕，既有《五經》，

〔註92〕參見周昌松：《日本社會文化概覽》（北京：中國書籍出版社，2000 年），頁
　　　　10。
〔註93〕參見王勇、大庭修編：《中日文化交流史大系——典籍卷》（杭州：浙江人民
　　　　出版社，1996 年），頁 23～24。
〔註94〕同前註，頁 24。案《十七條憲法》是日本歷史上第一個以建立中央集權爲主
　　　　旨而較具體完整的政治綱領，由聖德太子於西元 604 年頒布。
〔註95〕參見〔宋〕歐陽脩、宋祈撰：《新唐書》（北京：中華書局，1997 年），卷二二
　　　　○，頁 6208～6209。
〔註96〕參見〔後晉〕劉昫等撰：《舊唐書》（北京：中華書局，1997 年），卷一九九，
　　　　頁 5320。

則《周易》必列其中。

從以上所舉《周易》在日、韓的傳播情形來看，其接觸《周易》，除基於文字上的校勘或民族的習俗外，多偏重於《周易》所具有的占卜特質，是屬於功能性的認知；而此種認知實無法完全體會《周易》所蘊涵的深妙哲理。

綜觀本小節所論，筆者以為，語言、交通、思維模式、朝代的更迭、君王的政策等，可說是古代中國在境內與境外的文化傳播上，是否能順利進行的重要因素，而這些因素的立足點，無論是內在本能或外在環境，都受到先天與後天的限制。儘管人類費盡心思、絞盡腦汁地試圖從各種層面去作理解、彌補，但仍然無法完全加以掌握、撫平。畢竟，主觀意識所能涵蓋的範圍僅止於知識領域，是有其局限性，而那些隱藏在人類心靈深層的無意識活動，則往往被忽略，確實非常可惜；亦即以意識領導一切的主觀思維和作法，始終是文化傳播的致命傷，但這種致命傷，吾人可以將它轉化為窺探《周易》奧妙思想的催化劑，是一種另類的動力來源。

貳、共時性與歷時性

「共時性」（synchrony）是榮格受到《周易》影響而提出的哲學理論。關於「共時性」（或稱「同時性」），榮格認為「相符應的事件尚未呈現在觀察者知覺的範圍內，但卻能適時地預先參與，然而只能在後來驗證。職是之故，我稱呼如此的事件為『同時性的』，這個詞語不要和『在同樣時間內的』相混淆」〔註97〕。所謂「預先參與」及「後來驗證」，正標識著「同質性」的事件可以出現在不同的時間和空間裡，是一種超越現象界的心靈感應作用，而這種作用是在無意識的狀態下所產生。榮格又說：

> 當空間和時間失去了意義或已經變得相對化的時候，因為在那種環境下，取決于空間和時間連續性的因果關係就再也不能被說成是存在著，而且它就變得完全不可思議了。〔……〕同步現象是一種特殊種類的自然事件，而且它還把偶然事件一半看作是存在于一切永恆之中的普遍因素，一半看成是無數即時發生的個人創造行為的總和。」〔註98〕

〔註97〕參見〔瑞〕榮格著，楊儒賓譯：《東洋冥想的心理學——從易經到禪》（北京：社會科學文獻出版社，2000年），頁242。

〔註98〕參見〔英〕芭芭拉·漢娜著，李亦雄譯：《榮格的生活與工作——傳記體回憶錄》（北京：東方出版社，1998年），頁398。

所謂的「存在于一切永恒之中的普遍因素」，是一種超越知識領域的客觀理
序，是無法用人類感官加以掌握，但它確實存在著；而「無數即時發生的個
人創造行為」，則是在無意識的狀況下進行，且不受時間、空間的限制，是一
種『直覺經驗』，如「作夢」，它可藉由「心理探索」的方式來呈現。至於文
中所說「空間和時間連續性的因果關係」，指的是科學性的邏輯推論，是一種
辯證的因果法則，這就是「歷時性」（diachrony）的主要特徵。

　　榮格堅信以經驗為根據的、非理性事實的存在，因為那些事實一點也不
受「空間、時間和因果關係的有限範圍」的約束〔註99〕。換句話說，一種跨
越時間與空間的心靈深層活動確實存在，它是不受因果法則的約束。因此，
在理性思維活動範疇下，我們是不能單靠某一獨立事件而推出因果，因為經
常發生的事件並非必然性地會重複發生。榮格指出，「在古代中國人的眼中，
實際觀察時的情境，是機率的撞擊，而非因果鍵鏈會集所產生的明確效果」
〔註100〕。儘管如此，但古人對因果關係的概念確實普遍存在著，如〈坤·文
言〉載：「積善之家，必有餘慶。積不善之家，必有餘殃。」〔註101〕此與佛家
「善有善報，惡有惡報」的警語，以及《說苑·辨物》所載「肉自生蟲，而
還自食也。木自生蠹，而還自刻也。人自興妖，而還自賊也」〔註102〕的論點
類似，是對存在的客觀事件加以觀察後所作的歸納性推論。但這種「因果」
觀與通過科學實驗而導出的「必然性」顯然不同。筆者以為，這種通過直
觀、類比方式所推衍出來的概念，雖具有「教化功能」的時代意義，但卻無
法完全用來詮釋《周易》所具有的「變動不居」的特質。

　　《繫辭上傳》載：「聖人設卦觀象，繫辭焉而明吉凶，剛柔相推而生變
化。是故吉凶者，失得之象也。」〔註103〕由文中「吉凶」與「失得」的語
法結構來看，吉與得、凶與失，不是必然的因果關係，這也說明了「剛柔
相推」而產生的「變化」；這種變化，正是變《易》的精神所在，即如朱子
所言：

〔註99〕同前註，頁37。
〔註100〕參見〔瑞〕榮格著，楊儒賓譯：《東洋冥想的心理學——從易經到禪》，頁
　　　　207。
〔註101〕參見〔魏〕王弼注，〔唐〕孔穎達疏，〔清〕阮元校勘：《周易正義》，《十三經
　　　　注疏》，卷一，頁31。
〔註102〕參見〔漢〕劉向撰，向宗魯校證：《說苑校證》，頁469。
〔註103〕同前註，頁261。

《易》中之辭，大抵陽吉而陰凶。間亦有陽凶而陰吉者，何故。蓋
有當爲，有不當爲。若當爲而不爲，不當爲而爲之，雖陽亦凶。
〔註104〕

所謂「陽吉而陰凶」，是建立在直觀經驗的基礎上來說，是一種帶有「歷時性」
因果律卻又非屬科學實驗性的先驗認知；至於「陽凶而陰吉」，則不僅不同於
科學實驗性的統計模式，也跳脫了這種先驗的因果概念，它超越了時間、空
間的定性發展模式，而處於「心靈世界」（精神）與「物理世界」（物質）相
互移轉、影響的融合狀態，如《淮南鴻烈・繆稱訓》所載「君子能爲善，而
不能必其得福；不忍爲非，而未能必免其禍」〔註105〕，即是在這種非因果關
係的情況下所產生的超驗現象。就像榮格所說，科學是建立在以往被視爲公
理的因果法則上，但是這種因果律公理已從根本處動搖，我們所說的自然律
只是統計的眞理而已，因此必然會有例外發生〔註106〕。這是從因果法則的有
限性來看待科學的未來發展，具有啓示的作用。

在《萊布尼茲和儒學》一書中，作者於援引白晉（Joachim Bouvet，16561
～730）寫給萊布尼茲的書信中指出：白晉認爲，六十四卦三百八十四爻體現
了天體運行的和諧，體現了解釋萬物的性質及其產生、消亡原因的所有必然
原理，且斷言伏羲所創制的八卦，就像西方赫耳墨斯（Hermes）代表的極端
抽象原理的圖案，是相同意圖的一般符號，而以爲伏羲的數（指八卦中的陰
陽符號）和畢達哥拉斯、柏拉圖的數之間具有一致性，三者同出一系〔註107〕；
既是同出一系，則彼此之間的一致性便屬於因果律的範疇。但筆者以爲，白
氏所作的推論，是根植於他所作的認定——伏羲不是中國人，但此說與華人
的歷史認知是有極大的出入。基本上，有關伏羲的記載，在中國古籍中隨處
可見，他是中國古聖先人的事實，確實無庸置疑。此外，李學勤先生說「中
國古代文明是世界上有數的幾個獨立形成的古代文明之一」〔註108〕，既是獨
立形成，那麼中國古代文明的發展自不必有「境外移轉」的因果關係，而是

〔註104〕參見〔宋〕黎靖德編：《朱子語類》，卷六十五，頁1607。
〔註105〕參見劉文典：《淮南鴻烈集解》，卷十，頁336。
〔註106〕參見〔瑞〕榮格著，楊儒賓譯：《東洋冥想的心理學——從易經到禪》，頁
206。
〔註107〕參見〔美〕孟德衛著，張學智譯：《萊布尼茲和儒學》（南京：江蘇人民出版
社，1998年），頁44～45。
〔註108〕參見李學勤：《走出疑古時代》（瀋陽：遼寧大學出版社，1997年），頁81。

自發性的「境內醞釀」。因此，對於白晉「三者同出一系」的說法，只能用「共時性」原理來加以釐清和解釋，誠如萊布尼茲所言，他自己的哲學和中國哲學的相同方面的同時發生，是因為真理具有普遍有效性〔註109〕。雖然萊氏所說的真理與中國的「天」、「道」、「太極」、「自然」的內涵是有本質上的差異，但是對於「相同方面的同時發生」，即所謂的「自發產生論」〔註110〕，則可歸於「共時性」現象，這與文化傳播並無關係。

　　傅亞庶在《中國上古祭祀文化》一書中說：「最初的靈魂觀念是基於對死亡的認識而產生的。」〔註111〕並援舉在北京周口店山頂洞遺址所發現的舊石器時代的墓葬中，死者周圍撒有赤鐵礦粉末，以此作為古代靈魂觀念存在的依據；而這種將赤色隨葬品作為象徵「血液」和「火焰」的現象，也發生在世界各地，諸如西伯利亞拉雅河畔的馬爾他村、法國中部多爾多涅地區的尚塞拉德村、法國莫爾比昂地區的兩個小海島、法國與義大利邊界地帶的格爾瑪狄、捷克的布爾諾、英國威爾士南部的巴渭蘭村、德國南部阿胡涅市郊的大洞穴、非洲肯尼亞西部甘博的洞穴及澳大利亞新南威爾士州的蒙戈湖畔等〔註112〕。這種存在於不同地區、不同民族的社會風俗文化，竟能跨越時間和空間的限制而達到彼此相契相合，這種現象是不能用「文化傳播」來作理解，也不是因果法則所能規範，只能說它是「共時性」現象，一種存在於天地之間的普遍原理，這種普遍原理就是《易》道的本體，雖寂然不動，但卻能「周流六虛」〔註113〕、「感而遂通天下之故」〔註114〕。

　　《繫辭上傳》載：「夫《易》，聖人之所以極深而研幾也。唯深也，故能通天下之志。唯幾也，故能成天下之務。唯神也，故不疾而速，不行而至。」〔註115〕「深」、「幾」、「神」三者，在此可說是《易》道所以能夠廣備天地、包羅萬物的基質，也是聖人能通天下之志、成天下之務的樞機；這種基質、

〔註109〕參見〔美〕孟德衛著，張學智譯：《萊布尼茲和儒學》，頁 16。
〔註110〕同前註，頁 15。「自發產生」是萊布尼茲的哲學理論之一；作者以為，文化傳播的不存在性似乎可以作為「自發產生論」出現的前提。
〔註111〕參見傅亞庶：《中國上古祭祀文化》（長春：東北師範大學出版社，1999 年），頁 11。
〔註112〕同前註，頁 12～13。
〔註113〕參見〔魏〕王弼注，〔唐〕孔穎達疏，〔清〕阮元校勘：《周易正義》，《十三經注疏》，卷八，頁 315。
〔註114〕同前註，卷七，頁 284。
〔註115〕同前註，頁 285。

樞機具有超越感官認知範疇和時空定性發展的特性。根據《淮南鴻烈‧齊俗訓》所載：

> 昔太公望、周公旦受封而相見，太公問周公，曰：「何以治魯？」周
> 公曰：「尊尊親親。」太公曰：「魯從此弱矣！」周公問太公，曰：「何
> 以治齊？」太公曰：「舉賢而上功。」周公曰：「後世必有劫殺之君！」
> 其後，齊日以大，至於霸，二十四世而田氏代之。魯日以削，至三
> 十二世而亡。〔註116〕

所謂「禍與福同門，利與害為鄰，非神聖人，莫之能分」〔註117〕。太公望、周公，都是古代聖人，他們「見微知著」的「神」功，就是「極深、研幾」的最佳詮釋，這不能單用因果關係的邏輯推論來加以解釋；也就是說，它是「直覺經驗」與「心靈感悟」相輔相成的結果，即「共時性」心理事件與「歷時性」物理事件的綜合體。此外，《史記‧龜策列傳》記載太史公的話：

> 蠻夷、氐羌雖無君臣之序，亦有決疑之卜。或以金石，或以草木，
> 國不同俗。然皆可以戰伐攻擊，推兵求勝，各信其神，以知來事。
>
> 〔註118〕

> 三王不同龜，四夷各異卦，然各以決吉凶。〔註119〕

對蠻夷、氐羌或三王、四夷而言，用來占卜決疑的方法和工具雖然彼此不同，但用以「知來事」、「決吉凶」則是無異，這都可以用「共時性」原理來加以解釋；尤其是所謂的「三王」、「四夷」，正標識著時間的差異與空間的不同，此更足以印證《說卦傳》所稱「數往者順，知來者逆」〔註120〕的超驗特質。

　　筆者以為，宇宙之間本存在著人類無法用科學加以解釋的現象，如「晉以垂棘之璧得虞、虢，驪戎以美女亡晉國」〔註121〕，得與失之間盡在直覺經驗與心靈符應的交互作用下呈現出來，但這種現象並非憑空臆斷、毫無理序，

〔註116〕參見劉文典：《淮南鴻烈集解》，卷十一，頁351。
〔註117〕同前註，卷十八，頁604～605。
〔註118〕參見〔漢〕司馬遷撰，〔唐〕司馬貞、〔唐〕張守節、〔宋〕裴駰等三家注：《史記》，卷一二八，頁3223。
〔註119〕同前註，頁3225。
〔註120〕參見〔魏〕王弼注，〔唐〕孔穎達疏，〔清〕阮元校勘：《周易正義》，《十三經注疏》，卷九，頁326～327。
〔註121〕參見劉文典：《淮南鴻烈集解》，頁576。

而是眞實的、普遍的存在，只是這種「理序」有別於一般所謂的「規律性次序」，誠如詹鄞鑫先生所說，「占卜術所採用的判斷方法並不是毫無規律的，甚至相反，它往往具有非常嚴格而繁瑣的規則，只不過這種規則不同于形式邏輯的規則而已」〔註122〕。「不同了形式邏輯的規則」，便是跳脫「歷時性」因果關係的邏輯推論，即如《河洛理數》所載「以名尋數，不若以理尋數，一時之吉可反而凶，一時之制可反而用」〔註123〕，說明吉凶、制用皆非因果法則所能涵蓋，而這正是無意識心理深層與自然界之間相互感應所獲致的形上理序，此與《周易》強調占卜者將主客觀融爲一體、順應環境、見機行事的思想是不謀而合。

綜上所述，筆者以爲，《周易》中所蘊涵的哲理，不但包含先人直觀經驗的累積，即「歷時性」因果關係的建立，更蘊涵了人類科學知識所無法理解的各種玄妙變化，即存在於宇宙之間不可掌握的「共時性」現象，而這就是《周易》所以能傳承數千年而歷久不衰的主要因素。由此看來，《易》卦占卜行爲所以仍盛行於今日的文明社會，除了是因爲現代科學文明在有限的知識領域下，已經無法解決個人在生活中所面臨的各種心理矛盾、無法充實人類的精神內涵外，最重要的原因在於它消解了時間與空間的定性發展模式，給予人們更寬廣的思考空間，並激發人類普遍擁有而潛藏在心理深層的無意識活動，使得精神世界與物理世界融爲一體，而成就思想的完整性。

參、「原型」的啓發

「原型」（archetpye）是瑞士心理學家榮格對集體無意識所建構的一套理論〔註124〕。榮格以爲，原型「是一種動能的、本能的複合體」〔註125〕，「是一種活生生的概念，它不斷產生新的詮釋，並通過這些詮釋表現出來」

〔註122〕參見詹鄞鑫：《心智的誤區——巫術與中國巫術文化》（上海：上海教育出版社，2001年），頁68。

〔註123〕參見〔宋〕陳摶著，〔宋〕邵康節述：《河洛理數》（瀋陽：瀋陽出版社，1994年），頁98。

〔註124〕案：「原型」（又稱「原始模型」）一詞並非榮格首創，其最早爲亞歷山大城的斐洛（Philo of Alexandria，公元前15/10～？）在談到人身上的「上帝形象」時所使用；但最早提出「原型」理論，則是柏拉圖哲學。榮格認爲，「原型」這個術語就是柏拉圖哲學中的「形式」，並將其理念、思想全面運用於現代無（潛）意識心理學的研究。

〔註125〕參見〔瑞〕榮格著，楊儒賓譯：《東洋冥想的心理學——從易經到禪》，頁17。

〔註126〕，並且稱它是無意識的「支配特徵」〔註127〕，因為它「本身是空洞的、純形式的，只不過是一種先天的能力，一種被認為是先驗的表達的可能性」〔註128〕；既是空洞的、純形式的，則存在於原始人類中的本能傾向，是否也潛藏著類似的先驗說呢？且這種先驗說與「神話」概念的詮釋有何差異？冷德熙在《超越神話》一書中指出，「神話是一種以形像象徵和類比等思想形式表現出來的史前社會意識形態」〔註129〕；榮格則以為原始人對自然界的知識從本質上來說，是一種無意識心理過程的語言和外衣，且這個過程是無意識的〔註130〕，那些在神話傳說、文藝作品中反覆出現的原始意象，實際上是集體無意識原型的「自畫像」（selt-portrait）〔註131〕。由此看來，前者是將「神話」歸於一種意識活動，後者則視為「集體無意識原型」；二者對「神話」的詮釋誠然有別。

　　筆者以為，人類思維及認知能力的向度，往往雜糅原始神話中的思維模式，如《淮南鴻烈・氾論訓》所載「炎帝於火，死而為竈；禹勞天下，死而為社；后稷作稼穡，死而為稷；羿除天下之害，死而為宗布。此鬼神之所以立」〔註132〕，而在「神性」與「人性」之間加以轉化，以表達出自己的哲學世界觀。儘管如此，這種哲學世界觀並無法涵蓋人類心靈整體，它仍然受到主觀意識取捨的限制，一種來自知識層面的深刻影響，誠如榮格所說，「信仰和知識之間的裂痕是分裂意識的一種體現」〔註133〕，而「與自己本能的本質產生裂縫之後，文明開化的人便不可避免地會被推到意識和無意識、精神和本質、知識和信仰之間的矛盾衝突中去」〔註134〕。至於在上述中，「原型」與

〔註126〕參見〔英〕芭芭拉・漢娜著，李亦雄譯：《榮格的生活與工作——傳記體回憶錄》，頁413。

〔註127〕參見〔瑞〕榮格著，楊儒賓譯：《東洋冥想的心理學——從易經到禪》，頁17。

〔註128〕參見榮格著，馮川、蘇克編譯：《心理學與文學》（臺北：久大文化股份有限公司，1994年），「譯者前言」，頁7。

〔註129〕參見冷德熙：《超越神話——緯書政治神話研究》（北京：東方出版社，1996年），頁51。

〔註130〕參見榮格著，馮川、蘇克編譯：《心理學與文學》，頁26。

〔註131〕同前註，「譯者前言」，頁6。

〔註132〕參見劉文典：《淮南鴻烈集解》，卷十三，頁466～467。

〔註133〕參見榮格著，張敦福譯：《未發現的自我》（北京：國際文化出版公司，2001年），頁50。

〔註134〕同前註，頁55。

「原始意象」似乎同義，但實際上，在榮格的觀念裡，「原始意象」與「原型」
是有區別性的。馮川認爲「原始意象介於原型與表象等感性材料之間，起一
種凝聚和構型的作用；而原型則是一種與生俱來的心理形式。原型是『體』，
原始意象是『用』」〔註135〕，而「意象（表象）是意識和無意識在瞬間情境中
的聯合產物」〔註136〕；此外，所謂的「集體無意識」，並非發展自個人，它是
通過繼承與遺傳而來，是由「原型」這種先存的形式所構成〔註137〕。

　　華人在歷史演進中所形成的思維模式與向度，在某種程度上是與「原型」
的理論相通，尤其是《周易》中的形上概念，打破了人類理性活動的框架，
由認知到轉化、由必然到未然、由物理世界到心靈深層，一種超越時間與空
間概念的特殊感悟，源源不絕地呈現出來。《周易》一方面透過陰（－－）陽
（－）的不斷推衍，而形成一套完整的符號系統，以表現宇宙的原型，即
「《易》有太極，是生兩儀，兩儀生四象，四象生八卦，八卦定吉凶，吉凶生
大業」的演化過程；另一方面用卦爻象徵天地萬物的動態變化，如《繫辭上
傳》所載：「參伍以變，錯綜其數，通其變，遂成天下之文；極其數，遂定天
下之象。非天下之至變，其孰能與于此？」〔註138〕這與榮格認爲「原型」具
有「純形式、動能、先驗、不斷詮釋、無意識支配特徵」的理論特色，可說
是相互吻合。

　　施春華於〈榮格心理學的現象構成識度〉一文中指出，孔老思想、印度
的佛家或佛教思想及榮格的思想等，都具有現象學的構成識度。這種超越時
代和文化的相似性，意味著透過神秘的「接觸」而發生轉變，達到一種「完
整性」〔註139〕；並認爲榮格「用經驗主義的方法爲無意識或客觀精神的存在
提供證據」〔註140〕。筆者以爲，所謂「通過神秘的接觸」，其實就是「無意識
深層的心靈符應」，它已跳脫了因果法則的框架，並轉化成一種動態的、創造
的、想像的、無限的有機聯繫，以達到其完整性；而所說的「經驗主義」，即

〔註135〕參見馮川：《神話人格——榮格》（武漢：長江文藝出版社，1997年），頁85
　　　　～86。
〔註136〕參見榮格著，馮川、蘇克編譯：《心理學與文學》，「譯者前言」，頁11。
〔註137〕同前註，頁66。
〔註138〕參見〔魏〕王弼注，〔唐〕孔穎達疏，〔清〕阮元校勘：《周易正義》，《十三經
　　　　注疏》，卷七，頁284。
〔註139〕參見施春華：〈榮格心理學的現象學構成識度〉，《心理學探新論叢》（南京：
　　　　南京師範大學出版社，1999年），頁175。
〔註140〕同前註，頁175。

指夢境與現實的契合。這種由心理學的實驗層次進入到形上哲學的過程，正是榮格能在心理分析學上超越弗洛伊德的重要原因，即如榮格所說，「鄙視哲學是弗洛伊德的一大錯誤」〔註141〕。

關於「完整性」，李亦雄認爲：在榮格心理學中，「自我」（ego）只是意識的中心，「自性」（self）才是完整的心理整體〔註142〕，即以「自性」統攝「自我」。但筆者以爲，完整的心理整體應涵蓋「自我」與「自性」。「自我」是從生活體驗中所抽離出來的概念，屬於意識層面；「自性」則是內心深層的無限延伸，屬於無（潛）意識層面。二者應是相互依存、互補的兩種人格內涵，即如楊儒賓先生所說，它是包含光明與陰影兩個領域、上帝與魔鬼兩種意象的狀態〔註143〕，這才是榮格所強調的觀念──「人格完整」的眞正意涵。《禮記・檀弓》載：

> 夫子曰：「賜！爾來何遲也？夏后氏殯於東階之上，則猶在阼也。殷人殯於兩楹之間，則與賓主夾之也。周人殯於西階之上，則猶賓之也。而丘也，殷人也。予疇昔之夜，夢坐於兩楹之間。夫明王不興，而天下其孰能宗予？予殆將死也！」蓋寢疾七日而沒。〔註144〕

這是有關孔子之死與夢境相符應的記載，文中「夢坐於兩楹之間」，更爲唐玄宗〈經魯祭孔子而嘆之〉一詩所取資，即「今看兩楹奠，當與夢時同」〔註145〕；而這種「夢」與「現實」同的現象，便是無意識心理深層的感悟。孔子雖言「不語怪、力、亂、神」〔註146〕，然而對於夢境所顯現的意涵，不但沒有予以漠視，反而把它當成一種「徵兆」，這是對「夢」具有「超驗特質」的肯定，此可從《論語・述而》所載「甚矣吾衰也！久矣吾不復夢見周公」〔註147〕的感慨而獲得證明。這種由無意識感悟（「夢坐於兩楹之間」）與意識作用（「甚矣吾衰也！久矣吾不復夢見周公」）相互依存、互補的現象，正是榮格所謂「完整人格」的體現。

〔註141〕參見榮格著，張敦福譯：《未發現的自我》，頁192。
〔註142〕參見〔英〕芭芭拉・漢娜著，李亦雄譯：《榮格的生活與工作──傳記體回憶錄》，「譯者前言」，頁6。
〔註143〕參見〔瑞〕榮格著，楊儒賓譯：《東洋冥想的心理學──從易經到禪》，頁31。
〔註144〕參見孫希旦：《禮記集解》，頁196。
〔註145〕參見《全唐詩》，冊一，卷三，頁30。
〔註146〕參見李澤厚：《論語今讀》（合肥：安徽文藝出版社，1998年），頁184。
〔註147〕同前註，頁172。

李澤厚先生引孔穎達的話說：「聖人雖異人者神明，同人者五情。五情既同，焉得無夢？」〔註148〕這說明了「夢」所具有的普遍性。《史記・殷本紀》載「武丁（高宗）夜夢得聖人（傅說）」〔註149〕，伊川先生以為「蓋高宗至誠，思得賢相，寤寐不忘，故朕兆先見於夢。如常人夢寐間事有先見者多矣，亦不足怪」〔註150〕。由此看來，感應的事（夢與現實合）確實存在於天地之間，然而欲達此境地，則必須出於至誠（寤寐不忘）——從物理的「理性意識思維」轉化成心理的「無意識深層活動」，一種處於心物冥合的超越狀態。當然，感應的事並不止於「夢」，也不是存意矯情的人能夠體驗得到，誠如黃宗炎於《周易象辭・咸卦》中所說：

> 人各異體，體各異心，求其發于此而格于彼，固非易易，必氣幾之
> 流行，我至于斯，人亦至于斯。則我心一起，人心隨動，不疾而速，
> 不行而至。苟以私意相求，失之遠矣！〔註151〕

所謂「氣幾之流行……人心隨動」，套用現代語，即「心電感應」，它雖能超越時間（「不疾而速」）與空間（「不行而至」）的有形約束，而達到彼此心靈的契合，但是若不能循之以「誠」，而「以私意相求」，則「感」（正感）便無從而起，「應」（正應）亦無從以生。這種「感應」以「誠」的心理活動，對卜筮而言，更是如此。

伊川先生以為「今人卜筮，著在手，事在未來，吉凶在書策，其卒三者必合矣。使書策之言不合於理，則自不驗」〔註152〕；又說「卜筮在精誠，疑則不應」〔註153〕，此即〈蒙〉卦辭所說的「初筮告，再三瀆，瀆則不告」。筮法是一種對天道的模擬，其本身是充滿對天道的敬畏，如《尚書・洪範》所載，若君王有疑惑時，當「謀及乃心，謀及卿士，謀及庶人，謀及卜筮」〔註154〕，卜筮既是對天道的模擬，故君王用它作為解疑的對象，是正常合

〔註148〕同前註，頁173。

〔註149〕參見〔漢〕司馬遷撰，〔唐〕司馬貞、〔唐〕張守節、〔宋〕裴駰等三家注：《史記》，卷三，頁102。

〔註150〕參見二程著：《二程遺書》（上海：上海古籍出版社，2000年），卷六，頁278。

〔註151〕參見〔清〕黃宗炎：《周易象辭》，卷十，頁412。

〔註152〕同前註，頁208。

〔註153〕參見二程著：《二程遺書》，卷六，頁134。

〔註154〕參見〔漢〕孔安國傳，〔唐〕孔穎達疏，〔清〕阮元校勘：《尚書正義》，《十三經注疏》，頁314。

「理」的事；又《禮記・祭義》也說：

> 昔者聖人建陰陽天地之情，立以爲《易》。易抱龜南面，天子卷冕北
> 面，雖有明知之心，必進斷其志焉，示不敢專，以尊天也。〔註155〕

在卜筮的過程中，當秉持至誠，依「理」而行，不可有所疑忌、專斷妄爲，
否則事將有違。例如，《左傳・僖公四年》載「晉獻公欲以驪姬爲夫人，卜
之，不吉；筮之，吉。公曰：『從筮』，卜人曰：『筮短龜長，不如從長。』
〔……〕弗聽，立之」〔註156〕，其後獻公以此而禍及子孫〔註157〕，這可說是
肇端於對筮法的猜疑與不誠；此與焦竑所說「人志正，天以其善氣應之；人
志佚，天以其戾氣應之」〔註158〕的意涵相類，當是對「不正」、「不誠」之人
的一種嚴厲告誡。

劉熙載於《持志塾言・天地》中說：

> 《論語》、《中庸》言「忠恕」，《大學》曰「心誠求之」、「所藏乎
> 身不恕」，孟子曰「反身而誠，強恕而行」。周子曰「聖，誠而已
> 矣。」〔註159〕

聖人體道，存誠而已，故劉氏又說「誠自可格天地」〔註160〕；這也是《韓詩
外傳》「惟誠感神，達乎民心」〔註161〕一語所要傳達的概念。此外，章學誠
認爲「誠之所至，探籌鑽瓦，皆可以知吉凶」〔註162〕，「探籌鑽瓦」即指對
龜兆的探求，是對古代簡易占卜過程的描述。這種占卜過程能將隱藏在個
體心靈內的能量激發出來，並形成聯繫的無意識共振場域，這就是「集體
無意識」的心理深層感應，即如《淮南鴻烈・說林訓》所載：「卜者操龜，
筮者端策，以問於數，安所問之哉！舞者舉節，坐者不期而抃皆如一，所
極同也。」〔註163〕所謂的「不期而抃皆如一」，是出於「至誠」而獲致的心
靈符應，這正是「集體無意識」的最佳詮釋，也是「共時性」原理的本質
內涵；此與陸機《文賦》所載「應感之會，通塞之紀，來不可遏，去不可止」

〔註155〕參見〔清〕孫希旦：《禮記集解》，卷四十六，頁 1233～1234。
〔註156〕參見楊伯峻編著：《春秋左傳注》，頁 203。
〔註157〕案：僖公四年，十二月戊申，太子縊于新城，重耳奔蒲，夷吾奔屈。
〔註158〕參見〔明〕焦竑：《澹園集》（北京：中華書局，1999 年），頁 23。
〔註159〕參見劉熙載：《持志塾言》，《劉熙載文集》，頁 48。
〔註160〕同前註，頁 44。
〔註161〕參見〔戰國〕韓嬰撰（舊題），屈守元箋疏：《韓詩外傳箋疏》，頁 426。
〔註162〕參見〔清〕章學誠撰，葉瑛校注：《文史通義校注》，頁 3。
〔註163〕參見劉文典：《淮南鴻烈集解》，卷十七，頁 571。

〔註164〕的思維同工異曲。朱熹於〈齋居感興〉中寫道：「元亨播群品，利貞固靈根。非誠諒無有，五性實斯存。」〔註165〕即闡明「誠」是「元亨利貞」、「仁義禮智信」（五性）的存在依據，也是《易》道存養擴充的根本。

　　榮格在談到自己對占卜的經驗時說：

> 我只是將三枚小銅板輕擲空中，然後它們掉下、滾動，最後靜止不
> 動，有時正面在上，有時反面在上。此種技巧初看似乎全無意義，
> 但具有意義的反應卻由此興起，這種事實真是奧妙，這也是《易經》
> 最傑出的成就。〔註166〕

文中將拋幣的占卜過程說成是「《易經》最傑出的成就」，顯然是榮格個人的認知，在此不加以評論。至於整個占卜過程所呈現的意涵，則是符合《易》卦所具有的超驗特質與無意識的支配特徵；其中主事者所表現出來的「誠」意，當是關鍵所在，故曹元弼謂「至誠之道可以前知」〔註167〕，這也是為什麼榮格會對《易經》如此鍾愛的原因。筆者以為，《易》卦占卜的過程是主、客心靈深層的契合，因此在解析上是隨著事件的性質和深淺而有所不同，非以固定的模式（如卦爻辭）作為解析卦象的依據；而對於《易》卦占卜一事，吾人當從人、事、時、地、物等多種因素作全面性考量，且於過程中採取一種真誠篤信的敬慎態度，並將所呈現的卦、爻象與現實之間作有系統的緊密聯繫，避免過度依賴卦、爻辭；畢竟在歷史的演進過程中，存在著人類意識層面所無法掌握的變數，而這種變數可說是《周易》「變動不居」的真正意涵所在。

第三節　爻位變化所蘊涵的共性思維

　　在我們生活周遭，除了感官經驗所能掌握的「實質」（有形事物）外，更多的「象徵」是來自心靈深處的投射。「實質」固為人類所取資與利用，其存在意義自不待言；而「象徵」則具有普遍性與恒久性，其生命力往往較「實

〔註164〕參見〔梁〕蕭統編，〔唐〕李善注：《文選》（臺北：華正書局，1995年），頁243。

〔註165〕參見〔宋〕朱熹撰，郭齊箋注：《朱熹詩詞編年箋注》（成都：巴蜀書社，2000年），頁374。

〔註166〕參見榮格撰，楊儒賓譯：《東洋冥想的心理學——從易經到禪》，頁214～215。

〔註167〕參見〔清〕曹元弼：《復禮堂文集》，冊一，卷二，頁140。

質」更爲旺盛。《周易》的兩大符號系統——象數符號（卦爻）與語言符號（所繫之辭），即是具有普遍而恒久的「象徵意涵」。此外，在整個太極演化生成系統中，普遍存在著一種聯繫與發展的互動關係，而形成這種互動關係的主要媒介就是「共同質性」，經由它的「穿針引線」，一種既能自我發展又能聯繫外界的有機體系便應運而生，這可用「平行中心」的概念來加以詮釋；而從「共性」的思維中，吾人對生命的聯繫將有更積極性的作爲。因此，本節擬從「實質與象徵」、「平行中心論」、「生命質性的發揚」等三方面，逐次探討蘊涵於《周易》爻變思想中的「共性思維」。

壹、實質與象徵

何謂「實質」？何謂「象徵」？簡單地說，「實質」就是人類感官所能掌握的一切有形事物，「象徵」則是透過有形事物以表現無形的概念。例如，「孔子是聖人」，孔子是人，當然是「實質」，而聖人則是「完美人格」的形象，是一種精神「象徵」。但實際上，「實質」並非等同「象徵」。在中國古籍中，直接對「象徵」二字作詮釋者，當首推王弼於《周易略例・明象》中所言「觸類可爲其象，合義可爲其徵」〔註168〕一語；此雖非「象」、「徵」二字連用，然實際已將「象徵」的意涵作簡要的闡釋。《繫辭上傳》載：

> 天尊地卑，乾坤定矣，卑高以陳，貴賤位矣。〔註169〕

天地本一體，何來尊與卑？生命無高下，何來貴與賤？「尊卑」與「貴賤」是人文發展過程中的價值判斷，是人類主觀意識的詮釋，也是心靈的一種投射。「象徵」的意義就是在主觀詮釋（意識）與心理投射（無意識）交互作用下產生的，它所代表的可能是感官經驗、思想、情感或精神寄託等，誠如弗羅姆（Fromm）所言，「象徵是外在於我們的東西，它的象徵物存在於我們的內心深處」〔註170〕，所謂的「象徵物」就是「象徵意涵」，它是超越實體而存在，且這種「象徵意涵」會隨著人、事、時、地、物等不同情境而轉移，並非全然固定不變。例如，水本是柔性之物，順其勢則和（鑑），逆其性則怒（濤），逆順之間，動靜立見。故水能載舟，也能覆舟；前者象徵水的平順、

〔註168〕參見〔魏〕王弼撰，樓宇烈校釋：《王弼集校釋》，頁609。

〔註169〕參見〔魏〕王弼注，〔唐〕孔穎達疏，〔清〕阮元校勘：《周易正義》，《十三經注疏》，卷七，頁257。

〔註170〕參見〔美〕埃里希・弗羅姆著，郭乙瑤、宋曉萍譯：《被遺忘的語言》（北京：國際文化出版公司，2001年），頁8。

安穩，後者則象徵水的活躍、無常。又例如，火本是剛性之物，馭其勢則煌，縱其性則噬，馭縱之間，吉凶已判。故「火」一方面象徵光明、溫暖，另一方面則象徵危險、無情。由此看來，「象徵」本身是「可變」與「不變」的混合體。因此，引文中雖強調君臣、上下、尊卑、貴賤的等級關係，但是這種等級概念並非建立在強權與暴力統治的基礎上，而是象徵天地萬物陰陽相融、剛柔並濟的本質，在相互聯繫、相互感應及相輔相成的前提下，達到和諧共存的狀態。

　　陰爻（－－）與陽爻（－）是構成六十四卦的基質，但這種基質並不是有形的「實質」，而是一種具有內在意涵的「象徵」符號。《繫辭上傳》載：

> 聖人有以見天下之賾，而擬諸其形容，象其物宜，是故謂之象。聖
> 人有以見天下之動，而觀其會通，以行其典禮，繫辭焉以斷其吉凶，
> 是故謂之爻。〔註171〕

所謂的「擬諸其形容，象其物宜」，就是一種「象徵」，六十四卦皆如此。這種由象數符號（卦爻）和語言符號（所繫之辭）交織而成的體系，不必等同於「實質」（萬物萬象），但卻比「實質」更具生命力，它是先人內在經驗的表達，其象徵意涵可說是積極而恒久。例如，《說卦》載：

> 〈乾〉為首，〈坤〉為腹，〈震〉為足，〈巽〉為股，〈坎〉為耳，〈離〉
> 為目，〈艮〉為手，〈兌〉為口。〔註172〕

首、腹、足、股、耳、目、手、口等，都是有形的「實質」，表面上是以此分別作為八卦的象徵，但實際上，其「象徵意涵」（象徵物）是對此「實質」的進一步發揚。「首」可代表尊貴，「腹」代表能容，「足」代表活躍，「股」代表和順，「耳」代表廣聽，「目」代表視遠，「手」代表制物，「口」代表善言。這種象徵意涵遠比實質所顯現的意義更為深遠、生動。當然，這種象徵意涵如前面所說，亦具有可變性，誠如余敦康先生於〈從易經到易傳〉一文中所說：「它（卦畫）所具有的意義不是本身固有的，而是由解釋者賦予的結果，解釋不同，卦畫的意義也會不同。〔……〕從認識史的角度來看，值得研究的不是卦畫本身，而是不同歷史時期的人們對卦畫所作的不同的解釋。」〔註173〕

〔註171〕參見〔魏〕王弼注，〔唐〕孔穎達疏，〔清〕阮元校勘：《周易正義》，《十三經注疏》，卷七，頁293。

〔註172〕同前註，卷九，頁330。

〔註173〕參見余敦康：〈從易經到易傳〉，《易學論著選集》（臺北：長安出版社，1991年），頁240。

所謂的「賦予」，即是給予論述對象一種「象徵」意涵，它是詮釋者直覺經驗
與心靈感悟所交織而成，實具有特殊的哲學意涵。

《繫辭下傳》載：「《易》之為書也，廣大悉備，有天道焉，有人道焉，
有地道焉。兼二材而兩之，故六。六者非它也，三材之道也。」〔註174〕「兼
三材而兩之，故六」，即是包含了「語言符號」（三材之道）與「象數符號」（六
爻變動），二者可說是《周易》的兩大符號系統，也是《易》道「廣大悉備」
的象徵意涵。孔穎達在〈乾‧象辭〉「天行健，君子以自強不息」下疏（針對
六十四卦）：

> 先儒所云此等象辭，或有實象，或有虛象。實象者，若「地上有
> 水，〈比〉」也，「地中生木，〈升〉」也，皆非虛，故言實也。假象
> 者，若「天在山中」、「風自火出」，如此之類，實無此象，假而為
> 義，故謂之假也。雖有實象、假象，皆以義示人，總謂之「象」
> 也。〔註175〕

這裡所說的「實象」（地上有水）、「假象」（天在山中），都是從六爻變動（象
數符號）所產生出來的象徵意涵（象徵物），也是「以義示人」一語的同義
詞。但基本上，運用「象徵」是人類與生俱來的自然本能，只不過這種本能
有其先天上的限制，或需藉助於外在事物而得以提升層次。弗羅姆在談到
「象徵語言」時說：

> 如同悲傷之時，我們不需要學習哭就會哭，或者生氣時自然就會臉
> 紅一樣，象徵語言用不著學習，也不局限于任何人種部落。當象徵
> 語言在神話和夢中被運用時，它在所有的所謂原始文化中，也在高
> 度發達的埃及和希臘文化中都能找到，這一點可以作為象徵語言普
> 遍性的明證。〔註176〕

象徵是一種心靈的自然投射，本不需要學習，但人類置身於物理世界中，所
面對的無論是原始或文明社會，自然都會產生各種感官經驗，這種感官經驗
不同於「心理」或「身體」的自然投射，而是經由外在事物的刺激後，內化
於我們的心靈深處。因此，類似「天行健，君子以自強不息」這種象徵語
言，經過先人的不斷承襲與發揚後，也就自然地、普遍地根植於我們的意識

〔註174〕同前註，卷八，頁318。
〔註175〕同前註，卷一，頁11。
〔註176〕參見〔美〕埃里希‧弗羅姆著，郭乙瑤、宋曉萍譯：《被遺忘的語言》，頁
12。

和心靈。

　　綜上所述，筆者以為，「實質」與「象徵」二者，從「具體存在」與「精神投射」聯繫的角度來看，「實質」當為「象徵」的來源，二者在意識分化的初期應是相互依存、相互證成的共同體，即具有不可割離的一致性。然隨著時空的持續演化與社會文化的不斷推進，這種「不可割離」的特性便產生了質變；即「象徵」意涵不必然依附於「實質」而存在，其本身已具備獨自發展與衍化的能力。也就是說，「象徵」（精神）不僅在層次上與「實質」（物質）有所差異，且在指涉與意涵的運用上，遠較「實質」更為靈活、多元，其功能性也更加顯著、提升，這正是《周易》爻變思想所要傳達的概念之一。

貳、平行中心論

　　「中心」的概念是科學性認識論的觀點，是人類對客觀存在的「具體與非具體」事物所作的觀察而推衍出來的，如古代君王必「擇天下之中而立國，擇國之中而立宮，擇宮之中而立廟」〔註177〕，這種「中心」概念的思想，一部分取自對客觀實體的觀察和體驗，一部分則來自天地之間普遍存在的理序。但無論其型態如何，古人對「中心」的概念，始終是以內部完整的組織或構造為單一封閉系統，「中心」便是從這封閉的系統中逐漸形成；這一封閉系統雖能自成一生命有機體，但卻無法向外開展，即使有層次的觀念，也僅止於類比的推衍，而缺乏將彼此（內外）作有機聯繫和闡發。因此，筆者在此提出「平行中心」的概念，並以《周易》的八卦生成論為主軸來加以探討，期能從傳統的「中心」概念裡跳脫出來。

　　「平行中心」是對傳統「中心一元論」的轉化與重新詮釋。這裡所說的「平行」，並不是數學上平面或立體的空間概念，使彼此之間永遠不可能交會，而是象徵一種「平等」關係，雖然在層次上有差別，但在性質上卻同本同源，彼此存有相同的質性（形成之理）。例如，《呂氏春秋·執一》載：「以身為家，以家為國，以國為天下。此四者，異位同本。」〔註178〕由身而至天下，雖然經過三個層次的轉化，但四者的原生本體——身，並不會因時間或空間的改變而有所差異。

〔註177〕參見陳奇猷：《呂氏春秋校釋》，卷十七，頁1108。
〔註178〕同前註，頁1132～1133。

所謂的「八卦生成」說，即《繫辭上傳》所載「《易》有太極，是生兩儀，兩儀生四象，四象生八卦」的演化過程。茲以圖示配合，以利解析。

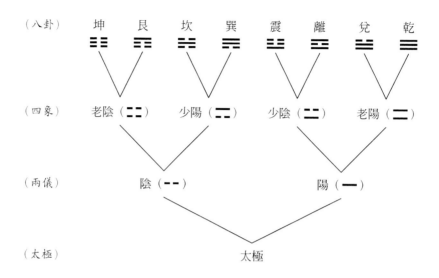

如上圖所示，整個八卦生成過程可分成二個系統。

縱向系統：即「太極→兩儀→四象→八卦」的太極發展系統。

橫向系統：即「太極」、「陰、陽」、「老陽、少陰、少陽、老陰」、「乾、
　　　　　兌、離、震、巽、坎、艮、坤」的等級聯繫系統。

從整個系統來看，無論是橫向或縱向，彼此之間是緊密而不可分割的關係。不僅如此，整個系統之間更存在著一種聯繫與發展的互動關係，這種關係可以用「平行中心」的概念來加以剖析。

首先從「太極」來說，本身既是縱向大系統的唯一中心，也是橫向系統中的一個系統中心。因此，對「太極」而言，「中心」所代表的意義是形而上（「理序」）的本體象徵，而不是指形而下（範疇）的等級關係，意即「中心」同時具有「唯一性」與「可變性」二種特質，只是這二種特質是在同一原理下的不同面貌而已。也就是說，橫向系統是一種聯繫系統，是等級的聯繫；縱向系統是一種發展系統，是中心的演化；二者都是隸屬於整個太極演化系統，故其「中心」同樣具有「唯一」與「可變」二種特性。這種看來似乎是相互矛盾的關係，其實就是天地萬物普遍存在的生存法則，即如《朱子語類》卷一所說：

太極只是天地萬物之理。在天地言，則天地中有太極；在萬物言，

則萬物中各有太極。未有天地之先，畢竟是先有此理。〔註179〕

所謂「天地中有太極」、「萬物中各有太極」，即表示「理」（太極、中心）既在天地之先，是「唯一性」，又普遍存在於天地萬物之中，則具有「可變性」；「中心」同時兼有這二種特質，故萬物演化、生生不息。

其次，從縱向系統來看，是以太極為中心向外開展，逐漸演化成八卦；由這種向外演化的現象，可以看出此縱向系統具有無限開展、延伸的特性，六十四卦的生成亦循此模式進行，從而形成一個太極大系統。但這種大系統只是統稱，自兩儀以下，又可視為另一個系統，而以「兩儀」為中心；依此原理，從四象以下，亦可建構其系統，而以「四象」為中心，餘則以此類推。這種由「太極→兩儀→四象→八卦→六十四卦」不斷演化、發展所形成的各種系統，就是層次的整合統一與演化發展過程所產生的生命體，其彼此間雖有層次的不同，但卻各有其系統中心，這就是「中心」的移轉，而所依據的原理則是來自共同的生命源泉──「太極」（理），一種可作為系統整合的媒介、橋樑，也就是「共同質性」。但不可諱言，這種以「太極」（理）為「共同質性」的縱向系統，因具有連續發展的特性，以至無法避免受到時間、空間變化的影響，即「因果關係」的約束，因此可稱為「歷時性的系統」。

以先秦時期的法律（如鄭子產的鑄刑書、秦法──睡虎地竹簡）到歷代的《刑法志》（《魏書》為〈刑罰志〉）來說，各個朝代對「法」的訂定及其內容，或有所承襲、更易，不盡相同，甚至差別很大，因而形成各自的「法律系統」，「中心」也因而分別奠立，這是受到時空改變的影響所致。但無論如何，對於立法的基本精神──道德、禮教、倫常〔註180〕，卻始終是歷朝不變的法則，也是政權鞏固的必要條件，這是一種來自人性中所潛藏的共同基質，以它為橋樑，吾人可以從歷代〈刑法志〉中所蘊涵的思想脈絡，以類比、歸納的方式，逐步作一系統整合，而建構出一個完整的法律觀，這就是所謂的「大系統」。同樣的，透過這種「共同質性」，我們不僅能整合太極演化發展所形成的各個層級系統，更可以用來看待許許多多我們平常所難以掌握、釐清的事件（如今本《周易》與帛書《周易》的關係），這就是「平行中心」的主要功能之一。

〔註179〕參見〔宋〕黎靖德編：《朱子語類》，卷一，頁1。

〔註180〕參見楊鴻烈：《中國法律思想史》（北京：商務印書館，1998年），頁2～3。

其次，在橫向系統方面，以八卦系統爲例，「八卦」中的各卦，彼此是獨立的小系統，各有其中心，因此八卦之間是處於平行而獨立的等級關係；但這種關係亦可藉由彼此的「共同質性」（在陰陽互動中產生），而形成另一個橫向系統，即「六十四卦」，這就是《說卦傳》「八卦相錯」與《繫辭上傳》「八卦相盪」所代表的意義。筆者以爲，伏羲（先天）六十四卦卦序圖可以用來解析這種橫向系統的等級聯繫。如圖（依「天地定位」原則，改爲〈乾〉上〈坤〉下）：

坤	艮	坎	巽	震	離	兌	乾	←下 ↓上
否	遯	訟	姤	无妄	同人	履	乾	乾
萃	咸	困	大過	隨	革	兌	夬	兌
晉	旅	未濟	鼎	噬嗑	離	睽	大有	離
豫	小過	解	恆	震	豐	歸妹	大壯	震
觀	漸	渙	巽	益	家人	中孚	小畜	巽
比	蹇	坎	井	屯	既濟	節	需	坎
剝	艮	蒙	蠱	頤	賁	損	大畜	艮
坤	謙	師	升	復	明夷	臨	泰	坤

如上圖所示，以八純卦（即圖中有影底的八卦）爲系統中心，由上往下，共有相對應的重卦二十八對，例如〈履〉與〈夬〉、〈同人〉與〈大有〉、〈革〉與〈睽〉、〈无妄〉與〈大壯〉，至〈比〉與〈師〉、〈剝〉與〈謙〉等。這些以「上下卦」或「下上卦」的互動模式所產生的卦象，即所謂的「上下對易卦」或「對易卦」，實際上同時擁有橫向與縱向二種系統的特質。對六十四卦中的任何一卦而言，一方面本身可自成一系統、中心，即平等關係的橫向系統；另一方面又是依附在整個太極系統之下，即縱向發展系統。此外，就卦體六爻而言，其「中心」意涵可分別從「卦主」及「爻位」分別來看。「卦主」當包含「上、下卦」與「全卦」。前者指上、下卦各有一主體、中心，即卦（上或下）爲一陰二陽者，以一陰爲主，卦（上或下）爲二陰一陽者，以一陽爲主〔註181〕；後者則指全卦的中心，即卦體五陽一陰者，以一陰爲主，卦體五

〔註181〕案：黃宗炎於《周易象辭》中即持此論。

陰一陽者，以一陽爲主〔註182〕。這種以「主爻」爲中心的概念，當可視爲對其本身（卦主）具有可變性（每卦不同）與唯一性（全卦或上、下卦）的強調。至於「爻位」，每一爻本身就是一個中心，其特徵表現在所處的「位」上；當六爻的「位」發生變化時，原本各自所扮演的角色，即其中心，也會跟著改變。

筆者以爲，「對易卦」是由內在心理狀態（下卦）與外在物理狀態（上卦）交互作用、融合所產生，具有跨越時空限制與因果法則範疇的特質，可說是一種經由「共時性」原理所產生的等級聯繫，因而可稱此橫向系統爲「共時性系統」。茲略舉數例，以作參考。

〈恆〉與〈益〉。〈恆·象辭〉載：「君子以立不易方。」孔疏：「君子立身得其恆久之道，故不改易其方（道）。」〔註183〕〈益·象辭〉載：「君子以見善則遷，有過則改。」孔疏：「君子求益，以『見善則遷，有過則改』也。」〔註184〕前者明顯強調「立身」，後者表面雖無「立身」之名，然而卻有立身之「實」。因此，二者既是一種「平行中心」的關係，同時也有相合、相融的等級聯繫基質，這個基質就是「立身」，也就是彼此可以聯繫、融合的「共同質性」、「媒介」，因此可以稱它爲「中心點」。這種中心點即是由二元（〈恆〉與〈益〉）形式對立（即「對易卦」之名）所產生的臨界點；而所謂的「形式對立」，其背後所代表的意義是彼此的「可相融性」，由此便可再開展出另一個系統，這個系統亦同時具有橫向聯繫與縱向發展的特質。

〈未濟〉與〈既濟〉。〈未濟·象辭〉載：「君子以慎辨物居方。」孔疏：「君子見未濟之時，剛柔失正，故用慎爲德，辨別眾物，各居其方，使皆得安其所，所以濟也。」〔註185〕〈既濟·象辭〉載：「君子以思患而豫防之。」孔疏：「君子思其後患，而豫防之。」〔註186〕前者強調「慎」，是「謀定而後動」的表現；後者主張「豫」，是「未雨綢繆」的作法；二者的共同點（中心點）就是「知幾」，一如前例，這是聯繫彼此的基質，也是開展另一系統的

〔註182〕案：王弼於《周易略例·明象》中即持此論；而此「卦主」說，當源於〈无妄·象辭〉所載「剛自外來而主於內」一語。

〔註183〕參見〔魏〕王弼注，〔唐〕孔穎達疏，〔清〕阮元校勘：《周易正義》，《十三經注疏》，卷四，頁144。

〔註184〕同前註，頁177。

〔註185〕同前註，卷六，頁253。

〔註186〕同前註，頁250。

媒介。

〈泰〉與〈否〉。〈泰・象辭〉載：「后以財成天地之道，輔相天地之宜，以左右民。」孔疏：「君當剪財，成就天地之道。〔……〕輔助天地所生之宜。〔……〕以助養其民。」〔註187〕〈否・象辭〉載：「君子以儉德辟難，不可榮以祿。」孔疏：「據王者言之，謂節儉爲德，辟其陰陽已運之難，不可重自榮華而驕逸也。」〔註188〕從表面字義來看，二者似乎差別很大，但進一步探究，可以發現彼此的共同基質已在句首的「財」（剪財）與「儉」（節儉）二字中分別凸顯出來；無論是積極性的「剪財」或消極性的「節儉」，其所代表的意義簡單來說，就是一個「節」（節度）字，這是「德」的象徵，有了它，就能夠成天下之道、助天地之生、養天下之民、辟天下之難。因此，「節」便是〈泰〉與〈否〉的共同質性，也是聯繫彼此的媒介，由此而向外擴展出另一個有機系統。至於世俗普遍存在的「〈泰〉、〈否〉相對立」的觀念，實導源於「陰陽對立」的謬思，面對這種現象，吾人若能眞正體會《說卦傳》所載「雷風相薄，水火不相射」、「水火相逮，雷風不相悖」〔註189〕的意涵，以及筆者於前文「陰陽和諧」一節中所述，則此謬思必可正於無形。例如，以南、北半球來說，當南半球是白天（陽），北半球則爲夜晚（陰），這是眾所皆知的大自然現象，但仔細推敲，陰、陽確是「同時」出現在「地球」上，這種在同一時間、空間（地球）出現的兩種現象，也就是「共時性」原理，是沒有「先後次序」或「大小遠近」的問題，它是超越時空限制與因果法則的客觀存在。

綜上所論，「共同質性」可說是一種豐富生命、壯大生存空間的活水，是縱向系統發展與整合的主要橋樑，也是橫向系統等級聯繫的主要媒介，更是確立「平行中心」概念的必要條件。吾人可以利用「平行中心」這個概念，將存在於我們周遭無數的個別系統或看似零散、無序的事件加以聯繫、整合，重新架構成一種既可內蘊又可外發的有機體，就如同《周易》的太極演化系

〔註187〕同前註，卷二，頁66。

〔註188〕同前註，頁70。

〔註189〕同前註，卷九，頁326、329。案：此二語當爲互文：即「不相射」與「相逮」同義，「相薄」與「不相悖」同義。至於帛書《易之義》作「火水相射」，表面上似與《說卦傳》「水火不相射」有別，然而就不同的思想背景（對水、火的認知）及詮釋向度（如「射」義作「厭」或「入」）來說，實無必要在二者之間強作分殊：此可參考邢文先生所撰《帛書周易研究》（北京：人民出版社，1998年）一書（頁127～141）。

統，是「縱向」與「橫向」的匯聚，也是「歷時性」與「共時性」的合成，是不能用一種固定的演化模式來作說明，誠如黃慶萱教授所言：

> 每卦六爻的六十四卦在歷史演進上不必由太極、兩儀、四象、八
> 卦倍進而成；但必定含有由太極、兩儀、四象、八卦倍進之理。
> 〔註190〕

所謂的「倍進之理」，即「共時性」與「歷時性」的綜合原理，這種綜合原理正是「平行中心」的內涵。

參、生命質性的發揚

　　在前文「平行中心論」一節中，已涉及「共同質性」的論述——是對系統的等級聯繫和發展模式的一種應用；而「生命質性」則是在此理論架構下對生命概念與生命聯繫的進一步闡釋和發揚。

　　生命因運動而存在，也因運動而呈現不同的特質，但這種具備不同特質的「生命」概念，並不僅止於一般對「自然生命」（如動、植物）的認知，而是包含那些表面上看似無「生活機能」的客體，如書籍、文章、飾品、用具、建物、雕塑、木塊、石頭、橋樑……等等，當人類賦予它某種特殊作用、功能後，便具有「生命」的意義和價值；這就是所謂的「有機」概念，也是「生命質性」的真正意涵。但是必須強調的是：賦予的過程是「意識」（自我）與「無意識」（自性）的交互作用。例如一座吊橋，對於居住在兩地的百姓來說，一方面那是他們唯一的溝通管道，是生活中不可缺少的「伙伴」，二者可說是「生命共同體」（意識認知）；另一方面更是蘊涵著他們對生命的「回憶」（喜怒哀樂），一種來自心靈深層的無意識呈現，它是永恒的存在。芭芭拉·漢娜在談到榮格的童年時說：

> 他坐在石頭上，石頭在他下邊，很平坦。而石頭可能也在想：「我躺
> 在這裡，在斜坡上，而他坐在我的上面。」他與石頭是那樣和諧一
> 致——它是他的專有的石頭——因而他被這問題搞糊塗了，不知自
> 己是個孩子還是塊石頭。〔註191〕

「人石合一」，一種對生命詮釋的超越向度，即如「莊周夢蝶」，皆可為「生

〔註190〕參見黃慶萱：《周易縱橫談》（臺北：東大圖書股份有限公司，1995 年），頁33。

〔註191〕〔英〕芭芭拉·漢娜著，李亦雄譯：《榮格的生活與工作——傳記體回憶錄》，頁28～29。

命質性」作註腳。傅亞庶於《中國上古祭祀文化》一書中說：「生命——巨石信仰開原始信仰的先河，後來發展成為崇拜自然的萬物有靈觀念。」〔註192〕這種開「萬物有靈觀」（或稱「精靈論」、「生氣主義」）的巨石信仰，便是一種被賦予的「有機」概念，此對人類而言，實更具生命力；而萬物有靈的思維向度，則可從《說苑・辨物》所引孔子語「山川之靈足以紀綱天下者，其守為神」〔註193〕，以及〈修文〉所載「神靈者，天地之本，而為萬物之始」〔註194〕而獲得進一步證成與發揮。

對《周易》來說，「生命質性」是無處不存、無時不顯，並可藉此而建立聯繫管道。例如，〈乾・文言〉載：「六爻發揮，旁通情也。」〔註195〕李鼎祚引陸績語說：「〈乾〉六爻發揮變動，旁通於〈坤〉，〈坤〉來入〈乾〉，以成六十四卦，故曰『旁通情也』。」〔註196〕「旁通」就是相通，「陰」與「陽」同出太極，其「生命質性」相通，故陰陽互動而成六十四卦，此即《繫辭下傳》所載：

> 八卦成列，象在其中矣。因而重之，爻在其中矣。剛柔相推，變在其中矣。繫辭焉而命之，動在其中矣。〔註197〕

《易》以陰陽而立，卦以三爻而成，因此說「象」在其中；八卦相盪，陰陽相生，因此說「爻」（三百八十四爻）在其中；陽主剛，陰主柔，剛柔相濟，進退無方，所以說「變」在其中；立辭以誠，用命以時，則吉凶可斷、禍福可幾，故言「動」在其中。「爻」是「數」的概念，「繫辭」是依「理」而成，因此，「象」、「數」、「理」可說是三位一體，皆為《易》道「變」、「動」不居的本質，即三者的「生命質性」相同。又《繫辭上傳》載「方以類聚」〔註198〕，所謂的「類聚」，非必是同類以聚，只要是彼此有共通的生命質性，皆可以聚合。例如，陰陽同源（太極），故陰為陽所求、陽為陰所冀；人有一體兩面，

〔註192〕參見傅亞庶：《中國上古祭祀文化》，頁 16。
〔註193〕參見〔漢〕劉向撰，向宗魯校證：《說苑校證》，卷十八，頁 462。案：此語與《國語・魯語下》所載相同，襲跡頗明。
〔註194〕同前註，卷十九，頁 476。
〔註195〕參見〔魏〕王弼注，〔唐〕孔穎達疏，〔清〕阮元校勘：《周易正義》，《十三經注疏》，卷一，頁 21。
〔註196〕參見〔清〕李道平撰，潘雨廷點校：《周易集解纂疏》（北京：中華書局，1998年），頁 61。
〔註197〕參見〔魏〕王弼注，〔唐〕孔穎達疏，〔清〕阮元校勘：《周易正義》，《十三經注疏》，卷八，頁 294～295。
〔註198〕同前註，卷七，頁 258。

或剛或柔，或隱或顯，男女合其所同，故爲夫婦。甚至是人比禽獸，這是「行爲特質」的類比；「天有陰陽，人亦有陰陽」〔註199〕，這是天人同「道」的類比。凡此，皆以彼此有共通的「生命質性」，而此正合於「《易》道廣大，無所不包」的特質。

《繫辭上傳》載「一陰一陽之謂道」〔註200〕、「陰陽不測之謂神」〔註201〕，則「陰陽」即爲「神」、「道」共同的「生命質性」。又言：

> 夫乾，其靜也專，其動也直，是以大生焉。夫坤，其靜也翕，其動也辟，是以廣生焉。〔註202〕

動靜之間，陰陽變化，萬物因此而「大生」、「廣生」。這一動一靜的變化，可說是生命的源泉，也是《易》道精神的呈現；而這正是〈乾〉、〈坤〉二卦共通的「生命質性」，即如黃宗炎所說：「有動有靜，天地之常、陰陽之理，不失其時，動靜皆止，非謂偏于靜而求止也。」〔註203〕《繫辭下傳》載：

> 將叛者其辭慚，中心疑者其辭枝。吉人之辭寡，躁人之辭多。誣善之人其辭游，失其守者其辭屈。〔註204〕

這段話雖帶有「歷時性」的因果觀，但卻是先人直觀經驗的累積。「將叛者」、「中心疑者」……「失其守者」，都是「類」的個別統稱；而「辭慚」、「辭枝」……「辭屈」，則是各類的「生命質性」。從這種對生命質性的發揚，吾人不但可以窺見《易經》哲學體系中的教化觀，更能以此作爲「生命聯繫」的立論依據。例如，《國語·楚語下》載：「天事武，地事文，民事忠信。」其下分注「乾稱剛健，故武」、「地質柔順，故文」、「以忠信爲行」〔註205〕，則乾（天）以武、坤（地）以文、民（人）以忠信，這是以義取類，即以「武」、「文」、「忠信」爲「天」、「地」、「人」三材的「生命質性」；而三材之道是六爻（天居五、上，人位三、四，地處初、二）的象徵指涉，且「六爻相雜」〔註206〕，四應於初，五應於二，上應於三，「三材」彼此相應，這就是

〔註199〕參見蘇輿撰，鐘哲點校：《春秋繁露義證》，卷十三，頁360。
〔註200〕參見〔魏〕王弼注，〔唐〕孔穎達疏，〔清〕阮元校勘：《周易正義》，《十三經注疏》，卷七，頁268。
〔註201〕同前註，頁272。
〔註202〕同前註，頁273。
〔註203〕參見〔清〕黃宗炎：《周易象辭》，卷十五，頁538上右。
〔註204〕同前註，卷八，頁322。
〔註205〕參見〔周〕左丘明撰，〔吳〕韋昭注：《國語》，頁570。
〔註206〕參見〔魏〕王弼注，〔唐〕孔穎達疏，〔清〕阮元校勘：《周易正義》，《十三經

「生命聯繫」。又《繫辭下傳》載：「其稱名也小，其取類也大。」〔註207〕孔疏：「『其取類也大』者，言雖是小物，而比喻大事，是所取義類而廣大也。」「義」無大、小之分，只有顯、隱之別，故「取義類而廣大」一語，即代表「生命質性」的共通，彼此皆可相互聯繫，即如「小方，大方之類；小馬，大馬之類」〔註208〕，固不必因其所異（形）而廢其所同（質）。

筆者以爲，「生命質性」所涵蓋的範疇既廣且深，但是若能溯其源、察其旨，不惑於外在形式的殊雜，則雖廣能推、雖深可求，就如同「深察熟辨爻畫之眞，則天地之廣大，化工之巧妙，不難知矣」〔註209〕。《繫辭上傳》載：「君子之道，或出或處，或默或語，二人同心，其利斷金。同心之言，其臭如蘭。」〔註210〕此標識著君子無論在心志上或言語上，皆能彼此相互應感，就如同「父母之於子也，子之於父母也，一體而兩分，同氣而異息」，雖「異處而相通，隱志相及，痛疾相救，憂思相感，生則相歡，死則相哀」〔註211〕，這是「生命聯繫」的最佳寫照，故吾人若能「觸類而長之，天下之能事畢矣」〔註212〕。

注疏》，卷八，頁316。

〔註207〕同前註，頁312。

〔註208〕參見陳奇猷：《呂氏春秋校釋》，卷二十五，頁1642。

〔註209〕參見〔宋〕陳摶著，〔宋〕邵康節述：《河洛理數》，頁70。

〔註210〕參見〔魏〕王弼注，〔唐〕孔穎達疏，〔清〕阮元校勘：《周易正義》，《十三經注疏》，卷七，頁276～277。

〔註211〕參見陳奇猷：《呂氏春秋校釋》，卷九，頁508。

〔註212〕參見〔魏〕王弼注，〔唐〕孔穎達疏，〔清〕阮元校勘：《周易正義》，《十三經注疏》，卷七，頁282。

第五章　《周易》爻變思想的終極關懷

　　俗話說「人生無常」，但古今中外對於趨吉避凶、化險爲夷的期望，則是普遍存在的「眞」性。因此，這種「無常」的概念並非人類能用以卸責、推諉的消極藉口；相反地，由於人生的「無常」，人類在面對周遭的一切變化，當以更積極的態度及務實的作法來加以回應、處理。《周易》「爻位變化」所綻放出來的變通思想，就是在這種前提下，除了以樂觀的態度表現出對生命的熱愛，而引導人類如何成就事功、免於凶險外，更從中起了教化人心、澄明政治的作用，這可以說是社會功能的具體實踐。此外，在「爻變」思想的氛圍下，原本存在於天地間的一切可知或未知現象，也能逐一被催化、激發，而獲得積極的回應，這不僅讓人類得以在困頓中另闢蹊徑、發展中繼續前進，並且能從天地自然與人文社會的互動、對應中，主動發掘其所面臨的各種問題及潛藏危機，而適時、有效地予以補救或消解。《繫辭上傳》所說的「顯諸仁，藏諸用」〔註1〕，即彰顯《周易》崇尚務實、鼓舞生命的積極氣度；而透過這種積極的氣度，將促成人類在處理其自身的人際互動，以及與天地自然之間的微妙關係上，達到更純熟而周全的境界與效果。

　　由此看來，《周易》對天地萬物的關懷與鼓舞，誠然不遑多讓；而所具有的開闊性思維與積極性作法，也不是指天論道或倡言頓悟所能比擬。有鑑於此，筆者遂分別以「社會功能的實踐」及「人類智慧的圓滿」等二個命題，作爲本章論述的主軸；並希望藉此能讓人們從中感受到《周易》對生命脈動所投射的無限光輝！

〔註1〕參見〔魏〕王弼注，〔唐〕孔穎達疏，〔清〕阮元校勘：《周易正義》，《十三經注疏》，卷七，頁270。

第一節　社會功能的實踐

　　季旭昇先生於〈易經占筮性質辨說〉一文中說：「孔子以前《易經》的實際功能只是占筮，此外別無他用。」〔註2〕筆者以為，所謂的「功能」，是站在「用」的角度來說的，既然是「用」，則在解析上必然因「人」而異、因「事」而異。例如，《左傳・宣公六年》載：「鄭公子曼滿與王子伯廖語，欲為卿。伯廖告人曰：『無德而貪，其在《周易》〈豐〉之〈離〉，弗過之矣。間一歲，鄭人殺之。』」〔註3〕伯廖所說的「無德而貪，其在《周易》〈豐〉之〈離〉」，雖是引用而非實際占卦，但其所運用的類比之辭（「無德而貪」），實已將人事、義理融入其中；又《四庫全書總目・易類序》載：「聖人覺世牖民，大抵因事以寓教：《詩》寓於風謠〔……〕《易》則寓於卜筮。」〔註4〕這種「因事寓教」的思維，正反映於卦爻辭中。此外，《易緯・乾鑿度》也說：「聖人因其象，隨其變，為之設卦。方盛則托吉，將衰則寄凶。」〔註5〕從這一段的論述中，吾人不僅能模擬聖人設卦的用心，更可進一步體會《周易》變動思想的社會功能指涉。當然，不可諱言，《易傳》中所呈現的豐富人文、義理，確實是擴大、提升《周易》卦爻辭內涵的重要關鍵，也是讓《周易》爻變思想的社會功能性更加顯著的幕後功臣。因此，本節在論述上是從《周易》經、傳的整體角度，而以「審吉凶」、「行教化」及「明治道」等三個面向切入，藉以彰顯《周易》「爻變思想」對社會功能的具體實踐。

壹、審吉凶

　　清儒曹元弼於《復禮堂文集》中說：「《易》者，吉凶存亡之所以然也。《書》、《詩》者，吉凶存亡已然之迹也。《春秋》者，因吉凶存亡已然之迹，以推所以然之故，而為之制斷也。」〔註6〕這種由「所以然」→「已然」→「因然」的漸進發展理序，正凸顯《周易》對吉凶的審視是處於先導的地位，居各經

〔註2〕　參見季旭昇：〈易經占筮性質辨說〉，收入《中國學術年刊》第四期，頁10。案：季氏此說，或承襲自《朱子語類》所載「《易》之六爻，只是占吉凶之辭，至《彖》、《象》方說義理」一語（卷七十一，頁1801）。

〔註3〕　參見〔周〕左丘明傳，〔晉〕杜預注，〔唐〕孔穎達疏，〔清〕阮元校勘：《春秋左傳正義》，《十三經注疏》，卷二十二，頁377上。

〔註4〕　參見〔清〕紀昀等編：《欽定四庫全書總目》，頁3。

〔註5〕　參見〔日〕安居香山、中村璋八編：《緯書集成》，頁21。

〔註6〕　參見〔清〕曹元弼：《復禮堂文集》，頁128。

之首。而之所以如此，當是基於《周易》藉由「六爻變化」與「所繫之辭」所建構的宇宙變化場域；這種變化場域不僅涵蓋一切事物發展的運動軌跡及其萌生狀況，並且能釋出各種訊息，以提供人類在應對進退上的參照、依循，此即《繫辭上傳》所謂「聖人有以見天下之動，而觀其會通，以行其典禮，繫辭焉以斷其吉凶，是故謂之爻」〔註7〕的功能指涉與實際意涵。

在《易》卦三百八十四爻中，明言「吉」、「凶」的占辭，以及爻位所處的「中」、「正」、「得」、「失」等狀況，已臚列成表，附於文末。藉此附表，對於吉凶與爻位變化之間的關係，筆者再進一步作如下的分析：

首先，就六十四「卦」的整體性來說，可細分成六種狀況：

一、爻辭中僅言其「吉」而不道其「凶」。此計有〈坤〉、〈蒙〉、〈需〉、〈訟〉、〈泰〉、〈否〉、〈同人〉、〈大有〉、〈謙〉、〈蠱〉、〈臨〉、〈賁〉、〈无妄〉、〈大畜〉、〈遯〉、〈晉〉、〈明夷〉、〈家人〉、〈睽〉、〈蹇〉、〈解〉、〈損〉、〈萃〉、〈升〉、〈井〉、〈艮〉、〈歸妹〉、〈渙〉等二十八卦；其中三吉以上的共九卦，而以〈家人〉的五吉最多，其次是〈訟〉、〈臨〉、〈晉〉三卦，各為四吉。

二、爻辭中僅言其「凶」而不道其「吉」。此計有〈剝〉、〈坎〉、〈夬〉、〈旅〉、〈小過〉等五卦；其中〈剝〉、〈小過〉二卦，皆為三凶。

三、爻辭中言「凶」多而「吉」少。此計有〈師〉、〈頤〉、〈大過〉、〈恆〉、〈姤〉、〈困〉、〈節〉等七卦；其中〈師〉為三凶一吉，〈頤〉為三凶二吉。

四、爻辭中言「吉」多而「凶」少。此計有〈屯〉、〈比〉、〈小畜〉、〈履〉、〈隨〉、〈復〉、〈離〉、〈咸〉、〈大壯〉、〈益〉、〈革〉、〈鼎〉、〈漸〉、〈豐〉、〈巽〉、〈兌〉、〈未濟〉等十七卦；其中〈比〉為四吉一凶，〈履〉、〈大壯〉、〈益〉、〈鼎〉、〈漸〉、〈豐〉、〈未濟〉等七卦則皆為三吉一凶。

五、爻辭中言「吉」、「凶」各半。此有〈豫〉、〈噬嗑〉、〈震〉及〈中孚〉四卦。

六、爻辭中未言「吉」、「凶」。此唯〈乾〉、〈觀〉、〈既濟〉三卦。

從以上的初步歸納，可看出在《周易》六十四卦中，僅言其「吉」而不道其「凶」幾占全數的二分之一，而僅言其「凶」而不道其「吉」則不足十

〔註7〕 參見〔魏〕王弼注，〔唐〕孔穎達疏，〔清〕阮元校勘：《周易正義》，《十三經注疏》，卷七，頁275。

二分之一，這不禁讓人對《易》道所蘊藏的正向鼓舞，有了更進一步的認識與感動！尤其是一般普遍認為象徵「災厄」、「不祥」、「消退」等負面意義的〈訟〉、〈蹇〉、〈損〉、〈睽〉、〈遯〉、〈否〉、〈蠱〉七卦，實際上卻能「趨」吉「避」凶；而標榜「堅定」、「守節」的〈恆〉、〈節〉，以及代表「艱難」、「無功」的〈屯〉、〈未濟〉，則分別陷入「凶多吉少」的危險境地與反轉為「吉多凶少」的局面，其遭遇顯然也與卦名有所出入。這種具有逆向思維與價值辯證的積極意識，一方面展現出《易》道精神的變化性與樂觀性，另一方面則發揚其繼善、存德的內涵，以及肯定人生、引導社會的實際功能。至於〈乾〉、〈觀〉、〈既濟〉三卦，雖未明言「吉」、「凶」，然其所強調的循環往復、觀民設教、各正性命等概念，無異是人類理解天地變化與審視事物發展的重要指引。由此看來，爻辭占吉與占凶的多寡、有無，不僅有助於人們作出審慎評估與正確判斷，以為後續行動的依據，並且在事物發展脈絡的釐清和認知上，同樣具有深層思維的啟示作用。

其次，就「爻」的個別性而言，對於占辭的吉凶與爻位之間的關係，可從以下四方面來探討：

一、「居中得位」。凡二十八爻；其中「陽爻居陽位」計有〈屯〉九五、〈需〉九五、〈訟〉九五、〈比〉九五、〈否〉九五、〈隨〉九五、〈遯〉九五、〈家人〉九五、〈益〉九五、〈漸〉九五、〈巽〉九五、〈節〉九五等十二爻，而「陰爻居陰位」則有〈比〉六二、〈否〉六二、〈謙〉六二、〈豫〉六二、〈剝〉六二、〈復〉六二、〈頤〉六二、〈離〉六二、〈咸〉六二、〈晉〉六二、〈明夷〉六二、〈家人〉六二、〈益〉六二、〈革〉六二、〈漸〉六二、〈豐〉六二等十六爻。歷來論《易》卦的吉凶，皆以「居中得位」（即「中正」）為最吉，以附表加以核驗，雖多能符合，但也有可議之處。例如，〈屯〉九五爻謂「小貞吉，大貞凶」，是以貞小事為「吉」、貞大事（如祀與戎）為「凶」；〈咸〉六二爻謂「咸其腓，凶。居吉」，是以處內為「吉」，行外為「凶」；而〈剝〉六二爻與〈頤〉六二爻則直言「貞凶」、「征凶」。也就是說，在這二十八爻〔註8〕中，言「吉」有二十六爻，言「凶」則有四爻。以此看來，「居中得位」固可作為人們立身處世與應對進退的依據，但並非「趨吉」的保證，其與環境的變遷、人事的往來，確實有直

〔註8〕案：其中〈屯〉九五爻、〈咸〉六二爻皆兼有「吉、凶」，故總為二十八爻。

接而密切的關係，這是治《易》同好所當進一步加以省察及思考的
課題。

二、「得位」而「不居中」。凡五十一爻〔註9〕。在這五十一爻中，言「凶」
有二十爻，而以「上六」十一爻最多，「九三」六爻居次，「初九」
二爻第三，「六四」一爻最少；言「吉」則有三十二爻，而以「初九」
十二爻最多，「上六」八爻居次，「六四」六爻第三，「九三」五爻最
少。透過這樣的分析，可知在此條件下（爻得位而不居中），初爻、
四爻多「吉」，三爻、上爻則偏「凶」。這種歸納式的結果，雖不能
用來證成「吉」、「凶」具有規律性，但卻可用來詮釋「爻位變化」
在時空結構上對「吉」、「凶」的潛在影響。例如，以人事發展的角
度來說，卦體四爻、初爻分別處於上、下階段的基層，其本身若能
盡職守分、不矜不伐（即得位），雖未能「得時」，也能免於凶咎，
更何況是在「得時」的情形下，「吉」豈能不至呢？至於卦體上爻、
三爻，雖同樣能各守本位、不狂不妄，但所處分別是上、下階段的
高峰，正所謂「樹大招風」、「物極必反」，即使是「得時」，在治事
用人上也必須小心謹慎，以免「動輒得咎」，甚至「動彈不得」，更
何況是在「時不我予」的情況下，豈能避「凶」呢？

三、「居中」而「不得位」。凡三十二爻〔註10〕；其中言「吉」有二十九
爻，言「凶」僅有四爻。若依此情況將「居中而不得位」與「居中
得位」相互比較，則前者言「吉」所占的比例不但毫不遜色於後
者，且有凌駕其上的態勢；尤其是對照於「得位而不居中」，其優越
性更是不言可喻。這種「居中」勝於「得位」的現象，在《繫辭下
傳》所載「雜物撰德，辨是與非，則非其中爻不備。噫！亦要存亡
吉凶，則居可知矣」〔註11〕的論述中實已隱約透露；王弼於《周易
略例‧明象》中所說的「古今雖殊，軍國異容，中之為用，故未可
遠也」〔註12〕，即是對此所作的詮釋，並且進一步強調、擴大其（居

<hr>

〔註9〕 案：請參閱附表：其中〈革〉上六爻兼有「吉、凶」，故總為五十一爻。
〔註10〕 案：請參閱附表：其中〈恆〉六五爻兼有「吉、凶」，故總為三十二爻。
〔註11〕 參見〔魏〕王弼注，〔唐〕孔穎達疏，〔清〕阮元校勘：《周易正義》，《十三經
注疏》，卷八，頁317。案：所謂「中爻」，本包括「上、下卦之中」（即五、
二爻）及「全卦之中」（即二、三、四、五爻），此則以前者為實際指涉。
〔註12〕 參見〔魏〕王弼著，樓宇烈校釋：《王弼集校釋》，頁591。

中）重要性與功能性。這種現象或可從古人對「中」所持的強烈信念而獲得理解；例如，《周禮・地官・大司徒》載：「日至之景尺有五寸，謂之地中，天地之所合也，四時之所交也，風雨之所會也，陰陽之所和也。」〔註13〕又《荀子・大略》載：「欲近四旁，莫如中央，故王者必居天下之中，禮也。」〔註14〕這種以自然及人文的變化、互動來闡釋「居中」具有超越性的思維，無疑已成為古人堅定不移的信仰；《尚書・洛誥》謂「自時中乂，萬邦咸休，惟王有成績」〔註15〕，即是在此信仰下用以彰顯君王德澤萬國的功績，這與《繫辭下傳》所說「日中為市，致天下之民，聚天下之貨，交易而退，各得其所」〔註16〕的社會關照，可說是前後相互呼應，都是在適中（位）、合宜（時）的前提下積極完成。

四、既「不居中」，又「不得位」。凡五十爻〔註17〕；其中言「吉」二十九爻，言「凶」二十二爻。這種在「不居中又不得位」的情況下，卻是「吉」多於「凶」的現象，正可反映天地間的一切「吉」、「凶」變化，非僅著重事物本身在時、位上的合宜與否，更有一些關鍵性的影響是來自周遭環境的塑造，諸如外在勢力的介入、人際互動的對應關係、人與自然的對待模式等。也就是說，由於獲得別人的扶持、照應，或在與外界的積極聯繫下，形成了正向的互動關係，因而雖處於失時、失位的狀況，也有「絕處逢生」的機運；孟子所說的「天時不如地利，地利不如人和」〔註18〕，當可作為此種概念的註腳，這也是吾人所宜加體會之處！

由此看來，在《易》卦三百八十四爻中，言「凶」僅五十爻，而言「吉」卻有一百一六爻；其中有五爻是「吉」、「凶」並列〔註19〕。這種「吉」多於

〔註13〕參見〔清〕孫詒讓撰，王文錦、陳玉霞點校：《周禮正義》，卷十八，頁721。

〔註14〕參見〔唐〕楊倞注，〔清〕王先謙集解：《荀子集解・考證》，頁443。

〔註15〕參見〔漢〕孔安國傳，〔唐〕孔穎達疏，〔清〕阮元校勘：《尚書正義》，《十三經注疏》，卷十五，頁415。

〔註16〕參見〔魏〕王弼注，〔唐〕孔穎達疏，〔清〕阮元校勘：《周易正義》，《十三經注疏》，卷八，頁299。

〔註17〕案：請參閱附表；其中〈姤〉初六爻兼有「吉、凶」，故總為五十爻。

〔註18〕參見〔清〕焦循撰，沈文倬點校：《孟子正義》，卷八，〈公孫丑下〉，頁251。

〔註19〕案：此五爻為〈屯〉九五、〈咸〉六二、〈革〉上六、〈恆〉六五及〈姤〉初六。

「凶」的現象，基本上與前述「卦」的整體狀況相合。對此，曹元弼以爲「三百八十四爻，吉少而凶多」〔註20〕，恐是將「悔」、「吝」、「厲」、「咎」等歸爲「凶」，然此五者層次有別，指涉也有不同，實不可泛稱爲「凶」；《繫辭上傳》所記載的「吉凶者，言乎其得失也。悔吝者，言乎其小疵也。无咎者，善補過也」〔註21〕，即可用來說明這種差別性。此外，〈小過〉「飛鳥以凶」（初六爻辭），《小象傳》言「不可如何」，更是強調若占得此「凶」爻，則災禍必不可免；又清儒李光地認爲「《易》中於爻義本凶者，多不斷定說煞，示以可轉之道」〔註22〕，所謂「本凶者」，即指「悔」、「吝」、「厲」、「咎」這類的占辭，而之所以「可轉」，筆者以爲「重修德」、「能克己」、「知進退」、「勤省察」等具體實踐工夫，應是主要的關鍵。

至於「吉」、「凶」並列的現象，諸如「小事吉」而「大事凶」（〈屯〉九五）、「婦人吉」而「夫子凶」（〈恒〉六五）、「征凶」而「居貞吉」（〈革〉上六）等，則凸顯事物變化在時空結構上所具有的不定性發展特質；此足以用來證成事物在發展的過程中，由於規模、性質或對象的不同，其遭遇也會跟著改變，這與六爻變化「先（初爻）吉後（上爻）凶」（如〈比〉、〈小畜〉、〈復〉、〈益〉、〈震〉、〈中孚〉等），以及「先凶後吉」（如〈頤〉、〈大壯〉）所要傳達的「敬愼」訊息，顯然相同。

從上述的分析中，可知《易》卦六爻所分別呈現的吉凶變化，不僅繫於時、位的「中」、「正」與否，並且受到個人性格、人生態度、環境變遷及人事互動等內、外因素的影響；曹元弼說「失位而吉者，言乎變者也；得位而凶者，因乎時者也」〔註23〕，即是在此概念下對《易》道精神所作的闡釋。如此看來，對於天地間一切事物的發展變化，無論是不可避免的「吉」、「凶」、「得」、「失」，或能加以轉化的「悔」、「吝」、「厲」、「咎」，皆須在《易》道的變通思想原則下，採取必要的應對措施。換句話說，除了要以「既來之，則安之」的豁達觀與穩健步伐面對外在環境的一切變化外，在「可」與「不可」、「宜」與「不宜」、「能」與「不能」等內在認知及判斷上，也要抱持「順時而動」的積極精神與「適性而爲」的務實態度；如此一來，災禍與不幸始

〔註20〕參見〔清〕曹元弼：《復禮堂文集》，冊一，頁131。
〔註21〕參見〔魏〕王弼注，〔唐〕孔穎達疏，〔清〕阮元校勘：《周易正義》，《十三經注疏》，卷七，頁264。
〔註22〕參見〔清〕李光地：《榕村語錄》（北京：中華書局，1995年），頁151。
〔註23〕參見〔清〕曹元弼：《復禮堂文集》，冊一，頁96～97。

能眞正遠離。總之，吉凶、禍福本是變化無常，就是因爲「無常」，所以人處於天地之間，更要無時無刻地警惕自己，修正自己的行爲，以合乎天理常道；《孟子‧離婁上》所說的「行有不得者，皆反求諸己」〔註24〕，就是對這種信念的落實。

貳、行教化

《四庫全書總目‧易類六》載：「象也者，理之當然也，進退存亡所由決也；數也者，理之所以然也，吉凶悔吝所由生也。聖人因卜筮以示教，如是焉止矣。」〔註25〕「象」與「數」是由六爻陰陽變化所呈顯的圖像符號，但這種標識「進退存亡」與「吉凶悔吝」所「由決」、「由生」的圖像符號，並非常人的感官或認知能力所能完全予以掌握、理解，因此語言符號──卦爻辭──的出現，便顯得特別重要。

前面說過，卦爻辭是在卜史的篩選（是否應驗）、編輯與賢君聖人的覃思審度下所逐步完成，其中當蘊涵編者（卜史與賢君聖人）個人的思維、理念，以及引導人們以反身修德作爲面對吉凶禍福的因應之道。例如，以〈乾〉六爻的發展變化來看，從初九爻「潛龍勿用」（韜光養晦，潛心修德）→九二爻「見龍在田」（德光初露，伺機而動）→九三爻「夕惕若，厲」（戒慎恐懼，不可躁進）→九四爻「或躍在淵」（忖度而行，知所進退）→九五爻「飛龍在天」（德治兼備、萬物所瞻）→上九爻「亢龍有悔」（一意孤行，悔恨加身），無不以「德」爲依歸，並且闡發天地間一切事物順逆相薄與循環往復的道理〔註26〕，而引導人們朝著積極正面的方向發展。又如〈艮〉，「艮」有「止」義，卦體從初六爻「艮其趾」→六二爻「艮其腓」→九三爻「艮其限」→六四爻「艮其身」→六五爻「艮其輔」，無異是以具有較爲直接、深刻特性的人身部位的發展變化階段，作爲規勸言行的象徵；而上九爻的「敦艮」，則是用來彰顯這種積累過程所獲致的成果，其社會功能性實更爲明顯。此外，在爻辭中，如「有孚不終，乃亂乃萃」（〈萃〉初六）、「君子于行，三日不食」（〈明夷〉初九）、「既憂之，无咎」（〈臨〉六三）、「安節，亨」（〈節〉六四）、「尚德載」（〈小畜〉上九）、「敬之，无咎」（〈離〉初六）、「敬之，終

〔註24〕參見〔清〕焦循撰，沈文倬點校：《孟子正義》，卷十四，頁492。
〔註25〕參見〔清〕紀昀等編：《欽定四庫全書總目》，經部‧易類，卷六，頁72。
〔註26〕案：這種「循環往復」與「順逆相薄」的發展變化概念，也可從〈泰〉九三爻辭「无平不陂，无往不復」一語而獲得證成。

吉」（〈需〉上六）、「立心勿恆」〔註27〕（〈益〉上九）等，無論是各處於事物變化發展的初期（初爻）、中途（三爻），或最終階段（上爻），也不管是採取正面傳達或反面示意，也都能讓後人體會其於「誠信」、「合義」、「守節」、「修德」、「篤敬」、「謙遜」等命題上所散發出來的「告誡」苦心。可見，《周易》卦爻辭中確實蘊藏著重要的教化性格，而非僅是占筮結果的紀錄或說明而已；尤其是《易傳》（十翼）陸續成書後，《周易》更成為歷來施行教化的範本，具有維繫人倫與淨化民心的作用，其影響力可說是無遠弗屆。

在《易傳》中，對於人文教化的相關論述，處處可見。例如，《文言》謂「本乎天者親上，本乎地者親下，則各從其類也」（〈乾〉），這種以類相從的「親親」思維與《禮記・郊特牲》所說的「尊天親地」〔註28〕，同樣是聖人藉以教化百姓、發揚善念的重要指引。此凸顯天地變化「無非教也」〔註29〕，故聖人仰觀俯察、所見所感，皆可援以入教。又如，《繫辭下傳》指出，君子當安其「身」、易其「心」、定其「交」之後，始能「動」、能「語」、能「求」（釋〈損〉六三爻辭），並以「基」、「柄」、「本」、「固」、「脩」、「裕」、「辨」、「地」、「制」等九要，分別用來闡釋〈履〉、〈謙〉、〈復〉、〈恆〉、〈損〉、〈益〉、〈困〉、〈井〉、〈巽〉〔註30〕等九卦所具有的人文道德內涵，其積極勸勉的情志，於此可見；而《繫辭上傳》所強調的「二人同心，其利斷金」（釋〈同人〉九五爻辭），以及〈坤・文言〉所說的「積善之家，必有餘慶；積不善之家，必有餘殃」，更成為後世耳熟能詳的教化箴言。至於《象傳》所載「父父、子子、兄兄、弟弟、夫夫、婦婦，而家道正，正家而天下定矣」（〈家人〉）〔註31〕，則是在廓清人倫規範後，進一步達到政治上的安定。另外，

〔註27〕案：此與孔子所說的「四絕」──「毋意，毋必，毋固，毋我」（《論語・子罕》），在概念上可說是前後一致，即警惕世人切勿「剛愎自用」、「恣意妄為」。

〔註28〕參見〔清〕孫希旦：《禮記集解》，〈郊特牲〉，頁687。

〔註29〕同前註，〈孔子閒居〉，頁1278。

〔註30〕案：〈巽〉，帛書《易之義》作〈渙〉。

〔註31〕案：這與《大學》所載「身修而后家齊，家齊而后國治，國治而后天下平」的思維相同，兼有「人倫教化」與「為政治國」的意涵。此外，《論語・顏淵》載齊景公問政於孔子，孔子回答：「君君、臣臣、父父、子子。」《孟子・滕文公上》有言：「父子有親，君臣有義，夫婦有別，長幼有序，朋友有信。」《荀子・天論》則稱「君臣之義，父子之親，夫婦之別，則日切瑳而不舍也」；以上雖然多屬「君臣」與「朋友」的論述，然與《象傳》內容明顯有著極為密切的關係（包括教化觀與政治觀）。

《說卦傳》詮釋的「三才」之道，固然是以《易》卦六爻的互動來窮盡天地間的一切變化，而所謂「陰陽」之性、「剛柔」之質、「仁義」之情，其所呈顯的社會教化功能，無疑可促成人類對其自身角色的扮演，以及與天地自然之間的互成關係，有了較爲深入的認識與體會，這從王褒〈洞簫賦〉「感陰陽之龢，而化風俗之倫」〔註32〕、《易緯·乾鑿度》「順天地之道，立教戒之義」〔註33〕，以及《禮記·經解》「絜靜、精微，《易》教也」〔註34〕的思維角度上，即可略窺一二；而且在這種氛圍下，天地萬物便能各定其位、各正其性，因此《列子·天瑞》說：「天地之道，非陰則陽。聖人之教，非仁則義。萬物之宜，非柔則剛：此皆隨所宜而不能出所位者也。」〔註35〕凡此，皆爲《易傳》所欲傳達的教化訊息。但不可諱言，以上所舉傳文的呈現方式多屬零散；相形之下，《象傳》（尤其是〈大象〉辭）則顯然較有系統。

筆者於前面章節提過，四庫館臣可說是將《象傳》（大、小象辭）視爲聖人的「嘉言錄」；而此「嘉言錄」的內容實可分成「教化觀」與「政治觀」二種；前者即爲本小節的論述命題，後者則屬次小節（「明治道」）的範疇。

首先，就《小象傳》中的教化內容，茲舉數例說明。

「舍車而徒，義弗乘也」（〈賁〉初九）

「君子于行，義不食也」（〈明夷〉初九）

「不遠之復，以脩身也」（〈復〉初九）

孔子強調君子「謀道不謀食」、「憂道不憂貧」（《論語·衛靈公》），故君子處事當有所爲、有所不爲。此三爻既處於人生發展歷程的初期（初爻），則凡事當以「修身」爲要、「合義」爲先，循序漸進，切不可急功好利，而爲小人所乘。

「愼不害也」（〈坤〉六四）

「敬愼不敗」（〈需〉九三）

「夫妻反目，不能正室也」（〈小畜〉九三）

〔註32〕參見〔梁〕蕭統編，〔唐〕李善注：《文選》，頁246。

〔註33〕參見〔日〕安居香山、中村璋八輯：《緯書集成》，頁24。

〔註34〕參見〔清〕孫希旦：《禮記集解》，頁1254。

〔註35〕參見楊伯峻編著：《列子集釋》（臺北：華正書局，1987年），卷一，頁9。案：熊十力於《中國歷史講話》一書中指出，《列子》雖爲中古僞書（梁啓超、馬敍倫、陳文波等，均加以考辨過），然而其言必本於古代遺籍（頁64）。以此看來，其說誠非誣語！

此三爻皆處於「戒懼」階段（居上、下卦之間）。故凡事須抱持「敬慎」的態度，三思而後行，若此，則害（敗）不能及身；尤其是夫妻之間，如果不能以誠對待、相敬如賓，則根葉何以能靖？家道何以能興？

　　　　「以訟受服，亦不足敬也」（〈訟〉上九）

　　　　「威如之吉，反身之謂也」（〈家人〉上九）

　　　　「飲酒濡首，亦不知節也。」（〈未濟〉上九）

以上三爻，或反面諷諭，或正面讚頌，而皆以「反身修德」爲其終極指涉，這標識著人生歷練愈是豐富，道德修爲也應跟著提升（上爻）。因此，無論求仕、宴樂，都必須循著正途、知所節制；倘若違此，則年紀雖長、地位雖貴，也不足以爲人所敬重。

　　　　「自下訟上，患至掇也」（〈訟〉九二）

　　　　「居貞之吉，順以從上也」（〈頤〉六五）

　　　　「无妄之藥，不可試也」（〈无妄〉九五）

此三爻雖處於人生的黃金時期與蛻變階段（居上、下卦之中），然凡事當知所進退，切不可恃才傲物，否則不免惹禍上身、自尋煩惱；尤其是有關「訴訟」、「居處」的事，當謹守分際，不可踰越尊卑倫常。

　　由此看來，《小象傳》是以「尚義」、「修身」、「敬慎」、「克己」、「序倫」等進德工夫，作爲指引人生與規範社會的基本原則；而這種「基本原則」實導源於爻辭、《象傳》與先秦儒家典籍，是對淨化人心與維繫人倫的具體實踐。

　　其次，《大象傳》的教化內容。筆者以爲，卦體不同，則爻位也會跟著變，故以象徵意涵詮解《周易》六十四卦卦象的《大象傳》，當可視其理解向度爲爻變思想下的必然結果。而在六十四卦象辭中，以「君子」發端的計有五十三卦〔註36〕；但所指涉的「君子」，其意涵非必如孔穎達所說，專指「在位」及「有地」的君王、諸侯、公卿、大夫等〔註37〕，其中當包含「有德」而「無

〔註36〕案：分別爲〈乾〉、〈坤〉、〈屯〉、〈蒙〉、〈需〉、〈訟〉、〈師〉、〈小畜〉、〈履〉、〈否〉、〈同人〉、〈大有〉、〈謙〉、〈隨〉、〈蠱〉、〈臨〉、〈賁〉、〈大畜〉、〈頤〉、〈大過〉、〈坎〉、〈咸〉、〈恆〉、〈遯〉、〈大壯〉、〈晉〉、〈明夷〉、〈家人〉、〈睽〉、〈蹇〉、〈解〉、〈損〉、〈益〉、〈夬〉、〈萃〉、〈升〉、〈困〉、〈井〉、〈革〉、〈鼎〉、〈震〉、〈艮〉、〈漸〉、〈歸妹〉、〈豐〉、〈旅〉、〈巽〉、〈兌〉、〈節〉、〈中孚〉、〈小過〉、〈既濟〉、〈未濟〉等。

〔註37〕參見〔魏〕王弼注，〔唐〕孔穎達疏，〔清〕阮元校勘：《周易正義》，《十三經注疏》，卷一，頁11，孔疏〈乾・象辭〉「天行健，君子以自強不息」條。

位」、「無地」的士人。例如,「君子以見善則遷,有過則改」(〈益‧象辭〉)、「君子以慎言語,節飲食」(〈頤‧象辭〉) 等,其「君子」意涵可分別與《論語》「君子〔……〕。過,則勿憚改」、「君子食無求飽,居無求安,敏於事而慎於言」(〈學而〉) 的論述相參;而爻辭「謙謙君子,用涉大川」(〈謙〉初六)、「見龍在田,利見大人」(〈乾〉九二) 等,皆象徵謙遜、有德(無位)的君子,故能利於「涉大川」、「見大人」(指〈乾〉九五),也可以輔助說明這種概念。儘管如此,站在「君子」本質內涵的角度來看,無論是有德無位或有德在位,終究是起於自身的修練,因此《禮記‧大學》說:「自天子以至於庶人,壹是皆以脩身爲本。」〔註38〕那麼,以脩身而至成德、成位的「君子」,其於社會功能的實踐爲何?對此,〈同人‧象辭〉載:「君子,正也。唯君子爲能通天下之志。」是以「君子」爲天地的正體,故能通天下之志;而天下之志既通,則人文教化與政治理念亦可施行無礙。故《孟子‧盡心上》說「君子之所以教者五,有如時雨化之者,有成德者,有達財者,有答問者,有私淑艾者」〔註39〕,這與《文言》所載「君子學以聚之,問以辯之,寬以居之,仁以行之」(〈乾〉) 的政教思維,可說是緊緊相扣。

有鑑於此,筆者遂將《大象傳》中較具「人文教化」特質的「君子」說,歸納爲下列八項(三十卦);至於內涵象徵君王「治國理念」的二十三卦,則與「先王以」〔註40〕、「后以」〔註41〕、「上以」〔註42〕、「大人以」〔註43〕等十一卦,一併留待次小節析解。茲分述如下:

一、「修德」

「君子以恐懼脩省」(〈震〉)

「君子以懿文德」(〈小畜〉)

「君子以見善則遷,有過則改」(〈益〉)

「君子以自昭明德」(〈晉〉)

「君子以果行育德」(〈蒙〉)

〔註38〕 參見〔漢〕鄭玄注,〔唐〕孔穎達疏,〔清〕阮元校勘:《禮記正義》,《十三經注疏》(臺北:藝文印書館,1997 年),卷六十,頁 983 上。

〔註39〕 參見〔清〕焦循撰:《孟子正義》,卷二十七,頁 942。

〔註40〕 案:爲〈比〉、〈豫〉、〈觀〉、〈噬嗑〉、〈復〉、〈无妄〉、〈渙〉等七卦。

〔註41〕 案:爲〈泰〉、〈姤〉二卦。

〔註42〕 案:僅〈剝〉一卦。

〔註43〕 案:僅〈離〉一卦。

「君子以反身修德」（〈蹇〉）

凡此六卦，皆與自身的修練有關，或內省，或外修，而以成就君子正德為終極要務；其中〈震〉，因雷震於前，身有危殆之虞，故其戒慎態度甚於其它。

二、「知處」

「君子以飲食宴樂」（〈需〉）

「君子以嚮晦入宴息」（〈隨〉）

「君子以遠小人，不惡而嚴」（〈遯〉）

「君子以立不易方」（〈恆〉）

「君子以言有物而行有恆」（〈家人〉）

「君子以獨立不懼，遯世无悶」（〈大過〉）

「君子以思不出其位」（〈艮〉）

「君子以行過乎恭，喪過乎哀，用過乎儉」（〈小過〉）

凡此八卦，皆為處世原則的具體實踐。所謂的「知處」，即應對進退皆能因時制宜、因地制宜，無所滯礙。其中〈大過・象辭〉是對出處的檢視，可用「進則仕，兼善天下；退則隱，獨善其身」來加以詮釋；而〈艮・象辭〉，則顯然是直承《論語》中曾子所言「君子思不出其位」（〈憲問〉），其傳道意涵不言可喻。

三、「勵進」

「君子以自強不息」（〈乾〉）

「君子以朋友講習」（〈兌〉）

「君子以多識前言往行，以畜其德」（〈大畜〉）

「君子以致命遂志」（〈困〉）

「君子以居賢德善俗」（〈漸〉）

凡此五卦，皆凸顯君子奮發進取與堅定志向的高尚情操；其中，「君子以自強不息」一語，已成為鼓舞人心、強化意志的不朽格言。而〈兌・象辭〉，其內涵當與《論語》所載「君子以文會友，以友輔仁」（〈顏淵〉）的思維向度有著密切關係。

四、「節欲」

「君子以慎言語，節飲食」（〈頤〉）

「君子以懲忿窒慾」（〈損〉）

「君子以儉德辟難，不可榮以祿」（〈否〉）

此三卦是對生活的規範。俗話說「多言招悔」，禍從此出；而「食髓知味」，終至滅性。故君子不可不慎所欲！孔子就曾經說過，君子當「慎於言」（〈學而〉），又說：「飯疏食飲水，曲肱而枕之，樂亦在其中矣。不義而富且貴，於我如浮雲。」（〈述而〉）；老子也說「多言數窮，不如守中」（第五章）、「見素抱樸，少私寡欲」（第十九章），而且以「儉」為其「三寶」之一。《尚書》更直指「欲」能「敗度」、「縱」能「敗禮」（〈太甲中〉），因此人終將身受其害。至於後世「返儉難」、「入奢易」的概念，當是對聖人嘉言的進一步闡發與推衍，其於社會風氣的導正，自是起了積極的作用。

五、「審辨」

「君子以類族辨物」（〈同人〉）

「君子以慎辨物居方」（〈未濟〉）

「君子以同而異」（〈睽〉）

凡此三卦，皆示人當審於所聞、辨於所見，不可有所拘執。若能秉持這種信念，則物種雖繁，其性雖求；事類雖廣，其跡可尋。故《文言》說：「同聲相應，同氣相求。水流濕，火就燥。雲從龍，風從虎。」（〈乾〉）這種對「辨物」的重視，從《繫辭下傳》指《易》為「開而當名辨物」，即可看出端倪；而《左傳》更有「周子有兄而無慧，不能辨菽麥，故不可立」（〈成公十八年〉）的史實記錄。此外，《周禮·地官》所說的「辨其物，以歲時入其數，以施政教，行徵令」（〈小司徒〉），則直接將「辨物」與「教化」功能緊緊聯繫，其重要性可想而知。

六、「豫患」

「君子以思患而豫防之」（《既濟》）

「君子以作事謀始」（《訟》）

「君子以永終知敝」（《歸妹》）

凡此三卦，皆以防微杜漸、未雨綢繆為其訓戒重點；而其思維當承自前人。例如，《左傳》所載「君子曰：『不備不虞，不可以師。』」（〈隱公五年〉）、「備豫不虞，古之善教也」（〈文公六年〉），《論語》謂「人無遠慮，必有近憂」（〈衛靈公〉），以及《孟子》言「獨孤臣孽子，其操心也危，其慮患也深，故達」（〈盡心上〉），皆可為此作註腳。

七、「謙遜」

「君子以虛受人」（〈咸〉）

本卦旨在傳達君子不凡的氣度。《繫辭傳》載：「謙，德之柄也。」（〈下傳〉）又說：「謙也者，致恭以存其位者也。」（〈上傳〉）即表示「謙」可以成德、存位；而之所以如此，以「謙」能虛下、能容眾，即所謂「虛懷若谷」，故民心終將歸附，如百川匯海，不可抑止。

八、「合禮」

「君子以非禮弗履」（〈大壯〉）

本卦是對「禮」的強調；而此思維實可從《尚書》「以禮制心」（〈仲虺之誥〉）、《詩經》「人而無禮，胡不遄死」（〈鄘風‧相鼠〉）、《左傳》「君子謂〔……〕。禮，經國家、定社稷、序人民，利後嗣者也」（〈隱公十一年〉）、《論語》「不知禮，無以立也」（〈堯曰〉），以及《荀子》「禮者，法之大分、類之綱紀也」（〈勸學〉）等對「禮」的高度重視而獲得理解。

由此看來，《大象傳》的教化內容，雖有承自爻辭的痕跡，而實多導源於先秦儒家思想。至於何以用「君子」立說，除了基於爻辭所透露的訊息，以及「君子」是天地的「正體」外，主要是由於《詩經》、《尚書》、《左傳》、《論語》、《孟子》等儒家典籍的普遍記載與強調；尤其《論語》，對於「君子」德性的宣揚與闡發，可說是不遺餘力、用心良苦，這從子路問「君子」，孔子回答「修己以敬」、「修己以安人」（〈憲問〉），即可獲得印證。

綜上所述，無論是經文的立戒，或傳文的行教（尤其是《象傳》），都是在爻變思想下所展開的社會功能實踐。這種「實踐」歷程，或藉由文意的詮解來達成，或透過「君子」的德性來成就，而皆可作為後人立身處世的遵循原則，以及應對進退的參考依據；特別是對日漸趨向以「功利主義」卦帥的現代文明社會來說，其意義更是顯得格外不同。

參、明治道

《韓詩外傳》載：「傳曰：善為政者，循情性之宜，順陰陽之序，通本末之理，合天人之際〔……〕。不知為政者，使情厭性，使陰乘陽，使末逆本，使人詭天。」〔註44〕這種將治國之道與「循情性」、「順陰陽」、「通本末」、

〔註44〕參見〔戰國〕韓嬰撰（舊題），屈守元箋疏：《韓詩外傳箋疏》，卷七，頁644。

「合天人」等思維緊密聯繫的作法，當是對《易》道變動內涵具有引導政治實踐功能的闡發與推衍。《彖傳》所說的「大明終始」、「乾道變化，各正性命」（〈乾〉），即是「通本末」、「循情性」；《文言》所謂「坤道其順乎！承天而時行」（〈坤〉）、「大人者，與天地合其德」（〈乾〉），即為「順陰陽」、「合天人」。因此，所謂的「循情性」、「順陰陽」、「通本末」、「合天人」，其思維無疑是肇端於「乾」、「坤」二體；而「乾」（陽）、「坤」（陰）正是《易》卦六爻變化的根本內涵，可見其對《易》道的觀察及見解，是非常敏銳而獨到。此外，《易緯‧乾鑿度》也提到「《易》者，所以昭天道，定王業也」〔註45〕。因此，吾人對《周易》爻變思想所呈現的政治實貌，確有進一步窺探的必要。

在《周易》經文中，對於「治國之道」的記載，可見於下列卦爻辭：

「利用刑人，用說桎梏」（〈蒙〉初六）

「利用獄」（〈噬嗑〉）

「大君有命，開國承家，小人勿用」（〈師〉上六爻）

「高宗伐鬼方，三年克之，小人勿用」（〈既濟〉九三）

「箕子之明夷，利貞」（〈明夷〉六五）

「王臣蹇蹇」（〈蹇〉六二）

「王明，並受其福」（〈井〉九三）

「王用享于岐山，吉，无咎」（〈升〉六四）

「利用祭祀」（〈困〉九五）

「東鄰殺牛，不如西鄰之禴祭，實受其福」（〈既濟〉九五）

觀其內容，或涉及「刑獄」，或闡明「用人」原則，或宣揚「忠君」思想，或強調「明主」概念，或謹遵「祭祀」儀節，而皆可視為當時重要的治國理念。至於《周易》傳文，主要是以詮解六十四卦變化意涵的《彖傳》與《象傳》（包括大、小象辭）為主軸。茲分述如下：

在《彖傳》方面。依其內容性質，約可歸納為下列十項：

一、「立政布策」

「首出庶物，萬國咸寧」（〈乾〉）

「天造草昧，宜建侯而不寧」（〈屯〉）

〔註45〕參見〔日〕安居香山、中村璋八輯：《緯書集成》，頁24。

「聖人以神道設教，而天下服矣」（〈觀〉）

「王公設險，以守其國」（〈坎〉）

二、「至德化民」

「坤厚載物，德合无疆」（〈坤〉）

「聖人感人心而天下和平」（〈咸〉）

「聖人久於其道，而天下化成」（恆）

三、「養賢養民」

「『不家食，吉』，養賢也」（〈大畜〉）

「聖人養賢以及萬民」（〈頤〉）

四、「各正其位」

「蒙以養正，聖功也」（〈蒙〉）

「正家而天下定矣」（〈家人〉）

五、「上下和順」

「重巽以申命」（〈巽〉）

「上下不交而天下无邦」（〈否〉）

六、「察時觀變」

「觀乎天文以察時變，觀乎人文以化成天下」（〈賁〉）

七、「下以從上」

「比，輔也，下順從也」（〈比〉）

八、「宣揚忠君」

「晦其明也；內難而能正其志，箕子以之」（〈明夷〉）

九、「節制審度」

「節以制度，不傷財，不害民」（〈節〉）

十、「清明刑罰」

「聖人以順動，則刑罰清而民服」（〈豫〉）

凡此，或以建立政體、設教固防爲務，或以抱德養賢、化民澤民爲宗，或強調政治的倫理、君臣關係的和諧，或傳達察時觀變、節度明刑的重要，而皆

旨在闡述君王的「治國之道」；其中，對於「忠君」的宣揚，當是直接承自爻辭，而加以推衍。

在《象傳》方面。首先，就《小象傳》中的治國理念，茲舉數例說明：

「以貴下賤，大得民也」（〈屯〉初九）

「勞謙君子，萬民服也」（〈謙〉九三）

「休復之吉，以下仁也」（〈復〉六二）

此皆強調君子能放下尊貴身段，以「虛下」的態度待人，則日子一久，自然能獲得百姓信服、擁載；這也是致君、治國的必備條件；其中，「勞謙君子，萬民服也」的思維，或導源於《論語》子路「問政」，孔子所回應的話——「先之，勞之」（〈子路〉）。

「安節之亨，承上道也」（〈節〉六四）

「小人革面，順以從君也」（〈革〉上六）

「迷復之凶，反君道也」（〈復〉上六）

此或從正面、或從反面來傳達「從上」、「尊君」的思維，當直承《象傳》而來；且與上述「虛下」的概念，併為構成古代君民和諧關係的主要條件。而這種思維、概念，或導源於先秦古籍；對此，《左傳・襄公十四年》即有記載師曠的話：「良君將賞善而刑淫，養民如子，蓋之如天，容之如地；民奉其君，愛之如父母，仰之如日月，敬之如神明，畏之如雷霆，其可出乎？夫君，神之主也、民之望也。」〔註46〕其中，說「君」是神之主、民之望，更可看出古人對「尊君」的強調；這也可以從孔子所說的「事君，敬其事而後其食」（〈衛靈公〉）而獲得理解。

「下不厚事」（〈益〉初九）

「臣不可過也」（〈小過〉六二）

此皆強調人臣當謹守分際，盡責效君，不可有踰越政治倫常的舉動。倘能如此，則不僅禍患無所依傍，即爵祿亦可自來；而這種認知正可呼應孔子「言寡尤，行寡悔，祿在其中矣」（〈為政〉）的論述內涵。

「利見大人，以從貴也」（〈蹇〉上六）

「利出否，以從貴也」（〈鼎〉初六）

「觀國之光，尚賓也」（〈觀〉六四爻）

〔註46〕參見〔周〕左丘明傳，〔晉〕杜預注，〔唐〕孔穎達疏，〔清〕阮元校勘：《春秋左傳正義》，《十三經注疏》，卷三十二，頁562。

這種「從貴」、「尚賓」的思想與上述「從上」、「尊君」的信念，無疑都是古人用以維繫封建政體、宣揚崇禮尚賢的政治規範；而此規範對歷代政治生態與社會發展所造成的影響，可說是極為廣大與深遠！

　　　　「小人勿用，必亂邦也」（〈師〉上六）

　　　　「王用出征，以正邦也」（〈離〉上九）

此或從反面闡發「用人」的原則，或從正面傳達「征戰」的需要，而皆以「正邦」為務；這種「正邦」的思想，當是對爻辭「大君有命，開國承家，小人勿用」（〈師〉上六）、「高宗伐鬼方，三年克之」（〈既濟〉九三）的進一步闡發與推衍。

　　　　「利用刑人，以正法也」（〈蒙〉初六）

　　　　「失律，凶也」（〈師〉初六）

此無論針對「刑罰」或「軍律」，都是在強調「法紀」的重要性；而這種思維亦直接演繹自爻辭。

　　其次，《大象傳》的治國理念。筆者依其內容性質，大致歸納為下列十項（凡三十四卦）：

　　一、「立政布策」

　　　　「君子以經綸」（〈屯〉）

　　　　「先王以建萬國、親諸侯」（〈比〉）

　　　　「君子以裒多益寡，稱物平施」（〈謙〉）

　　　　「君子以教思无窮，容保民无疆」（〈臨〉）

　　　　「先王以省方、觀民、設教」（〈觀〉）

　　　　「君子以常德行、習教事」（〈坎〉）

　　　　「后以施命誥四方」（〈姤〉）

　　　　「君子以申命行事」（〈巽〉）

凡此八卦，旨在闡述君王的施政措施。其中，「裒多益寡，稱物平施」一語，是以國家整體供需平衡的觀點來立論，此或為漢代「均輸」、「平準」制度所取資；而所謂「先王以省方觀民設教」、「先王以建萬國，親諸侯」、「君子以經綸」等，則皆可明顯看出有承襲《彖傳》（〈觀〉、〈乾〉、〈屯〉）的痕跡。

　　二、「至德養民」

　　　　「君子以厚德載物」（〈坤〉）

「君子以振民育德」（〈蠱〉）

「君子以容民畜眾」（〈師〉）

「君子以勞民勸相」（〈井〉）

「上以厚下安宅」（〈剝〉）

「大人以繼明照于四方」（〈離〉）

「君子以施祿及下，居德則忌」（〈夬〉）

凡此七卦，當以「養民」象徵君王的德澤；其中，「君子以厚德載物」一語，顯然直承自《象傳》所說的「坤厚載物，德合无疆」（〈坤〉）。

三、「節制審度」

「后以財成天地之道，輔相天地之宜，以左右民」（〈泰〉）

「君子以制數度，議德行」（〈節〉）

此二卦皆強調「節度」的重要性；其中，「君子以制數度，議德行」的思維，可說是對《象傳》「節以制度，不傷財，不害民」（〈節〉）的承襲。

四、「各正其位」

「君子以正位凝命」（〈鼎〉）

「君子以辯上下、定民志」（〈履〉）

這種各正其位以履其事的理念與《象傳》所說的「養正」（〈蒙〉），當導源於先秦古籍。例如，《詩·周頌》載：「明昭有周，式序在位。」（〈時邁〉）《左傳》稱「天有十日，人有十等。下所以事上，上所以共神也」（〈昭公七年〉），孔子則有「正名」（〈子路〉）及「不在其位，不謀其政」（〈泰伯〉）的主張；凡此，應與周朝封建禮制息息相關。

五、「順天承德」

「君子以順德，積小以高大」（〈升〉）

「君子以遏惡揚善，順天休命」（〈大有〉）

此二卦，無論是「積善成業」或「抑惡揚善」，皆旨在闡釋君王當以「順天承德」為務；其中，「君子以遏惡揚善，順天休命」的思想，或肇端於《尚書·多方》所載「天惟時求民主，乃大降顯休命于成湯，刑殄有夏」〔註47〕一語。

〔註47〕 參見〔漢〕孔安國傳，〔唐〕孔穎達疏，〔清〕阮元校勘：《尚書正義》，卷十七，頁458。

六、「察時觀變」

「君子以治歷明時」（〈革〉）

「先王以茂對時，育萬物」（〈无妄〉）

此或制定歷法以掌握四時變化，或乘勢對時以育養萬物，而皆以「察時觀變」為務；這與《彖傳》所載「觀乎天文以察時變，觀乎人文以化成天下」（〈賁〉）的積極思維，可以說是前後呼應、彼此契合。

七、「崇禮尚樂」

「先王以作樂崇德，殷薦之上帝，以配祖考」（〈豫〉）

「先王以享于帝，立廟」（〈渙〉）

這種薦享上帝、祀祭阻先的思維，可以從《禮記・郊特牲》「萬物本乎天，人本乎祖，此所以配上帝也」〔註48〕，以及《詩・周頌》「為酒為醴，烝畀祖妣，以洽百禮，降福孔皆」（〈豐年〉）的記載而獲得理解。至其意旨，則當在彰顯禮樂制度對國家的重要性；《左傳》即言「禮以順天，天之道也」（〈文公十五年〉），《論語》也有「君子三年不為禮，禮必壞；三年不為樂，樂必崩」（〈陽貨〉）的論述。

八、「歛威省行」

「君子以莅眾，用晦而明」（〈明夷〉）

「先王以至日閉關，商旅不行，后不省方」（〈復〉）

此二卦旨在宣揚明君於治國上，能歛威省行、知止知蔽，故可廣獲民心。其中，「君子以莅眾，用晦而明」一語，顯然是對《彖傳》「晦其明」（〈明夷〉）所作的闡發；而這種「反其道」的思維，在某種程度上，或取自於《老子》所說的「不自見故明；不自是故彰；不自伐故有功；不自矜故長」（〈第二十二章〉）。

九、「治兵戒亂」

「君子以除戎器，戒不虞」（〈萃〉）

在《大象傳》中，唯此卦涉及兵戎，而且是以「戒不虞」為出發點，可見作者對征戰一事（必然造成百姓傷亡、流離），是抱持非常謹慎的態度。儘管如此，「兵戎」的堅實與否，畢竟牽動著國家的興衰治亂，尤其是處在群雄並起的戰國時代，故有必要加以正視。這種政治思維，實可上溯至周初；在卦爻

〔註48〕參見〔清〕孫希旦：《禮記集解》，卷二十五，頁694。

辭中，「征凶」的比例多於「征吉」〔註49〕，顯然當時對征戰一事，也傾向謹慎而保守。

十、「刑罰獄訟」

「先王以明罰敕法」（〈噬嗑〉）

「君子以明庶政，无敢折獄」（〈賁〉）

「君子以赦過宥罪」（〈解〉）

「君子以折獄致刑」（〈豐〉）

「君子以明慎用刑，而不留獄」（〈旅〉）

「君子以議獄緩死」（〈中孚〉）

凡此六卦，皆與刑罰獄訟有關，可見作者的懇切叮嚀、用心良苦。其中，「先王以明罰敕法」、「君子以明庶政，无敢折獄」、「君子以明慎用刑，而不留獄」等三例，其「法治」概念較爲鮮明；而「君子以赦過宥罪」、「君子以折獄致刑」及「君子以議獄緩死」，則可窺其「人治」思維。這種看似矛盾的現象，其實是「法」、「理」、「情」兼具的融通作法；而這種作法當是建築在「毋枉毋縱」的信念上，以及對生命的重視，即合於「中正」之道。對此，《尚書・呂刑》即載：「刑罰世輕世重，惟齊非齊，有倫有要。罰懲非死，人極于病。非佞折獄，惟良折獄，罔非在中。察辭于差，非從惟從。哀敬折獄，明啓刑書，胥占，咸庶中正。」〔註50〕所謂「有倫有要」，就是視其情狀而有不同的處理方式；而「非佞折獄，惟良折獄」及「哀敬折獄」，則可用來解釋何以《大象傳》會有「无敢折獄」（〈賁〉）及「折獄致刑」（〈豐〉）的不同思維。

由此看來，《大象傳》在治國理念上，基本上是以「人治」爲主、「法治」爲輔，且多可見其承襲《彖傳》的痕跡。儘管如此，就其指涉內容而言，也有突出《彖傳》之處；例如，對「崇禮尚樂」、「歛威省行」的宣揚，以及對「刑獄」的積極關懷等。此外，《大象傳》並無《彖傳》及《小象傳》那麼刻意強調「從上」、「尊君」或「從貴」、「尚賓」的概念；尤其在政治氣度上，

〔註49〕案：卦爻辭中，言「征凶」的卦辭僅〈歸妹〉，爻辭則有〈大壯〉初九、〈頤〉六二、〈損〉九二、〈困〉九二、〈革〉九三、〈震〉上六、〈未濟〉六三及〈小畜〉上九；言「征吉」的卦辭僅〈升〉，爻辭則有〈泰〉初九、〈困〉上六、〈革〉六二及〈歸妹〉初九。

〔註50〕參見〔漢〕孔安國傳，〔唐〕孔穎達疏，〔清〕阮元校勘：《尚書正義》，卷十九，頁550～551。

顯然遠較《小象傳》宏偉而開闊。

　　綜上所述，無論是卦爻辭或是《彖傳》、《象傳》，其內容皆不免涉及「刑罰」，特別是《大象傳》；這種在「刑罰」上的政治作爲，姑且稱爲「刑政」。至於在「刑罰」以外的論述，則統稱爲「德政」。而「刑政」與「德政」可說是中國古代社會不可或缺的「治國之道」，這可藉由先秦古籍來加以證成。例如，《論語》載：「道之以政，齊之以刑，民免而無恥；道之以德，齊之以禮，有恥且格。」（〈爲政〉）這是孔子對「治國之道」的理想抒發。但事實上，孔子並非食古不化的人，其政治思維亦能因時制宜、因地制宜，故又說「君子懷德，小人懷土；君子懷刑，小人懷惠」（〈里仁〉）、「刑罰不中，則民無所措手足」（〈子路〉），這就是「聖之時者」的具體表現；此外，《左傳・隱公十一年》載：「君子謂鄭莊公『失政刑矣。政以治民，刑以正邪。既無德政，又無威刑，是以及邪。邪而詛之，將何益矣』。」〔註51〕也是以政策的制定、刑罰的實施，作爲治民、正邪的基石。這樣看來，「懷德」固然是「治國」的正道，而「懷刑」也可以是「安民」的表現，二者可說是不衝突。又〈昭公六年〉載：「夏有亂政，而作禹刑；商有亂政，而作湯刑；周有亂政，而作九刑。」〔註52〕則「刑政」的設立，確有其不得不然的考量。至於《韓非子》所說的「二柄」〔註53〕，基本上是以「等齊」觀來看待「刑」、「德」，並強調運用「殺戮」、「慶賞」的手段來箝制、利誘臣民，這顯然有違古代明君的「治國之道」；對此，可以從《說苑・政理》所載「王者尙其德而希其刑，霸者刑德並湊」〔註54〕的論點而獲得釐清與確認。

　　此外，《序卦》固然是對六十四卦聯繫關係所作的闡發，但亦可視爲「爻變思想」的另一種表現形式；而其由天地、萬物、夫婦、父子、君臣、上下、禮義所建構出來的演化系統，實具有人倫教化與政治規範的象徵意義，這與

〔註51〕參見〔周〕左丘明傳，〔晉〕杜預注，〔唐〕孔穎達疏，〔清〕阮元校勘：《春秋左傳正義》，卷四，頁81。

〔註52〕參見楊伯峻編著：《春秋左傳注》，頁1275。案：楊氏引《周書》語：「四年孟夏，王命大正刑書，太史筴刑書九篇以升，授大正。」則「九刑」爲周初「刑書」專名。

〔註53〕參見〔戰國〕韓非著，陳奇猷校注：《韓非子新校注》（上海：上海古籍出版社，2000年），卷二，頁120。案：原文爲：「明主之所導制其臣者，二柄而已矣。二柄者，刑、德也。何謂刑、德？曰：殺戮之謂刑，慶賞之謂德。爲人臣者畏誅罰而利慶賞，故人主自用其刑德，則群臣畏其威而歸其利矣。」

〔註54〕參見〔漢〕劉向撰，向宗魯校證：《說苑校證》，頁144。

《象傳》所說的「父父、子子、兄兄、弟弟、夫夫、婦婦，而家道正，正家而天下定」（〈家人〉），皆可視爲中國古代社會「政教合一」與「階級次序」的顯影。筆者以爲，在封建制度面臨崩解的政治洪流中，《序卦》作者透過人文與政治的轉化，試圖要重塑一個合序的社會；而這種思維對整個中國傳統文化的發展來說，影響著實深遠！

第二節　人類智慧的圓滿

　　孔子曾說：「人無遠慮，必有近憂。」（〈衛靈公〉）基本上，人類身處波譎雲詭的物理世界，縱然自詡爲「萬物之靈」，也不能無視於周遭環境的各種變化與發展，而適時採取合宜的應變措施，故孔子立此防患未然、未雨綢繆的箴言，以警示後人。雖然如此，但這種極富人文關懷的「憂患意識」，其實早在古聖先賢智慧的結晶——《周易》中，即已具體呈現；這不僅能自「上古穴居而野處，後世聖人易之以宮室，上棟下宇，以待風雨，蓋取諸〈大壯〉」及「古之葬者厚衣之以薪，葬之中野，不封不樹，喪期無數，後世聖人易之以棺槨，蓋取諸〈大過〉」的論述中看出端倪〔註55〕，也可以從《周易》六十四卦的卦名，諸如〈屯〉、〈否〉、〈豫〉、〈噬嗑〉、〈剝〉、〈无妄〉、〈大過〉、〈坎〉、〈蹇〉、〈損〉、〈困〉、〈節〉、〈小過〉等〔註56〕而獲得證明。此外，《四庫全書總目・易類序》載：「《易》之爲書，推天道以明人事者也。」〔註57〕所謂「天道」，即天地陰陽變化之道；至於「人事」，則泛指人類的一切活動與作爲。換句話說，天地變化與人事發展是渾然一體、密不可分，這就是《易》卦六爻的變動內涵。而人類透過《易》卦六爻的陰陽變化與剛柔相推，一方面可以有效處理自身的人際互動，使社會關係趨向和諧，另一方面也能確實掌握

〔註55〕參見〔魏〕王弼注，〔唐〕孔穎達疏，〔清〕阮元校勘：《周易正義》，《十三經注疏》，卷八，（《繫辭下傳》），頁302。案：對於「蓋取諸『某卦』」的意涵，筆者於前面「文化傳播的限制」一節中已有說明；至於在創造過程中蘊涵著「憂患意識」及「變動精神」（卦爻象變化），則是無庸置疑。

〔註56〕案：此略舉數例，如：「豫」，《說文・象部》稱「象之大者」，段注：「大必寬裕，故先事而備謂之豫。」「蠱」，《說文・蟲部》謂「腹中蟲也。《春秋傳》曰：『皿蟲爲蠱，晦淫之所生也。』」；「噬嗑」，「噬」、「嗑」二字，《說文・口部》謂前者爲「啗（食）也，喙（口）也」，後者爲「多言也」，即戒多言、貪婪的意思；「剝」，《說文・刀部》謂「裂也」，段注：「裂則將盡矣。」凡此，皆寓「憂患意識」於其中。

〔註57〕參見〔清〕紀昀等編：《欽定四庫全書總目》，經部・易類，頁3。

其與自然的對應模式，而促成天人關係的完善，故《繫辭下傳》說：「精義入神，以致用也；利用安身，以崇德也。」〔註58〕顯然是以天地萬物各安其所、各衍其生爲依歸；而這也是《繫辭上傳》所載「夫《易》，聖人所以崇德而廣業」一語的眞正意涵與終極關懷。

總之，無論是憂患意識或人際互動，也不管是天人關係或安物生息，皆可在《易》卦六爻的變動中獲得高度發揚，故《繫辭下傳》說：「危者使平，易者使傾。其道甚大，百物不廢。懼以終始，其要无咎。此之謂《易》之道也。」〔註59〕這足以彰顯聖人思維的縝密與智慧的超凡。有鑑於此，筆者遂以「體憂思患」、「明道致用」及「生生不息」等三個子題，作爲本節論述的主軸；並期望藉由這樣的論述過程，能夠凸顯《周易》爻變思想在圓滿人類智慧的議題上所展現的時代意義。

壹、體憂思患

《繫辭下傳》載：「作《易》者，其有憂患乎？」這可說是對聖人以「憂患」思維作《易》的動機描述〔註60〕，也是對《周易》爻變思想涵藏「憂患意識」特質的訊息傳達；對此，可以從《周易》經傳中分別略舉數例來加以證成。

首先，在爻辭方面。諸如：

「君子終日乾乾，夕惕若，厲，无咎」（〈乾〉九三爻）

「履虎尾，愬愬，終吉」（〈履〉九四爻）

「甘臨，无攸利；既憂之，无咎」（〈臨〉六三爻）

「井渫不食，爲我心惻。可用汲，王明，並受其福」（〈井〉九三爻）

「艮其腓，不拯其隨，其心不快」（〈艮〉六二）

「旅于處，得其資斧，我心不快」（〈旅〉九四）

其中，「履虎尾，愬愬，終吉」，當可與《尚書‧君牙》所說的「心之憂危，若蹈虎尾，涉于春冰」〔註61〕相參照；而「井渫不食，爲我心惻。可用汲，

〔註58〕參見〔魏〕王弼注，〔唐〕孔穎達疏，〔清〕阮元校勘：《周易正義》，《十三經注疏》，卷八，頁304～305。

〔註59〕同前註，頁319。

〔註60〕案：「作《易》」二字，當指《周易》六十四卦「定名」於文王，而非謂《周易》六十四卦卦象及卦爻辭創作於文王；對此，筆者於前面「文化傳播的限制」及「周人的卜筮觀」等文中已略論過，故不再贅述。

〔註61〕參見〔漢〕孔安國傳，〔唐〕孔穎達疏，〔清〕阮元校勘：《尚書正義》，《十三

王明，並受其福」，也可從孔子所說的「不患人之不己知，患其不能也」（〈憲問〉）而獲得啓發。筆者以爲，君子固以不能成德爲憂，今修德既成，必可爲用，何以心憂？至於「艮其腓，不拯其隨，其心不快」、「旅于處，得其資斧，我心不快」二例，前者以其行不順（不拯其隨），故「其心不快」；後者以其處不安（旅于處），雖得「資斧」，亦不免有「我心不快」之感。凡此，或直接顯露，或間接表述，而皆能具體展現出「憂患意識」。

其次，在傳文方面。《大象傳》所載「君子以思患而豫防之」（《既濟》）、「君子以作事謀始」（〈訟〉）、「君子以恐懼脩省」（〈震〉）、「君子以永終知敝」（〈歸妹〉）、「君子以除戎器，戒不虞」（〈萃〉）等，無論是指涉人文教化或政治作爲，也都可以窺知其強烈的「憂患意識」；這與《繫辭下傳》所載「君子安而不忘危，存而不忘亡，治而不忘亂，是以身安而國家可保」〔註62〕的豫患思維，可說是前後呼應、相契無間。又《繫辭上傳》載：「蓍之德圓而神，卦之德方以知，六爻之義易以貢。聖人以此洗心，退藏於密，吉凶與民同患。」〔註63〕就內涵指涉而言，「蓍德」、「卦德」、「爻義」分別具有圓通入神、方正明智與審斷吉凶的特質，故聖人藉此以澄明心性、潛化萬物，並與百姓一同面對各種可能的遭遇（吉凶悔吝）。而從「六爻之義易以貢」與「吉凶與民同患」的語意來看，聖人的「憂患意識」顯然涵藏於《易》卦六爻的變化之中；這可從「爻也者，效天下之動者也。是故吉凶生而悔吝著也」（《繫辭下傳》）與「吉凶者，失得之象也。悔吝者，憂虞之象也」（《繫辭上傳》）的論述而獲得理解。基本上，「吉」與「凶」、「得」與「失」，都只是一線之隔，故心懷戒愼恐懼，實屬當然，這就是《老子》所說的「寵辱若驚」（〈十三章〉）；而「悔吝」雖僅爲「小疵」，但若不加以正視，並採取防患之道，也可能隨著時勢發展而變成「大患」。總之，從《易》卦六爻的變動中，無疑可以窺知聖人的「憂患意識」，以及對天下百姓的關照。

至於防憂豫患的方法及其作用爲何？《繫辭傳》作者在「作《易》者，其有憂患乎」之下緊接著說：

> 是故履，德之基也；謙，德之柄也；復，德之本也；恆，德之固也；
> 損，德之脩也；益，德之裕也；困，德之辨也；井，德之地也；巽，

經注疏》，卷十九，頁527。案：所謂「春冰」，即指「薄冰」。
〔註62〕 參見〔魏〕王弼注，〔唐〕孔穎達疏，〔清〕阮元校勘：《周易正義》，《十三經注疏》，卷八，頁307。
〔註63〕 同前註，卷七，頁313～314。

德之制也。履，和而至；謙，尊而光；復，小而辨於物；恆，雜而
不厭；損，先難而後易；益，長裕而不設；困，窮而通；井，居其
所而遷；巽，稱而隱。履以和行；謙以制禮；復以自知；恆以一德；
損以遠害；益以興利；困以寡怨；井以辯義；巽以行權。〔註64〕

這就是治《易》者所慣稱的「三陳九卦」。雖然如此，在〈履〉、〈謙〉、〈復〉、
〈恆〉、〈損〉、〈益〉、〈困〉、〈井〉、〈巽〉等九卦中，其上、下（外、內）經
卦獨不見〈離〉（火）；難道聖人所設的八卦，僅〈離〉沒有「憂患」之象？
恐非如此。《繫辭下傳》即載，聖人「作結繩而爲網罟，以佃以漁，蓋取諸
〈離〉。〔……〕日中爲市，致天下之民，聚天下之貨，交易而退，各得其
所，蓋取諸〈噬嗑〉（上離下震）」〔註65〕，則「離」象蘊涵「憂患意識」，不
言可喻；這也可以從前面所舉的〈旅〉（山上有火）九四爻辭「旅于處，得其
資斧，我心不快」與《既濟》（水在火上）象辭「君子以思患而豫防之」而加
以證成。此外，六十四卦「卦德」既是聖人「洗心」、「藏密」的憑藉，且具
有「吉凶與民同患」的人文關懷，則六十四卦無疑皆有防治「憂患」的具體
功能；對此，孔穎達於「是故履，德之基也」之下有疏：

以爲憂患，行德爲本也。六十四卦悉爲脩德防患之事，但於此九卦，
最是脩德之甚，故特舉以言焉，以防憂患之事。〔註66〕

筆者以爲，從「六十四卦悉爲脩德防患之事」一語來看，確實能掌握到《易》
道的精神；而「但於此九卦，最是脩德之甚，故特舉以言焉」的論點，則有
待商榷！考《繫辭傳》所引孔子詮釋《易》爻辭的話，計有十七則〔註67〕，
姑且不論其眞實性，但作爲「勸德」之用，且爲《繫辭傳》作者所「強調」，
當是不容置疑。今觀《繫辭傳》所載修德九卦，卻有〈履〉、〈恆〉、〈井〉、〈巽〉

〔註64〕 參見〔魏〕王弼、〔晉〕韓康伯注，〔唐〕孔穎達疏，〔清〕阮元校勘：《周易
正義》（臺北：藝文印書館，1997年），卷八，頁173。案：引文中所說的「巽，
德之制也」、「巽以行權」，帛書《易之義》分別作「渙也者，德制也」、「渙，
以行權也」；至於「巽，稱而隱」，帛書《易之義》作「〔渙〕，□□□而救」（參
見廖名春〈帛書《易之義》釋文〉）。

〔註65〕 參見〔魏〕王弼注，〔唐〕孔穎達疏，〔清〕阮元校勘：《周易正義》，《十三經
注疏》，卷八，頁298～299。

〔註66〕 參見〔魏〕王弼、〔晉〕韓康伯注，〔唐〕孔穎達疏，〔清〕阮元校勘：《周易
正義》，卷八，頁173。

〔註67〕 案：所詮釋的十七卦，分別爲〈咸〉、〈困〉、〈解〉、〈噬嗑〉、〈否〉、〈鼎〉、〈豫〉、
〈復〉、〈益〉（以上九卦見於《繫辭下傳》）、〈中孚〉、〈大有〉、〈乾〉、〈節〉、
〈謙〉、〈大過〉、〈同人〉、〈損〉（以上八卦見於《繫辭上傳》）。

四卦不在這十七則中。因此，若說「此九卦，最是脩德之甚，故特舉以言焉」，那麼爲何作者在所援引孔子詮釋《易》爻辭的話中，獨漏這「最是脩德之甚」的四卦呢？又同樣是純卦（重卦），〈乾〉象辭謂「君子以自強不息」、〈坤〉象辭謂「君子以厚德載物」、〈離〉象辭謂「大人以繼明照于四方」、〈震〉象辭謂「君子以恐懼脩省」，其「修德」的情志果眞不如〈巽〉？且名列「十七則」的〈大過〉初六爻「藉用白茅」及〈咸〉九四爻「憧憧往來，朋從爾思」，前者以「愼之至也」定調，後者則以「德之盛也」作結，然何以不在修德九卦之內？由此看來，孔氏「但於此九卦，最是脩德之甚，故特舉以言焉」的論點，恐有「強解」的嫌疑！這與宋洪邁所稱，〈屯〉、〈蒙〉、〈需〉、〈訟〉、〈師〉、〈比〉六卦，皆有〈坎〉象，是聖人防患備險的喻義，故繫於〈乾〉、〈坤〉二卦之下的思維〔註68〕，可說是同調異曲。筆者以爲，《周易》六十四卦既同爲聖人用以勸德化民，則彼此之間當無孰輕孰重的問題，故《朱子語類》說：

> 三說九卦，是聖人因上面說憂患，故發明此一項道理，不必深泥。
>
> 如「〈困〉，德之辨」，若說〈蹇〉、〈屯〉亦可，蓋偶然如此說。大抵
>
> 《易》之書，如雲行流水，本無定相，確定說不得。〔註69〕

在《左傳》中，載有「信，德之固也；卑讓（謙），德之基也」（〈文公元年〉）這一段話，若將它與修德九卦中的「履，德之基也」、「恆，德之固也」、「謙，德之柄也」相參照，則對於引文中「如『〈困〉，德之辨』，若說〈蹇〉、〈屯〉亦可」的觀點，讀者便能有所體會，其誠非誑言可知。

儘管如此，聖人藉由「三陳九卦」將「憂患」與「修德」視爲不可分割的整體，則是高度智慧的展現。所謂「三陳」，即代表三個階段。第一階段「是故履，德之基也；〔……〕；巽，德之制也」，強調防患之道首在「立德」；第二階段「履，和而至；〔……〕；巽，稱而隱」，旨在闡發修德九卦的「卦德」；第三階段「履以和行；〔……〕；巽以行權」，則是說明修德九卦的「作用」。茲以〈損〉作說明：

〔註68〕參見〔宋〕洪邁：《容齋隨筆》（上海：上海古籍出版社，據清光緒元年重校同治年間洪氏刊本標點，1996 年），卷五，頁 60。案：《易》卦體有「坎」象，除此六卦之外，尚有〈坎〉、〈困〉、〈未濟〉、〈解〉、〈渙〉、〈節〉、〈既濟〉、〈井〉、〈蹇〉等九卦，而此九卦豈無「防患備險」意涵？因此洪氏也是強說爲辭！

〔註69〕參見〔宋〕黎靖德編：《朱子語類》，卷七十六，頁 1953。

第一階段：「損，德之脩也」。〈損·象辭〉謂「君子以懲忿窒慾」，「忿」生則心亂，「慾」過則情傷，故君子減損於己（「懲」、「窒」皆有「損」義），以爲修身立德之階。

第二階段：「損，先難而後易」。修身（自我減損）以定志爲難；其志既定，則成德不難。

第三階段：「損以遠害」。〈損〉德既成，則不爲「忿」亂、不爲「慾」傷，故可遠害。

以此看來，《繫辭下傳》所載「三陳九卦」——防憂豫患的三個階段，當是彼此聯繫的闡發歷程；而其論述主軸，無疑是以「德」爲依歸。關於「德」字，《禮記》謂「德者，得也」（〈樂記〉），又說「德也者，得於身也。故曰：『古之學術道者，將以得身也。是故聖人務焉。』」（〈鄉飲酒義〉）；《爾雅·釋訓》則載：「『有斐君子，終不可諼兮。』道盛德至善，民之不能忘也。」〔註70〕「修德」是內聖、外王的必備條件；今德既成，則內可得於身、外可得於民，何有憂患？

此外，《繫辭上傳》謂《易》「旁行而不流，樂天知命，故不憂」〔註71〕。「旁行」則其跡不定，「不流」則其理不失，這是天地變化的常道，也是《易》道的精神內涵；而「樂天知命，故不憂」，是說若能掌握這「不定其跡」、「不失其理」的天道——即《易》卦六爻的陰陽變化，則必能順天施化（順天）、知物終始（應時），而對「生命」展現出豁達的態度，故「憂」不能及身。這樣看來，「防憂豫患」除了「修德」外，也須懂得「順天」、「應時」的道理；《左傳·莊公八年》載：「夏，師及齊師圍郕。郕降于齊師。仲慶父請伐齊師。公曰：「不可。我實不德，齊何罪？罪我之由。《夏書》曰：『皋陶邁種德，德，乃降。』姑務修德，以待時乎！」〔註72〕即是對此概念的實踐。而這種將「修德」與「時觀」緊緊聯繫的「防患」思維，更可從《彖傳》所舉〈豫〉、〈隨〉、〈遯〉、〈姤〉、〈旅〉（以上五卦爲「時義大矣哉」）、〈坎〉、〈睽〉、〈蹇〉（以上三卦爲「時用大矣哉」）、〈頤〉、〈大過〉、

〔註70〕 參見〔晉〕郭璞注：《爾雅郭注》（臺北：新興書局有限公司，校永懷堂本，1995年），卷三，頁32。案：此語亦見於《禮記·大學》（「諼」字作「諠」）。

〔註71〕 參見〔魏〕王弼注，〔唐〕孔穎達疏，〔清〕阮元校勘：《周易正義》，《十三經注疏》，卷七，頁267。

〔註72〕 參見楊伯峻編著：《春秋左傳注》，頁173。案：「我實不德」及「姑務修德，以待時乎」，不僅是人文自覺的具體展現，也是「憂患意識」的投射。

〈解〉、〈革〉（以上四卦爲「時大矣哉」）等十二「時」卦（皆含「憂患意識」）
而獲得證明。

　　綜上所述，《周易》爻變思想所蘊涵的「憂患意識」，並非「杞人憂天」
或「庸人自擾」，而是對生命的高度尊重與積極關懷，故孔子晚年讀《易》，
竟至「韋編三絕」〔註73〕，並且說「加我數年，五十以學《易》，可以無大過
矣」〔註74〕（〈述而〉）。至於防憂豫患的方法，除了仰賴自我「修德」外，也
須有「應時知變」的觀念；畢竟隨著人類思維的不斷演化與擴充，以及社會
架構的急速發展與變遷，憂患的種類、性質、範圍勢必更將呈現複雜而多元
的面向，若不能秉持這種信念，屆時人類將何以自處？又如何能關照萬物？
總之，從《易》卦六爻變動衍生出來的憂患意識與防患之道，不僅具有鼓舞
生命、關懷生命的積極意義，並且能凸顯聖人窮德通變的睿智與高瞻遠矚的
氣度，這對物質文明漸趨熾盛而精神文化逐步腐化的現代社會來說，顯得彌
足珍貴。

貳、明道致用

　　《繫辭上傳》載：「廣大配天地，變通配四時，陰陽之義配日月，易簡之
善配至德。」〔註75〕「廣大」、「變通」、「陰陽」、「易簡」是《易》道內涵的
多元面貌；這些面貌與「天地」、「四時」、「日月」、「至德」的特質，可說是
彼此密合、互爲表裏；其中「易簡之善配至德」一語，當是對以簡《易》之
道即能完善天地萬類、落實對生命關照的讚頌。由此看來，《易》道變動的深
邃哲理，其終極關懷仍將以「致用人生」爲依歸。這種對人生的致用，除了
前面「社會功能的實踐」一節中所論述過的「審吉凶」、「行教化」、「明治道」

〔註73〕參見〔漢〕司馬遷撰，〔唐〕司馬貞、〔唐〕張守節、〔宋〕裴駰等三家注：《史
　　　記》，頁1937。

〔註74〕案：所謂「大過」，當是孔子的謙詞；旨在強調學《易》能讓個體生命與人格
　　　趨於完善。至於「五十以學《易》」一語，歷來學者多有不同詮解，或以「五
　　　十」二字爲「歲數」、「天地之數」，或指《易》字爲「亦」等，至今仍爭論
　　　不休。對此，今人程石泉於《易辭新詮》一書中以爲：「五十」二字，當爲
　　　後儒誤讀「用」字而來；蓋「五十」二字，古合文作「卆」，近乎已遭毀損之
　　　「甪」（「用」）字。因此，若文字改爲「假我數年，用以學《易》，可以無大
　　　過矣」，則文通而字順，疑義頓失（頁286～287）。筆者以爲，其論亦可備一
　　　說。

〔註75〕參見〔魏〕王弼注，〔唐〕孔穎達疏，〔清〕阮元校勘：《周易正義》，《十三經
　　　注疏》，卷七，頁273。

之外，筆者以爲從《易》卦六爻關係（承、乘、比、應）所導引出來的「人際互動」，以及由「上」（自然）、「下」（個人）卦對應模式所形成的「天人關係」，也是「致用人生」的極佳詮釋；且透過這樣的詮釋，將更能圓滿人類的智慧。

　　首先，就「人際互動」來說。在《易》卦中，如〈訟〉、〈漸〉、〈節〉、〈中孚〉、〈蒙〉、〈師〉、〈比〉、〈小畜〉、〈臨〉、〈坎〉、〈萃〉、〈困〉〈井〉、〈兌〉、〈无妄〉、〈升〉等，《彖傳》皆謂其「剛得中」或「剛中」；而〈噬嗑〉、〈旅〉、〈鼎〉、〈睽〉、〈同人〉、〈小過〉、〈既濟〉、〈未濟〉等，則稱「柔得中」。這裡所謂的「中」，其實是「中正」的意思；也就是說，無論是「剛得中」（剛中）或「柔得中」（柔中），皆以「居中得位」爲義，這也是一般人對「趨吉」的普遍認知。儘管如此，「居中得位」固可作爲人們立身處世與應對進退的參照，但並不全然是安身立命的保證；而「既不居中又不得位」，雖是「時」、「位」俱失，也未必是凶禍危吝的象徵。這其中的關鍵，當繫於個人是否能眞正體悟「權變」（時變）的道理；對此，《孟子》即強調「執中無權，猶執一也」（〈盡心上〉），徐幹於《中論‧智行》中也說：「宋襄公守節，而不知權變，終以見執；晉伯宗好直，而不知時變，終以隕身。」〔註76〕以此看來，「執中」固爲美事，然不知變通，則何異於「偏執」？「守節」、「好直」誠可鑑志，然不知變通，又豈能全身？故《鹽鐵論》謂「明者因時而變，知者隨世而制」〔註77〕，則「權變」（時變）的重要性不言可喻。而這種「權變」的思維實可具體表現在「人際互動」上，並可藉由《易》卦六爻的關係（「承」、「乘」、「比」、「應」的對待模式）來加以凸顯。茲以〈蠱〉爲例，說明如下：

〔註76〕參見〔魏〕徐幹撰，徐湘霖校注：《中論校注》（成都：巴蜀書社，2000年），頁131。

〔註77〕參見〔漢〕桓寬撰，王利器校注：《鹽鐵論校注》（北京：中華書局，1996年），頁162。

〈蠱〉

居此爻（不居中又不得位），則當反身修省，不可強出風頭（承於六五）；並且以「誠」待人。如此一來，必可獲得別人的敬重（敵於九三），而贏得友誼。

居此爻（居中不得位），一方面要積極主動關照下屬（比於六四），一方面也要對長者謙讓（承於上九）；若此，則必能聲聞於千里之外（應於九二）。

上九————

六五— —

六四— —

九三————

九二————

初六— —

居此爻（得位不居中），則當嚴以律己（比於六五），寬以待人（乘於九三）；並時存感念，不可陽奉陰違。若此，則必可化阻力為助力（敵於初六），並獲得眾人的認同。

居此爻（得位不居中），則當懷柔以待下（比於九二），欽剛以接上（乘於六四）；若此，必能令人刮目相看，敵意盡失（敵於上九），則人際互動自然有成。

居此爻（居中不得位），則當虛己下人（承於初六），欽其剛以待上（比於九三），並且不可躁進；若此，則人際關係自然良好，並可進一步獲得好評與賞識（應於六五）。

居此爻（不居中又不得位），則當知所警惕，積極進取，不可有所怠慢（上承九二）；若此，則終能化敵為友（敵於六四），獲得信賴。

王弼說：「凡陰陽者，相求之物也。近而不相得者，志各有所存也。」〔註78〕此當在闡發「應」與「承、乘、比」之間的差異性。所謂「近而不相得者」，不是說「鄰近」的爻（承、乘、比）就不相得，而是因為「鄰近」的爻各有其所「應」（指初與四、二與五、三與上之應），即心有所屬，這就是「志各有所存」的意涵，故「不相得」（如〈既濟〉、〈未濟〉）；倘若「鄰近」的爻（承、乘、比）各無所「應」，則彼此之間（鄰近的爻）豈會不「相得」（如〈離〉、〈坎〉）？又說：「以陰處陽，以柔乘剛，違節之道。」〔註79〕這是對〈節〉六三爻既「失位」又「乘」九二爻所作的評斷。如此說來，《易》卦六爻之間確有其相對應的關係（「承」、「乘」、「比」、「應」）與結果（「相得」與「不相得」）。即使如此，從上述所舉的例子（〈蠱〉）來看，吾人若能秉持戒慎恐懼與誠懇謙遜的態度，並以積極的具體行動來加以彌補、導正，則「失位」（初六、九二、六五、上九等四爻）的弊病，「乘」、「敵」的缺失，當可化於無形；但相對地，倘若凡事不僅不能反求諸己，且一意孤行，任其發展，則上述的

〔註78〕 參見〔魏〕王弼撰，樓宇烈校釋：《王弼集校釋》，「略例下」，頁615。
〔註79〕 參見〔唐〕李鼎祚輯：《周易集解》，卷十二，頁293。

弊病、缺失，恐將沒有轉圜的契機。例如，就〈蠱〉六四爻來說，如果不「嚴己」、「寬人」，其結果可能難以避開爻辭所說的「往見吝」；至於九二爻，若不「欽其剛以待上」，則難免也會受到別人（九三爻）的排擠。此即說明「謙讓」的重要性，故《易緯・乾鑿度》謂「君臣不變，不能成朝」、「夫婦不變，不能成家」〔註80〕，這是在強調人要能放下身段、虛以待人，而不要固滯不通。如此說來，《易》卦固可審視人生的吉凶悔吝，但其所顯現的「承」、「乘」、「比」、「應」（敵），不也同時在提醒人們當「見機行事」，並採取適當的補救措施（人際互動）？這是一種反向思考！總之，「人際互動」（補救措施）所帶來的效果，是可以藉由《易》卦六爻的對應關係而獲得彰顯；且從〈蠱〉說例當可推知，《周易》六十四卦無疑各有其一套「人際互動」的模式，而透過對這六十四套「人際互動」模式的運用，相信更能有效提升人與人之間的信任感，繼而促成整個社會的和諧。

其次，就「天人關係」而言。這裡所說的「天人關係」是指「個人」（內在）與「自然」（外在）之間的對待方式。《資治通鑑・漢紀・獻帝建安十二年》記載孔明對劉備說：

> 將軍既帝室之冑，信義著於四海，若跨有荊、益，保其嚴阻，撫和戎、越，結好孫權，內脩政治，外觀時變，則霸業可成，漢室可興矣。〔註81〕

所謂「霸業可成，漢室可興」，除了有形的地勢環境外，內在（內脩政治）與外在（外觀時變）的相互配合，應是主要原因，故《國語・越語下》記載范蠡的話說：「夫人事必將與天地相參，然後乃可以成功。」〔註82〕而這種「內」、「外」彼此聯繫、相互配合的現象，是可以從《易》卦「上」（外卦）、「下」（內卦）之間的對待模式而獲得理解。《說卦傳》載：

> 神也者，妙萬物而為言者也。動萬物者，莫疾乎雷。橈萬物者，莫疾乎風。燥萬物者，莫熯乎火。說萬物者，莫說乎澤。潤萬物者，莫潤乎水。終萬物始萬物者，莫盛乎艮。故水火相逮，雷風不相悖，山澤通氣，然後能變化，既成萬物也。〔註83〕

〔註80〕 參見〔日〕安居香山、中村璋八輯：《緯書集成》，頁5。

〔註81〕 參見〔宋〕司馬光編著，〔元〕胡省三音注：《資治通鑑》（北京：中華書局，1997年），卷六十五，頁2075。

〔註82〕 參見〔周〕左丘明撰，〔吳〕韋昭注：《國語》，卷二十一，頁650。

〔註83〕 參見〔魏〕王弼注，〔唐〕孔穎達疏，〔清〕阮元校勘：《周易正義》，《十三經

乍看之下，引文中似無涉及〈乾〉、〈坤〉二體？其實不然！「神也者」三字，即已透露出訊息。何謂「神」？「神」（無方）是「陰陽不測」；「陰陽」即「坤乾」。因此，「神」就是乾坤之道、天地之道；進一步說，「神也者，妙萬物而爲言者也」一語，即是在綜論八經卦的特性（神妙）與作用（化育萬物）。而「神」既「範圍天地」（《繫辭上傳》），故下文不再臚列〈乾〉、〈坤〉二體，但直舉〈震〉（雷）、〈巽〉（風）、〈離〉（火）、〈兌〉（澤）、〈坎〉（水）、〈艮〉（山）等六子卦（經卦），以闡發天地變化的神妙與作用。此外，從「水火相逮，雷風不相悖，山澤通氣」〔註84〕及「八卦相錯」（《說卦傳》）的思維可以知道，八經卦固然各有其獨特的屬性與功能，但彼此之間所存在的聯繫關係——「上」（外）、「下」（內）卦的互動，自是無庸置疑；而這種「上」、「下」互動的模式，是可以運用在「個人」（內在、人事）與「自然」（外在、天道）的對待關係上，此即《韓詩外傳》所說的「人事備乎下，天道應乎上」〔註85〕。茲舉〈頤〉、〈觀〉二卦，敘述如下：

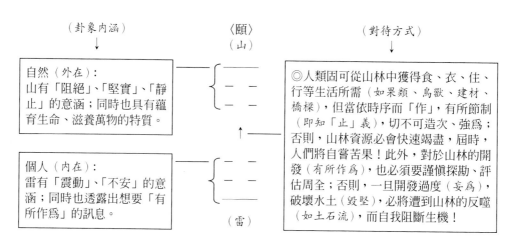

注疏》，卷九，頁328～329。

〔註84〕案：此與《說卦》「天地定位」章所載「天地定位，山澤通氣，雷風相薄，水火不相射」同義。

〔註85〕參見〔戰國〕韓嬰撰（舊題），屈守元箋疏：《韓詩外傳箋疏》，卷三，頁280。

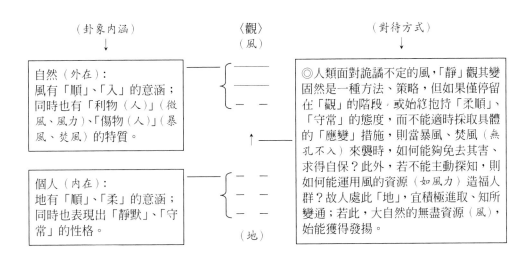

從以上所舉二例可以看出，在「天人關係」的對待上，《易》卦「上」（自然）、「下」（個人）體雖同樣具有「天」、「地」、「雷」、「風」、「火」、「澤」、「水」、「山」等八種卦象，但彼此所指涉的內涵則有不同。對上卦（自然）而言，這八種卦象就是天地自然的八種現象；但對下卦（個人）來說，這八種卦象則是具有人類思維的八種性格。此外，在不同條件的組合下（「上卦」不同，「下卦」相同），個人性格（下卦）當隨著組合對象（上卦）的不同而有所轉化，以取得最佳的對待模式。例如，〈觀〉、〈比〉二卦，其下體（個人）均為「地」，「地」具有「靜默」、「守常」、「柔順」的性格，但由於所面對的自然現象（上體）不同——風與水，因而採用的對待方式就有差異。換句話說，「靜默」、「柔順」等性格若運用在〈觀〉上，顯然不夠主動、積極；但若是套用在〈比〉上，則適可發揮其功效〔註86〕。由此看來，這種從《易》卦「上」（自然）、「下」（個人）體的互動過程中所形成的「天人關係」，如同前面所論述過的「人際互動」，也可以推衍成六十四套的對待方式（恕不詳舉）；有了這六十四套的對待方式，人類與天地自然的關係將更加緊密而趨於完善。

〔註86〕案：〈比〉上卦為「水」（外在），下卦為「地」（內在）。「水」性潤下，人類若能「依」（地）其性、「順」（地）其勢，則自可為用（如水運、灌溉、飲用、洗滌、娛樂……等）；反之，若違逆「柔順」（地）的性格，表現過於積極、不知節制，則恐將弄巧成拙而自嘗苦果。

參、生生不息

《繫辭上傳》載：「生生之謂易。」李鼎祚引荀爽語，謂「陰陽相易，轉相生也」；李道平疏：

> 陽極生陰，陰極生陽，一消一息，轉易相生，故謂之易。京氏云「八卦相盪，陽入陰，陰入陽，二氣交互不停，故曰『生生之謂易』」。
> 〔註87〕

對此，章學誠引韓康伯「陰陽轉易，以成化生」的釋文，而認爲「此即朱子交易變易之義所由出」〔註88〕。這種由陰陽轉易而產生的互動，即《說苑‧辨物》所載「陰窮反陽，陽窮反陰，故陰以陽變，陽以陰變」〔註89〕的變化過程，這是《易》道的實質內涵；而這種變化所代表的意義，就是天地萬物得以不斷繁衍、日新又新。故《繫辭傳》說：

> 易窮則變，變則通，通則久。（〈下傳〉）

> 闔戶謂之坤。闢戶謂之乾。一闔一闢謂之變，往來不窮謂之通。
> （〈上傳〉）

物極必反，乾坤互動，則萬物生機無窮，這是「變」、「通」的意涵，《莊子‧秋水》所謂「知道者，必達於理，達於理者，必明於權」〔註90〕的思想，或導源於此！而「變通」所以能至於「長久」，實繫於「變」而不失其「理」，即「常其理，不常其跡」〔註91〕，也就是《春秋繁露‧天容》所說的「天之道，有序而時，有度而節，變而有常」〔註92〕；這種既能變通又合乎理序的天道觀，可說是變《易》的根本精神所在。吾人若無法體會此變《易》精神，則雖居正位，亦不能久長，就如同黃宗炎所說：

> 苟窮而不變，執中無權，雖欲久，其可得乎？〔……〕執中無權，乏窮變通久之義。《易》貴變易，不貴拘執也。〔註93〕

筆者以爲，人類既無法迴避「物極必反」的形上理序，即老子所說的「反者道之動」（四十章），則以「適時」、「適所」、「適爲」的權變觀爲其「對應

〔註87〕參見〔清〕李道平撰，潘雨廷點校：《周易集解纂疏》，卷八，頁561。

〔註88〕參見〔清〕章學誠撰，葉瑛校注：《文史通義校注》，頁11。

〔註89〕參見〔漢〕劉向撰，向宗魯校證：《說苑校證》，頁453。

〔註90〕參見錢穆：《莊子纂箋》（臺北：東大圖書股份有限公司，1993年），頁166。

〔註91〕參見〔清〕黃宗炎：《周易象辭》，卷十，頁417下左。

〔註92〕參見蘇輿撰，鍾哲點校：《春秋繁露義證》，卷十一，頁333。

〔註93〕參見〔清〕黃宗炎：《周易象辭》，卷十，頁418上右。

原理」，當可符合變《易》哲學的實質內涵。「適時」者天，「適所」者地，「適爲」者人，三者「位」雖殊而「體」則同，人若能掌握此「三適」，即能運用「三材之道」，這對《易》道「生生」的發揚，實具積極性意義。《說卦傳》載：

> 昔者聖人之作《易》也，將以順性命之理，是以立天之道曰陰與陽，立地之道曰柔與剛，立人之道曰仁與義。〔註94〕

又說：

> 觀變于陰陽而立卦，發揮于剛柔而生爻，和順于道德而理于義，窮理盡性，以至於命。〔註95〕

陰陽（天道）和融，剛柔（地道）相濟，仁義（人道）互成，則《易》道悉備，理無不窮，故上能和順聖人之德，下能理正人倫之義，且能窮盡天地萬物所稟的生生之性，這種「生生之性」，即「自然之性」，誠如《繫辭下傳》所載：

> 天地絪縕，萬物化醇，男女構精，萬物化生。〔註96〕

在陰陽二氣的交融下，男女雖任其自然，也能相感而合，故萬物順此而生。倘若陰陽不和諧，則男女不能相感，萬物自不能化生，此即《莊子‧達生》所言：「天地者，萬物之父母也。合則成體，散則成始。」〔註97〕錢氏引葉夢得語：「『合則成體』，《易》所謂『精氣爲物』也。『散則成始』，《易》所謂『游魂爲變』也。」所謂「精氣爲物」，是指陰陽精靈的氣經絪縕積聚而成爲萬物；「游魂爲變」則是精魂去離萬物，因而生變爲死、成變爲敗。故陰陽合則萬物生，散則滅。陸隴其於〈太極論〉中也說：

> 寂然不動，是即太極之陰靜也；感而遂通，是即太極之陽動也；感而復寂，寂而復感，是即太極之動靜無端、陰陽無始也。寂然之中，而感通之理已具，感通之際，而寂然之體常在，是即太極之體用一原，顯微無間也。〔註98〕

〔註94〕　參見〔魏〕王弼注，〔唐〕孔穎達疏，〔清〕阮元校勘：《周易正義》，《十三經注疏》，卷九，頁326。
〔註95〕　同前註，頁324～325。
〔註96〕　同前註，卷八，頁310。
〔註97〕　參見錢穆：《莊子纂箋》，頁144。
〔註98〕　參見〔清〕陸隴其：《陸稼書先生文集》，《叢書集成簡編》（臺北：臺灣商務印書館，1965年），卷一，頁1～2。

「太極」是《周易》的最高範疇，宇宙萬物在其觀照下，共同構成一個井然有序與高度和諧的有機整體，這種「有機整體」並非由同一物質所構成，而是在兩儀（陰陽）相互感應、融合的作用下，逐步轉化而成的動態和諧體，具有不斷演化、生生不息的特質。

《四庫全書總目・易類序》載：

> 《易》道廣大，無所不包，旁及天文、地理、樂律、兵法、韻學、
> 算術，以逮方外之爐火，皆可援《易》以爲說。〔註99〕

這種「無所不包」的生命力，可說是來自天道（陰陽）、地道（柔剛）、人道（仁義）三者的糅合，也是《易》道精妙玄通的明證。因此，世俗所謂「人定勝天」的狂妄思想，並不符合《周易》的「天人合德」觀。《周易》固然強調人與自然的互動關係，但並沒有主張一味向外探求，以達征服自然爲目的；相反的，它希望人類要能反身修德、和諧天地，即所謂的「崇德廣業」、「知崇禮卑」〔註100〕，是一種對心靈層次的提升。榮格在談到歐洲人的性格時說：

> 他們（歐洲人）可以炸山毀嶺。當理智不受拘絆，而又遠離人的本
> 性時，我們可以看到究竟會發生什麼事？世界大戰已經讓我們先行
> 嘗試到其中的苦澀滋味。身爲歐洲人，我並不希望歐洲人越來越有
> 能力，越能「控制」我們內身及周遭的自然力量〔……〕。在歷史的
> 發展中，歐洲人已經遠離了自己的根本，他的心靈最後分裂成信仰
> 與知識兩面，同時，任何對心靈的解釋也隨之分裂，變成對立的兩
> 極。〔……〕我們的科技已成長到一個相當危險的程度〔……〕拆穿
> 他擁有力量的幻象，遠比強化他錯誤的觀念，認爲他可以隨心所欲，
> 爲所欲爲，要重要得太多了。〔註101〕

榮格所言雖是針對歐洲人，但實際上，這種由於心靈的分裂所導致的「人定勝天」思想，已經隨著人類科技文明的發展，逐步蔓延到世界各地，而由此產生的偏執行爲，也讓人類自食惡果，所謂「大自然的反撲」，即蘊涵此義，吾人當引以爲戒。

綜上所述，《周易》所展現對生命的重視與熱愛，是後代《易》學發展過

〔註99〕參見〔清〕紀昀等編：《欽定四庫全書總目》，頁3。
〔註100〕參見〔魏〕王弼注，〔唐〕孔穎達疏，阮元校勘：《周易正義》，《十三經注疏》，卷七，頁273～274。
〔註101〕參見榮格著，楊儒賓譯：《東洋冥想的心理學——從易經到禪》，頁39～41。

程中不可或缺的思想命脈，也是人類在面對憂患、抉擇時的精神指引，更是其歷經朝代更迭與現實考驗，而仍能屹立至今的重要因素。例如，孔子的「未知生，焉知死」（〈先進〉）、老子的「長生久視」、墨子的「兼愛非攻」、孟子的「牛羊易生辭」（〈梁惠王上〉）、莊子的「全生保身」（〈養生主〉）、荀子的「事死如生，事亡如存」（〈禮論〉）等主張，均在不同程度上源自《周易》的「生生」思想。這與佛教「層出不窮地提出一類類的實體，通過它們的變幻性論述它們的不實在性（或苦惱），從而達到空無的結合」〔註102〕的根本特徵顯然不同；對此，黃宗炎也說：

> 天地萬物各自有情，非茫茫任運者可見矣。情即生生之幾，雖落于欲而不背于理。釋氏斷緣、滅性、并性，且謂之空，而況情乎！拂天地之性，矯萬物之情，不知其生，專顧一死，其偏全廣隘，豈可同年而語！〔註103〕

人性之所以可貴，在於所蘊藏的「悲天憫人」情懷；尤其經過《周易》爻變思想的洗禮與激發後，便容易轉化為對生命的積極關懷與熱愛；對此，孫師劍秋教授即曾經說過：「《易》學是確立生之為善，且正視生命之存在，從而讚頌生命意義之哲學。」〔註104〕這種「正視生命」（關懷）、「讚頌生命」（熱愛）的偉大情操，正是「生生之《易》」的精神內涵所在，也是圓滿人類智慧的高度展現。

〔註102〕參見鄭剛：《中國人的精神》，頁36。

〔註103〕參見〔清〕黃宗炎：《周易象辭》，卷十，葉6。

〔註104〕參見業師孫劍秋：《易理新研》（臺北：臺灣學生書局，2000年），頁16～17。

第六章　結　論

　　《周易》——中國古代哲學思想的源頭，其所以能夠緜延數千年而不衰，主要在於所具備的行爲指導功能（占筮）與哲學理論架構（義理）；而此「行爲指導功能」與「哲學理論架構」，無疑皆發端於所擁有的「變動」特質——來自《易》卦六爻的陰陽變化與剛柔相推。因此，對《周易》來說，「占筮」是其外在的表現形式，而「爻變」則是其根本的精神內涵。透過對「爻變」的探究與分析過程，生命的本質——不斷創造的歷程，即可獲得完全的彰顯。

　　筆者於第一章（緒論）曾提到本文的研究目的主要有九項，在經過一連串的論述與檢視後，茲就此研究的成果作綜合性的說明。

　　對周人來說，「卜筮」活動非僅於「趨吉避凶」而已，更是「道德教化」的具體實踐；而此具體實踐無疑是在「天命靡常」的認知與信念下所展現的成果。此外，透過「崇德尊禮」（承襲）及「察時知變」（損益）的靈活運用，周人不僅能有效掌握殷人的寶貴經驗，並且在人文發展與社會進化的議題上，取得前所未有的輝煌成績。而從首開《周易》「爻變思想」的《左》、《國》筮例中也可看出，《易》卦六爻的變化形式難免會因當時的社會認知、人文發展與地域環境等不同而產生差異，但整體而言，周人在「變動」精神下所展現出來的「人文關照」，則是有目共睹，無庸置疑。因此，《左》、《國》所載爻變筮例，可說是周人「變動」思想的最佳驗證，也是《周易》爻變精神的發揚者；而此精神更爲《易傳》（尤其是《象傳》）所承襲、發展。

　　《象傳》所展現的爻變觀，是對陰陽變化的積極性與多元性的闡發，而其形式則可歸納爲「剛柔相推」（陰陽互動）、「自體運動」（陰、陽的個體運

動）及「卦體變化」（上、下卦互動）等三類。這三類在本質上是屬於「用」
《易》的範疇；儘管如此，從其整體的架構中，仍可窺見其所蘊涵的《易》
卦「生成」概念，這與後世《易》學家所謂「某卦」由「某卦」而來的「卦
變」理論，在本質上是截然不同。而《象傳》在闡釋《易》道的變動內涵之
餘，同時也釋出天地和諧、萬物共存的訊息；這對後代《易》學的發展方向，
可說是具有相當深遠的影響！

在《易傳》之後，繼續為《周易》爻變思想作出貢獻的代表人物，當推
京房、荀爽、虞翻等漢、魏《易》學家。對京房來說，最具代表的《易》學
成就，莫過於發端八純卦的「世魂」變化理論，以及用「陰陽升降」為主
體的「飛伏」模式。其中，「世魂」理論最能表現京氏的「爻變思想」，但這
種「爻變思想」是屬於「用」《易》的範疇，並非《易》卦「生成原理」的呈
顯；而「飛伏」模式，則是在「爻位」對應（蘊涵時空概念）下所建立的有
機聯繫體系，這是對《象傳》「剛柔互動」（陰陽互動）及「自體變化」（陰、
陽的個體運動）所作的推衍。至於荀爽的「爻變思想」，雖多承襲自京房的《易》
學理論（如升降、消息、世卦、飛伏），但他在宣揚「飛伏」的正面功能，
以及在「卦變」思維的確立上，則是京房所不能逮的成就。對虞翻而言，除
了在解卦上所運用到的「飛伏」、「互體」、「納甲」、「旁通」、「升降」外，最
能表現其「爻變思想」的論述，首推以「陰陽升降」為基礎而建構出來的「卦
變」說（「卦」生「卦」），然此「卦變」理論亦非《易》卦生成變化的本質，
而是「用」《易》的概念；儘管如此，其對《象傳》「剛柔互動」積極闡發
的精神，當足堪後世治《易》學者效法。

總之，京、荀、虞在《周易》爻變思想的發展過程中，固有前後承襲的
關係；但追溯其源流，終以《象傳》所闡發的「爻變模式」（如剛柔互動、自
體運動）作為其《易》學理論的骨幹。此外，三人所建構出來的《易》學理
論（用《易》的性質），也難免因個人體悟與詮釋角度的偏差，而曲解《易》
卦的「生成」原理；但整體來說，彼等對後世的《易》學發展，影響確實深
遠，其歷史地位灼然可見。

天地間萬事萬物的發展與變化，雖是複雜而多元，但透過冷靜思考與細
心觀察，必能找出其間演變的基本模式；對《易》卦六爻的變化來說，也是
如此。在對《周易》經（爻辭、卦名）、傳（如《象傳》、《繫辭傳》等）作過
詳細的分析、比對後，筆者歸納出《易》卦六爻在陰陽變化與剛柔相推的過

程中，具有「規律性」、「統合性」及「結構性」等三種基本變化原理。

　　《易》卦六爻變化的「規律性」，主要表現在爻辭彼此之間的互動關係，包括「上下一體」、「內外成章」與「輾轉相承」。其中，「上下一體」是指《易》卦六爻彼此在變化過程中所展現的聯繫特性（如〈乾〉、〈師〉、〈同人〉、〈困〉、〈艮〉、〈小過〉等），這可從六爻數序（由下而上）與理象內涵（如物象、人身、事理等）的緊密結合而獲得彰顯；「內外成章」是指《易》卦六爻的發展變化，改以上、下卦結合的「雙向」模式發展（如〈蒙〉、〈漸〉、〈比〉、〈大過〉等），而非循著六爻緊密聯繫（「上下一體」）的變化方式；至於「輾轉相承」，則是指《易》卦六爻的發展變化，爲首、尾相應而中間錯綜轉折（如〈明夷〉、〈噬嗑〉、〈恆〉、〈既濟〉等）。筆者以爲，藉由對以上三種「變化模式」的分析，吾人將能更加理解一切事物在發展、變化過程中所具有的「規律性」，而予以有效掌握；尤其是面對愈來愈複雜的多元社會，這種認知確實有其必要性。

　　《易》卦六爻變化的「統合性」，主要是展現「爻辭」與「卦名」之間的微妙關係，包括「名實相符」、「虛實相參」及「象徵涵攝」。其中，「名實相符」是指《易》卦六爻中，其爻辭內容有「五爻」以上皆涉及「卦」名（如〈需〉、〈咸〉、〈遯〉、〈觀〉、〈井〉、〈鼎〉等），即「爻辭」與「卦名」之間具有共同的主體；「虛實相參」是指《易》卦六爻內容（爻辭）有部分涉及「卦名」，有些則與「卦名」無關（如〈屯〉、〈夬〉、〈訟〉、〈大壯〉、〈无妄〉、〈升〉等），必須透過進一步的分析、比對與歸納，始能確定彼此之間的統合關係；至於「象徵涵攝」，則是指《易》卦六爻內容（爻辭）僅一則（爻）涉及卦名，或皆與卦名完全無關（如〈姤〉、〈坤〉、〈大畜〉等），必須採用逐爻的分析、比對及歸納，始能掌握全卦的主體內涵。筆者以爲，從這三種「變化模式」中，可以反映出一切事物在主體精神的「統合」下，具有多元的發展面向；這種認知將有助於提升人類的邏輯思考與分析能力，其（「統合性」的變化模式）功能性當可加以肯定。

　　《易》卦六爻變化的「結構性」，主要表現在「時」（時間）與「位」（空間）的關係上。王弼於《周易略例·明爻通變》中說：

　　　卦以存時，爻以示變。[註1]

所謂「爻以示變」，非僅於「時」的改變，而是包含「位」的移動。簡單地

〔註 1〕參見〔魏〕王弼撰，樓宇烈校釋：《王弼集校釋》，頁 598。

說，《易》卦六爻變化是「時」、「位」交互作用的結果。故《象傳》謂「大明終始，六位時成，時乘六龍以御天」（〈乾〉）。筆者以爲，「時」是《易》卦六爻變化的推動者，「位」則是《易》卦六爻互動關係的具體呈顯；二者在不即不離的情況下，構成了《易》道變動內涵的完整性。因此，能瞭解六爻彼此在「時」、「位」上的密切關係，即可有效掌握天地運行的箇中道理；黃慶萱教授在〈《周易》時觀初探〉一文中說「《周易》言『時』，每連及『位』，本文專論『時』而未及於『位』，不無缺憾焉」〔註2〕，即是在此認知、概念下所發出的感歎！由此看來，對於《周易》的探究，是否能有效掌握「時」與「位」的關係，當是主要的關鍵。

　　天地間萬事萬物的表現方式雖是千變萬化，但就其整體性而言，固有不可分割、動搖之處；從《易》卦六爻變化所引發出來的「整體思維」，也是這樣。《易》道的變動精神是以「陰」、「陽」爲主體，二者是彼此相倚相成的和諧關係，而非處於「對立」的狀態；有了這種「和諧」的互動關係，天地萬物循環往復、生生不息的現象，始能獲得合理的解釋。此外，若能掌握陰陽和諧變化的道理，不爲客觀環境（如政治、社會、人文等）所惑，則對《易》學發展上的兩大流派——象數與義理，便能夠以較爲理性、持平的態度來加以面對，而免去以往因相互攻詰所造成的弊端（門戶之見）。至於「理」「氣」之間的關係，亦可藉由對陰陽本質內涵的確切掌握，而獲得進一步的理解——「理」、「氣」一體；並且以「大哉乾元，萬物資始」（〈乾・彖辭〉）、「大哉坤元，萬物資生」（〈坤・彖辭〉）二語作爲「理」、「氣」歸「元」的最後註腳。

　　人類活動的歷史軌跡，雖有其脈絡可尋，但不免因受到時空變遷的影響，而有所遺漏、失實。對《周易》而言，其在傳播的過程中也會有上述的狀況；儘管如此，其所蘊涵的玄妙思想卻能縱橫古今，未曾間斷。筆者以爲，在歷史演進的過程中，文化傳播所具有的功能和價值，吾人自不能予以否認，但是在天地之間，萬事萬物的各種奇幻變化，常是超越人類理性與知性所能掌握的範疇，也不是用文化傳播的概念即能加以解釋，這就是所謂的「共時性」現象。在《周易》中，「共時性」的心靈聯繫與「歷時性」的因果

〔註2〕　參見黃慶萱：〈《周易》時觀初探〉，收入《中國學術年刊》第十期（1989年2月），頁1。案：黃教授於1996年發表〈周易位觀初探〉，收入在《中華易學》第一九二期，頁6～18。

觀，是其哲學內涵的重要依據，也是構成橫向與縱向系統的主要元素；而其所蘊涵的「感應」現象，更是一種能超越時空限制與人類理性、知性範疇的心靈符應；當然，「至誠」是其關鍵所在。

在人類身處的物理世界，除了感官知能所能掌握的有形「實質」外，更多的「象徵」是來自心理深層的投射；而就事物存在的普遍性與恒久性來說，「象徵」的生命力更勝於「實質」；《周易》的兩大符號系統——象數符號（卦爻）與語言符號（所繫的辭），即是具有這種「普遍」而「恒久」的「象徵」特質。此外，在《易》卦的演化生成系統中，普遍存在著聯繫、發展的互動關係；而形成這種互動關係的主要媒介就是「共同質性」。透過對「共同質性」的積極運用，人類便能發展出一種既能自我圓滿，又能聯繫外界的有機體系，這種「有機體系」可以用「平行中心」（象徵「平等關係」）的概念來加以闡釋。而從這些思想、哲理中，人類將可以理解萬事萬物都具有不同型態的「生命質性」，並且在溯其源、察其旨的原則下，進一步達成對「生命質性」的聯繫，這也是《易》道「無所不包」的精神所在。

《周易》「爻位變化」所綻放出來的「變通」思想，不僅僅是「哲理」而已，其終極關懷是以「致用」人生為目的。透過對《周易》經、傳的分析與探究，吾人可以確實掌握到「爻變思想」對「審吉凶」、「行教化」與「明治道」等社會功能的具體實踐，以及在「憂患意識」、「明道致用」與「生生不息」上所展現出來的高度智慧。

筆者以為，人類既身處在瞬息萬變的物理世界，對於天地間一切事物的發展變化，無論是「吉凶得失」或「悔吝厲咎」，皆須在「反求諸己」（修德）及「順時知變」的原則下，採取必要的應對措施，這也是《易》道變通思維所強調的概念。此外，《周易》經、傳中所展現的「教化」內容（尤其是《象傳》的「君子」說），可說是人類「安身立命」的寶貴資產，宜多加利用。而透過對《周易》經、傳的梳理與先秦古籍的參照，也可以窺知中國古代社會的「治國之道」——「刑政」與「德政」並存；而二者之中，所崇尚的當是「德政」，「刑政」為應時所需，是不得不然的作法。

至於《周易》爻變思想所蘊涵的「憂患意識」，是對生命的高度尊重與積極關懷；尤其是《繫辭下傳》所說的「三陳九卦」，將「修德」與「憂患」並論，這可說是先人高度智慧的展現。而透過這種「防憂豫患」，人類不僅可以從困頓中獲得一線生機，更可因此實現對天地萬物的關照。此外，從「承」、

「乘」、「比」、「應」（敵）所發展出來的「人際互動」，以及由「上」（外在）、「下」（內在）卦對待模式所構建出來的「天人關係」（個人與自然），也可以說是對「爻變」思想的進一步積極運用；藉此，人類在智慧的表現上，將更加趨於圓滿。

　　《周易》並非預言性的書，它沒有一般宗教普遍存在的「神諭」觀，但是由於它能超越時間、空間的限制，以及打破世俗因果律的邏輯思考，因此可以促成人類心靈的省悟和道德觀念上的轉變；而其對生命的重視與熱愛，即「生生」思想，也間接打破世俗所謂「人定勝天」的迷思，進而促使人類與天地萬物和諧共處，達到天人合德的境界。

附表：中、正、時、位

類別→ 卦名↓	吉	凶	備　註
坤	六五：黃裳，元吉。		□　居中
屯	六四：乘馬班如，求婚媾，往吉，无不利。		△　得位
	九五：屯其膏，小貞吉。	九五：大貞凶。	居中得位
蒙	九二：包蒙，吉。納婦，吉。子克家。		□　居中
	六五：童蒙，吉。		□　居中
需	九二：需于沙，小有言，終吉。		□　居中
	九五：需于酒食，貞吉。		居中得位
	上六：入于穴，有不速之客三人來，敬之，終吉。		△　得位
訟	初六：不永所事，小有言，終吉。		
	六三：食舊德，貞厲，終吉。或從王事，无成。		
	九四：不克訟，復即命，渝，安貞吉。		
	九五：訟，元吉。		居中得位
師		初六：師出以律，否臧，凶。	
	九二：在師中，吉，无咎，王三錫命。		□　居中
		六三：師或輿尸，凶。	
		六五：田有禽，利執言，无咎。長子帥師，弟子輿尸，貞凶。	□　居中

比	初六：有孚，比之，无咎。有孚盈缶，終來有它，吉。		
	六二：比之自內，貞吉。		居中得位
	六四：外比之，貞吉。		△ 得位
	九五：顯比。王用三驅，失前禽，邑人不誡，吉。		居中得位
		上六：比之无首，凶。	△ 得位
小畜	初九：復自道，何其咎？吉。		△ 得位
	九二：牽復，吉。		□ 居中
		上九：既雨既處，尚德載。婦貞厲。月幾望，君子征，凶。	
履	九二：履道坦坦，幽人貞吉。		□ 居中
		六三：眇能視，跛能履，履虎尾，咥人，凶。武人爲于大君。	
	九四：履虎尾，愬愬，終吉。		
	上九：視履考祥，其旋元吉。		
泰	初九：拔茅茹，以其彙。征吉。		△ 得位
	六五：帝乙歸妹，以祉，元吉。		□ 居中
否	初六：拔茅茹，以其彙，貞吉，亨。		
	六二：包承，小人吉，大人否亨。		居中得位
	九五：休否，大人吉。其亡其亡！繫于苞桑。		居中得位
同人	九四：乘其墉，弗克，攻，吉。		
大有	六五：厥孚交如，威如，吉。		□ 居中
	上九：自天祐之，吉，无不利。		
謙	初九：謙謙君子，用涉大川，吉。		△ 得位
	六二：鳴謙，貞吉。		居中得位
	九三：勞謙，君子有終，吉。		△ 得位
豫		初六：鳴豫，凶。	
	六二：介于石，不終日，貞吉。		居中得位
隨	初九：官有渝，貞吉。出門交，有功。		△ 得位

		九四：隨有獲，貞凶。有孚在道，以明，何咎？	
	九五：孚于嘉，吉。		居中得位
蠱	初六：幹父之蠱，有子，考无咎。厲，終吉。		
臨	初九：咸臨，貞吉。		△　得位
	九二：咸臨，吉，无不利。		□　居中
	六五：知臨，大君之宜，吉。		□　居中
	上六：敦臨，吉，无咎。		△　得位
噬嗑	九四：噬乾胏，得金矢。利艱貞，吉。		
		上九：何校滅耳，凶。	
賁	九三：賁如，濡如，永貞吉。		△　得位
	六五：賁于丘園，束帛戔戔，吝，終吉。		□　居中
剝		初六：剝床以足，蔑貞，凶。	
		六二：剝床以辨，蔑貞，凶。	居中得位
		六四：剝床以膚，凶。	△　得位
復	初九：不遠復，无祗悔，元吉。		△　得位
	六二：休復，吉。		居中得位
		上六：迷復，凶，有災眚。用行師，終有大敗，以其國君，凶；至于十年不克征。	△　得位
无妄	初九：无妄往，吉。		△　得位
大畜	六四：童牛之牿，元吉。		△　得位
	六五：豶豕之牙，吉。		□　居中
頤		初九：舍爾靈龜，觀我朵頤，凶。	△　得位
		六二：顛頤，拂經于丘頤，征凶。	居中得位
		六三：拂頤，貞凶。十年勿用，无攸利。	
	六四：顛頤，吉。虎視眈眈，其欲逐逐，无咎。		△　得位
	六五：拂經，居貞吉，不可涉大川。		□　居中

		九三：棟橈，凶。	△ 得位
大過	九四：棟隆，吉。有它吝。		
		上六：過涉滅頂，凶。无咎。	△ 得位
坎		初六：習坎，入于坎窞，凶。	
		上六：係用徽纆，寘于叢棘，三歲不得，凶。	△ 得位
離	六二：黃離，元吉。		居中得位
		九三：日昃之離，不鼓缶而歌，則大耋之嗟，凶。	△ 得位
	六五：出涕沱若，戚嗟若，吉。		□ 居中
咸	六二：居吉。	六二：咸其腓，凶。	居中得位
	九四：貞吉，悔亡。憧憧往來，朋從爾思。		
恆		初六：浚恆，貞凶，无攸利。	
	六五：恆其德。貞，婦人吉。	六五：夫子凶。	□ 居中
		上六：振恆，凶。	△ 得位
遯	九三：係遯，有疾，厲。畜臣妾，吉。		△ 得位
	九四：好遯，君子吉，小人否。		
	九五：嘉遯，貞吉。		居中得位
大壯		初九：壯于趾，征凶。有孚。	△ 得位
	九二：貞吉。		□ 居中
	九四：貞吉，悔亡。藩決不羸，壯于大輿之輹。		
	上六：羝羊觸藩，不能退，不能遂，无攸利；艱則吉。		△ 得位
晉	初六：晉如，摧如，貞吉。罔孚、裕，无咎。		
	六二：晉如，愁如，貞吉。受茲介福于其王母。		居中得位
	六五：悔亡，失得勿恤。往吉，无不利。		□ 居中
	上六：晉其角，維用伐邑，厲，吉，无咎，貞吝。		△ 得位

明夷	六二：明夷，夷于左股，用拯馬壯，吉。		居中得位
家人	六二：无攸遂，在中饋，貞吉。		居中得位
	九三：家人嗃嗃，悔，厲，吉。婦子嘻嘻，終吝。		△　得位
	六四：富家，大吉。		△　得位
	九五：王假有家，勿恤，吉。		居中得位
	上九：有孚，威如，終吉。		
睽	上九：睽孤，見豕負塗，載鬼一車，先張之弧，後說之弧，匪寇，婚媾。往，遇雨則吉。		
蹇	上六：往蹇來碩，吉。利見大人。		△　得位
解	九二：田獲三狐，得黃矢，貞吉。		□　居中
	六五：君子維有解，吉；有孚于小人。		□　居中
損	六五：或益之十朋之龜，弗克違，元吉。		□　居中
	上九：弗損，益之，无咎，貞吉。利有攸往，得臣无家。		
益	初九：利用爲大作，元吉，无咎。		△　得位
	六二：或益之十朋之龜，弗克違，永貞吉。王用享于帝，吉。		居中得位
	九五：有孚惠心，勿問，元吉。有孚惠我德。		居中得位
夬		上九：莫益之，或擊之，立心勿恆，凶。	
		九三：壯于頄，有凶。君子夬夬獨行，遇雨若濡，有慍，无咎。	△　得位
		上六：无號，終有凶。	△　得位
姤	初六：繫于金柅，貞吉。	初六：有攸往，見凶；羸豕孚蹢躅。	
		九四：包无魚，起凶。	
萃	九四：大吉，无咎。		
升	初六：允升，大吉。		
	六四：王用享于岐山，吉，无咎。		△　得位
	六五：貞吉，升階。		□　居中

困		九二：困于酒食，朱紱方來，利用享祀。征凶。无咎。	□	居中
		六三：困于石，據于蒺藜，入于其宮，不見其妻，凶。		
	上六：困于葛藟，于臲卼，曰動，悔有悔。征吉。		△	得位
井	上六：井收勿幕，有孚，元吉。		△	得位
革	六二：已日乃革之，征吉，无咎。			居中得位
		九三：征凶。貞厲。革言三就，有孚。	△	得位
	九四：悔亡，有孚。改命，吉。			
	上六：居貞吉。	上六：君子豹變，小人革面。征凶。	△	得位
鼎	九二：鼎有實，我仇有疾，不我能即，吉。		□	居中
	九三：鼎耳革，其行塞，雉膏不食，方雨，虧、悔，終吉。		△	得位
		九四：鼎折足，覆公餗，其形渥，凶。		
	上九：鼎玉鉉，大吉，无不利。			
震	初九：震來虩虩，後笑言啞啞，吉。		△	得位
		上六：震索索，視矍矍，征凶。震不于其躬，于其鄰，无咎。婚媾有言。	△	得位
艮	上九：敦艮，吉。			
漸	六二：鴻漸于磐，飲食衎衎，吉。			居中得位
		九三：鴻漸于陸，夫征不復，婦孕不育，凶。利禦寇。	△	得位
	九五：鴻漸于陵，婦三歲不孕，終莫之勝，吉。			居中得位
	上九：鴻漸于陸，其羽可用為儀，吉。			
歸妹	初九：歸妹以娣。跛能履，征吉。		△	得位
	六五：帝乙歸妹，其君之袂不如其娣之袂良。月幾望，吉。		□	居中
豐	六二：豐其蔀，日中見斗；往，得疑疾；有孚發若，吉。			居中得位

	九四：豐其蔀，日中見斗；遇其夷主，吉。			
	六五：來章，有慶譽，吉。		□	居中
		上六：豐其屋，蔀其家；闚其戶，闃其无人，三歲不覿，凶。	△	得位
旅		上九：鳥焚其巢，旅人先笑後號咷！喪牛于易，凶。		
巽	九二：巽在牀下，用史巫紛若，吉，无咎。		□	居中
	九五：貞吉，悔亡，无不利。无初有終。先庚三日，後庚三日，吉。			居中得位
		上九：巽在牀下，喪其資斧，貞凶。		
兌	初九：和兌，吉。		△	得位
	九二：孚兌，吉，悔亡。		□	居中
		六三：來兌，凶。		
渙	初六：用拯馬壯，吉。			
	六四：渙其群，元吉。渙有丘，匪夷所思。		△	得位
節		九二：不出門庭，凶。	□	居中
	九五：甘節，吉。往有尚。			居中得位
		上六：苦節，貞凶，悔亡。	△	得位
中孚	初九：虞，吉。有它，不燕。		△	得位
		上九：翰音登于天，貞凶。		
小過		初六：飛鳥以凶。		
		九三：弗過，防之；從或戕之，凶。	△	得位
		上六：弗遇，過之，飛鳥離之，凶，是謂災眚。	△	得位
未濟	九二：曳其輪，貞吉。		□	居中
		六三：未濟，征凶。利涉大川。		
	九四：貞吉，悔亡；震用伐鬼方，三年有賞于大國。			
	六五：貞吉，无悔；君子之光，有孚，吉。		□	居中

主要參考書目

壹、易學專書

一、古代著作（依作者所屬朝代順序排列）

1. 《京房易傳》，漢・京房著，四庫全書本，子部・術數類。
2. 《周易正義》，魏・王弼，晉・韓康伯注，唐・孔穎達疏，北京大學出版社，1999 年。
3. 《周易集解》，唐・李鼎祚著，臺北：臺灣商務印書館，1996 年。
4. 《東坡易傳》，宋・蘇軾著，四庫全書本，經部・易類。
5. 《漢上易傳》，宋・朱震著，臺北：成文出版社，1966 年。
6. 《周易本義》，宋・朱熹著，臺北：大安出版社，1997 年。
7. 《周易玩辭》，宋・項安世著，四庫全書本，經部・易類。
8. 《易雅》，宋・趙汝楳著，四庫全書本，經部・易類。
9. 《易筮通變》，宋・雷思齊著，四庫全書本，經部・易類。
10. 《周易爻變易縕》，元・陳應潤著，四庫全書本，經部・易類。
11. 《周易筒記》，明・逯中立著，四庫全書本，經部・易類。
12. 《易學象數論》，清・黃宗羲著，四庫全書本，經部・易類。
13. 《周易象辭》，清・黃宗炎著，四庫全書本，經部・易類。
14. 《春秋占筮書》，清・毛奇齡著，四庫全書本，經部・易類。
15. 《周易筮考》，清・李塨著，四庫全書本，經部・易類。
16. 《周易淺釋》，清・潘思榘著，四庫全書本，經部・易類。
17. 《周易集解纂疏》，清・李道平著，北京：中華書局，1998 年。
18. 《六十四卦經解》，清・朱駿聲著，北京：中華書局，1998 年。

二、現代著作（依出版年份先後排列）

1. 《先秦漢魏易例述評》，屈萬里著，臺北：學生書局，1969 年。
2. 《周易探源》，李鏡池著，北京：中華書局，1982 年。
3. 《易傳之形成及其思想》，戴璉璋著，臺北：文津出版社，1989 年。
4. 《周易古筮考》，尚秉和著，北京：中國書店，1990 年。
5. 《易學哲學史》，朱伯崑著，臺北：藍燈文化，1991 年。
6. 《易經變化原理》，唐華著，上海：上海社會科學院，1993 年。
7. 《易學窺餘》，李周龍著，臺北：文津出版社，1993 年。
8. 《緯書集成》，日·安居香山、中村璋八輯，石家莊：河北教育出版社，1994 年。
9. 《周易縱橫談》，黃慶萱著，臺北：東大圖書，1995 年。
10. 《周易經傳溯源》，李學勤著，高雄：麗文文化事業，1995 年。
11. 《納甲筮法》，劉大鈞著，濟南：齊魯書社，1995 年。
12. 《易經古歌考釋》，黃玉順著，成都：巴蜀書社，1995 年。
13. 《易學大辭典》，張其成主編，臺北：建宏出版社，1996 年。
14. 《易理新研》，孫劍秋著，臺北：學生書局，1997 年。
15. 《象數與義理》，張善文著，瀋陽：遼寧教育出版社，1997 年。
16. 《中華第一經》，宋會群·苗雪蘭著，開封：河南大學出版社，1997 年。
17. 《象數易學研究》，劉大鈞主編，濟南：齊魯書社，1997 年。
18. 《易經哲學的宇宙與人生》，曾春海著，臺北：文津出版社，1997 年。
19. 《易經的生命哲學》，李渙明著，臺北：文津出版社，1997 年。
20. 《內聖外王的貫通——北宋易學的現代闡釋》，余敦康著，上海：學林出版社，1997 年。
21. 《周易的自然哲學與道德函義》，牟宗三著，臺北：文津出版社，1998 年。
22. 《帛書《易傳》初探》，廖名春著，臺北：文史哲出版社，1998 年。
23. 《帛書周易研究》，邢文著，北京：人民出版社，1998 年。
24. 《周易與現代文化》，鄭萬耕、趙建功著，北京：中國廣播電視出版社，1998 年。
25. 《易辭新詮》，程石泉著，上海：上海古籍出版社，2000 年。
26. 《周易大傳今注》，高亨著，濟南：齊魯書社，2000 年。
27. 《易理新研》（新版），孫劍秋著，臺北：學生書局，2000 年。
28. 《周易經傳與易學史新論》，廖名春著，濟南：齊魯書社，2001 年。

29. 《周易象象傳義理探微》，黃沛榮著，臺北：萬卷樓圖書，2001 年。

30. 《易學史發微》，潘雨廷著，上海：復旦大學出版社，2001 年。

31. 《周易參同契研究》，蕭漢明、郭東升著，上海：上海文化出版社，2001 年。

32. 《周易辭典》，呂紹綱主編，臺北：漢藝色研，2001 年。

33. 《周易學說》，馬振彪遺著，張善文整理，廣州：花城出版社，2002 年。

貳、相關著作

一、古代著作（依作者所屬朝代順序排列）

（一）經類

1. 《爾雅郭注》，晉・郭璞注，臺北：新興書局，1995 年。

2. 《尚書正義》，漢・孔安國傳，唐・孔穎達疏，北京大學出版社，1999 年。

3. 《毛詩正義》，漢・毛亨傳，鄭玄箋，唐・孔穎達疏，臺北：藝文印書館，1997 年。

4. 《禮記注疏》，漢・鄭玄注，唐・孔穎達疏，臺北：藝文印書館，1997 年。

5. 《周禮注疏》，漢・鄭玄注，唐・賈公彥疏，臺北：藝文印書館，1997 年。

6. 《春秋左傳正義》，晉・杜預注，唐・孔穎達疏，臺北：藝文印書館，1997 年。

7. 《穀梁傳》，晉・范寧集解，唐・楊士勛疏，北京大學出版社，1999 年。

8. 《孟子正義》，漢・趙岐注，宋・孫奭疏，臺北：藝文印書館，1997 年。

9. 《論語正義》，魏・何晏注，宋・邢昺疏，臺北：藝文印書館，1997 年。

10. 《說文解字注》，漢・許慎著，清・段玉裁注，臺北：書銘出版社，1997 年。

11. 《大戴禮記解詁》，清・王聘珍解詁，臺北：漢京文化，1987 年。

12. 《孟子正義》，清・焦循撰，北京：中華書局，1998 年。

13. 《周禮正義》，清・孫詒讓撰，北京：中華書局，2000 年。

14. 《禮記集解》，清・孫希旦撰，臺北：文史哲出版社，1990 年。

15. 《爾雅義疏》，清・郝懿行著，四部備要，經部・小學類。

16. 《玉函山房輯佚書補遺》，清・馬國翰輯，京都：中文出版社，1990 年。

17. 《經義考》，清・朱彝尊著，臺北：中研院文哲所，1997 年。

18. 《經學通論》，清・皮錫瑞著，臺北：臺灣商務印書館，1989 年。

19. 《國朝漢學師承記》，清・江藩著，北京：中華書局，1998 年。

（二）史類

1. 《國語》，吳・韋昭注，上海：上海古籍出版社，1998 年。

2. 《史記》，漢・司馬遷著，北京：中華書局，1997 年。

3. 《漢書》，漢・班固著，北京：中華書局，1997 年。

4. 《隋書》，唐・魏徵等撰，北京：中華書局，1997 年。

5. 《舊唐書》，後晉・劉昫等著，北京：中華書局，1997 年。

6. 《資治通鑑》，宋・司馬光著，北京：中華書局，1997 年。

7. 《新唐書》，宋・歐陽脩、宋祈著，北京：中華書局，1997 年。

8. 《通志》，宋・鄭樵著，北京：中華書局，1995 年。

（三）子類

1. 《山海經》，晉・郭璞注，北京：京華出版社，2000 年。

2. 《齊民要術》，後魏・賈思勰撰，上海商務印書館（縮印上元鄧氏群碧樓藏明鈔本）。

3. 《二程遺書》，宋・二程著，上海：上海古籍出版社，2000 年。

4. 《朱子語類》，宋・黎靖德編，北京：中華書局，1999 年。

5. 《雲笈七籤》，宋・張君房著，四庫全書本，子部・道家類。

6. 《河洛理數》，宋・陳摶著，宋・邵康節述，瀋陽：瀋陽出版社，1994 年。

7. 《莊子鬳齋口義校注》，宋・林希逸著，北京：中華書局，1997 年。

8. 《困學紀聞》，宋・王應麟著，四庫全書本，子部・雜家類。

9. 《日知錄》，清・顧炎武著，蘭州：甘肅民族出版社，1997 年。

10. 《白虎通疏證》，漢・劉向著，清・陳立疏證，北京：中華書局，1997 年。

11. 《荀子集解考證》，唐・楊倞注，清・王先謙集解，臺北：世界書局，2000 年。

12. 《東西均注釋》，清・方以智著，北京：中華書局，2001 年。

（四）集類

1. 《文選》，梁・蕭統編，唐・李善注，臺北：華正書局，1995 年。

2. 《容齋隨筆》，宋・洪邁著，上海：上海古籍出版社，1996 年。

3. 《吳文正集》，元・吳澄撰，四庫全書本，集部。

4. 《澹園集》，明・焦竑著，北京：中華書局，1999 年。

5. 《聖祖仁皇帝御製文集》，清‧清聖祖著，四庫全書本，集部。

6. 《全唐詩》，清‧清聖祖御定，四庫全書，集部‧總集類。

7. 《復禮堂文集》，清‧曹元弼著，臺北：文史哲出版社，1973 年。

8. 《桴亭先生文集》，清‧陸世儀著，光緒二十五年大倉唐氏京師刊本。

9. 《陸稼書先生文集》，清‧陸隴其著，臺北：臺灣商務印書館（《叢書集成簡編》），1965 年。

10. 《榕村語錄》，清‧李光地著，北京：中華書局，1995 年。

11. 《劉熙載文集》，清‧劉熙載著，南京：江蘇古籍出版社，2000 年。

（五）書目提要

1. 《欽定四庫全書總目》，清‧紀昀等編纂，北京：中華書局，1997 年。

二、現代著作（含古書今註及民國以來著作，依出版年份先後排列）

（一）經類

1. 《禮記校證》，王夢鷗著，臺北：藝文印書館，1976 年。

2. 《清初的群經辨偽學》，林慶彰著，臺北：文津出版社，1990 年。

3. 《春秋左傳注》，楊伯峻注，臺北：洪葉出版社，1993 年。

4. 《韓詩外傳箋疏》，屈守元箋疏，成都：巴蜀書社，1996 年。

5. 《甲骨文字學》，李圃著，上海：學林出版社，1997 年。

6. 《論語今讀》，李澤厚著，合肥：安徽文藝出版社，1998 年。

7. 《甲骨文簡論》，陳煒湛著，上海：上海古籍出版社，1999 年。

8. 《經典與解釋》，陳少明著，廣東：人民出版社，1999 年。

9. 《讀經示要》（新版），熊十力著，臺北：明文書局，1999 年。

（二）史類

1. 《文史通義校注》，清‧章學誠著，葉瑛校注，臺北：漢京文化，1986 年。

2. 《中國歷史講話》，熊十力述，臺北：明文書局，1994 年。

3. 《中日文化交流史大系‧典籍卷》，王勇等編，杭州：浙江人民出版社，1996 年。

4. 《列女傳》（新譯），黃清泉注釋，陳滿銘校閱，臺北：三民書局，1996 年。

5. 《走出疑古時代》，李學勤著，瀋陽：遼寧大學出版社，1997 年。

6. 《中國法律思想史》，楊鴻烈著，北京：商務印書館，1998 年。

7. 《中國上古祭祀文化》，傅亞庶著，東北：師範大學出版社，1999 年。

8. 《日本社會文化概覽》，周昌松著，北京：中國書籍出版社，2000 年。

9. 《先秦諸子繫年》，錢穆著，北京：商務印書館，2001 年。

10. 《中國古代社會研究》，郭沫若著，石家莊：河北教育出版社，2001 年。

（三）子類

1. 《古巫醫與六詩考》，周策縱著，臺北：聯經出版社，1986 年。

2. 《列子集釋》，晉・張湛注，楊伯峻集釋，臺北：華正書局，1987 年。

3. 《呂氏春秋校釋》，秦・呂不韋著，陳奇猷校釋，臺北：華正書局，1988 年。

4. 《莊子纂箋》，錢穆著，臺北：東大圖書，1993 年。

5. 《春秋繁露義證》，漢・董仲舒著，蘇輿義證，北京：中華書局，1996 年。

6. 《鹽鐵論校注》，漢・桓寬著，王利器校注，北京：中華書局，1996 年。

7. 《抱朴子外篇校箋》，晉・葛洪著，楊明照校箋，北京：中華書局，1996 年。

8. 《中國人的精神》，鄭剛著，廣東：旅游出版社，1996 年。

9. 《超越神話・緯書政治神話研究》，冷德熙著，北京：東方出版社，1996 年。

10. 《神話人格——榮格》，馮川著，武漢：長江文藝出版社，1997 年。

11. 《原型批判與重釋》，程金城著，北京：東方出版社，1998 年。

12. 《淮南鴻烈集解》，漢・淮南王編，劉文典集解，安徽大學出版社，1998 年。

13. 《韓非子新校注》，戰國・韓非著，陳奇猷校注，上海：上海古籍出版社，2000 年。

14. 《說苑校證》，漢・劉向著，向宗魯校證，北京：中華書局，2000 年。

15. 《中論校注》，魏・徐幹撰，徐湘霖校注，成都：巴蜀書社，2000 年。

16. 《管子房注釋解》，唐・房玄齡注，陳慶照等釋解，濟南：齊魯書社，2001 年。

17. 《心智的誤區》，詹鄞鑫著，上海：教育出版社，2001 年。

18. 《神秘的榮格》，楊韶剛著，黑龍江：黑龍江人民出版社，2002 年。

19. 《神秘的原型》，施春華著，黑龍江：黑龍江人民出版社，2002 年。

（四）集類

1. 《王弼集校釋》，樓宇烈校釋，北京：中華書局，1999 年。

2. 《朱熹詩詞編年箋注》，郭齊箋注，成都：巴蜀書社，2000 年。

三、翻譯著作（依出版年份先後排列）

1. 《心理學與文學》，瑞・榮格著，馮川、蘇克編譯，臺北：久大文化，
   1994 年。
2. 《榮格的生活與工作》，英・芭芭拉・漢娜著，李亦雄譯，北京：東方出
   版社，1998 年。
3. 《萊布尼茲和儒學》，美・孟德衛著，張學智譯，南京：江蘇人民出版
   社，1998 年。
4. 《可理解的榮格》，美・哈里・A・威爾默著，楊韶剛譯，北京：東方出
   版社，1998 年。
5. 《東洋冥想的心理學》，瑞・榮格著，楊儒賓譯，北京：社會科學文獻出
   版社，2000 年。
6. 《榮格・靈魂的現實性》，日・河合俊雄著，趙金貴譯，石家莊：河北教
   育出版社，2001 年。
7. 《未發現的自我》，瑞・榮格著，張敦福譯，北京：國際文化出版公司，
   2001 年。
8. 《被遺忘的語言》，美・埃里希・弗羅姆著，郭乙瑤、宋曉萍譯，北京：
   國際文化出版公司，2001 年。

參、期刊論文

1. 〈帛書六十四卦跋〉，張政烺著，《文物》，1984 年第三期。
2. 〈從商周八卦數字符號談筮法的幾個問題〉，張亞初、劉雨撰，《周易研
   究論文集》第一輯。
3. 〈左傳、國語的周易說通解〉，高亨著，《周易研究論文集》第二輯。
4. 〈周易大傳通說〉，高亨著，《易學論著選集》，長安出版社。
5. 〈從易經到易傳〉，余敦康著，《易學論著選集》，長安出版社。
6. 〈易象探源〉，高明著，《易學論著選集》，長安出版社。
7. 〈易經的憂患意識〉，高明著，《孔孟學報》第四十五期。
8. 〈周易筮法原無「之卦」考〉，美・夏含夷著，《周易研究》，1988 年第
   一期。
9. 〈略論周易的卦變〉，陳恩林著，《周易研究》，1988 年第二期。
10. 〈《易》的象、數、義、理一體同源論〉，成中英著，《周易研究》，1990
    年第一期。
11. 〈憂患人生的卓越指南──周易與人生哲理〉，陳望衡著，《周易研究》，
    1994 年第三期。
12. 〈帛書《要》釋文〉，廖名春著，《國際易學研究》第一輯。

13. 〈帛書《易之義》釋文〉，廖名春著，《國際易學研究》第一輯。

14. 〈周易六爻變化形式的研究〉，林錚著，《學人》第九十六期。

15. 〈易經哲學的時空觀〉，高懷民著，《華岡文科學報》第十六期。

16. 〈易經占筮性質辨說〉，季旭昇著，《中國學術年刊》，1982 年第四期。

17. 〈周易時觀初探〉，黃慶萱著，《中國學術年刊》，1989 年第十期。

18. 〈周易位觀初探〉，黃慶萱著，《中華易學》，1996 年第十二期。

19. 〈周易變的思想研究〉，趙中偉著，臺北：輔大博士論文，1994 年。

20. 〈周易爻變與「得位」、「中正」說〉，李勤德著，《廣州師院學報》，1995 年第四期。

21. 〈略說卦變〉，呂紹綱著，《中國文化月刊》第一九二期。

22. 〈榮格心理學的現象學構成識度〉，施春華著，《心理學探新論叢》，1999 年。

23. 〈易經中的醫學萌芽〉，蕭漢明著，《濟南國際周易討論會論文集》，北京：文化藝術出版社，1991 年。

24. 〈郭店簡書的天人之辨〉，丁四新著，《郭店楚簡國際學術研討會論文集》，湖北人民出版社，2000 年。

25. 〈天人三式——郭店楚簡所見天人關係試說〉，龐樸著，《郭店楚簡國際學術研討會論文集》，湖北人民出版社，2000 年。

26. 〈孔子的易教（11）——周易大象傳「自然之道」與「人文之德」義理條釋〉，賴貴三著，《孔孟月刊》，2002 年第三期。